中国人・台湾人との金融取引

島田法律事務所
弁護士　瀧本文浩
弁護士　福谷賢典
台湾弁護士
中国弁護士　許　明義
［編著］

一般社団法人 金融財政事情研究会

は し が き

　近年、中国人・台湾人による日本への投資の拡大や日本の金融機関における業務のグローバル化を背景に、日本の金融機関は中国人・台湾人（中国法人・台湾法人を含む）の顧客との取引を急速に拡大しています。

　その結果、中国人・台湾人の顧客が日本の金融機関に預金を行ったり、日本の金融機関から融資を受けて日本で不動産を購入したり、その後融資の返済をできなくなったり、死亡して相続が発生したり、といった場面において、金融機関がどのように対応すべきなのかは、重要なテーマとなりつつあります。金融機関から当事務所にいただくそういった相談の数も、劇的に増加しています。

　中国人・台湾人との取引であっても日本の法律が適用される場面は多いですが、中国法・台湾法が適用される場面も少なくありません。また、日本の法律が適用される場面であっても、中国人・台湾人との取引については、日本人との取引とは別の考慮が必要になります。それにもかかわらず、そういった情報はこれまであまり共有されておらず、各金融機関は、中国人・台湾人を含めた外国人との取引については、ケース・バイ・ケースで対応しているのが実情です。

　本書では、どのような場面でどの地の法律が適用され、中国法・台湾法が適用されるとすればその内容はいかなるものであるか、また、金融機関は具体的事案においてどのように対応すべきかを提示しています。もとよりすべての法律問題を想定してその対策をまとめることは不可能ですが、想定される典型的な場面を中心に設問を抽出し、実務上参考になるであろうと思われる情報はできるだけ盛り込むようにしました。

　本書は「中国人・台湾人との金融取引」と銘打ってはおりますが、実際には、金融機関以外であっても、中国人・台湾人との間で取引を行う企業全般にとって参考となる内容になっているのではないかと考えています。本書が、各金融機関が今後業務を拡大するうえで助けとなり、さらには業種を超え、各企業にとって有益な情報を提供することができれば、執筆者としては

これに勝る喜びはありません。

　最後になりますが、本書が刊行に至ることができたのは、当職らのアイデアについて書籍での発刊を強く薦めてくださり、その後も継続的にサポートしてくださった一般社団法人金融財政事情研究会出版部の田島正一郎氏、髙野雄樹氏および池田知弘氏のおかげです。執筆者一同あらためてお礼申し上げます。

2017年1月

執筆者を代表して
島田法律事務所
弁護士　**瀧本文浩**
弁護士　**福谷賢典**
台湾弁護士・中国弁護士　**許　明義**

【編著者略歴】

瀧本　文浩（たきもと　ふみひろ）
弁護士（第一東京弁護士会所属）
2000年東京大学法学部卒業。2001年弁護士登録。2007年Columbia Law School卒業（法学修士）。2008年ニューヨーク州弁護士登録。2007～2008年Stoll Keenon Ogden（Kentucky）勤務。渉外業務を含む企業法務に係る案件を幅広く取り扱っている。
近時の論文として、「台湾における債権管理・回収の法務(1)～(5)」（国際商事法務2016年8月号～12月号。共著）があり、2014年には台湾（台北）において「日本における不動産投資に関する法制度について」と題するセミナーを開催している。

福谷　賢典（ふくたに　まさのり）
弁護士（第一東京弁護士会所属）
2003年東京大学法学部卒業。2004年弁護士登録。都市銀行法務部への出向経験を有し、銀行法務一般、紛争解決（訴訟、ADR等）、債権回収等に係る案件を中心的に取り扱っている。
近時の著書・論文等として、『債権回収の初動』（金融財政事情研究会。共著）、『銀行取引約定書の解釈と実務』（経済法令研究会。共著）、「特集 債権法改正による営業店実務への影響」（銀行実務685号14頁）等がある。

許　明義（きょ　めいぎ）
台湾弁護士・中国弁護士
1995年台湾大学法学部卒業。1999年北海道大学大学院法学研究科研修。2000年台湾弁護士登録。2002～2006年中国駐在。2013年中国弁護士登録（2008年司法試験合格）。台湾と中国での実務経験があり、2012年から日本に居住し、台湾・中国両方の法曹資格を併用して中華圏のビジネス案件を中心とした渉外業務を行っている。
近時の著書・論文等として、「台湾における債権管理・回収の法務(1)～(5)」（国際商事法務2016年8月号～12月号。共著）、中国語訳書『日本債権回収実務』（台湾五南図書出版公司）等がある。

【執筆者略歴】

御厨　景子（みくりや　けいこ）
　弁護士（第一東京弁護士会所属）
　2005年大阪大学法学部卒業。2006年弁護士登録。2013〜2014年金融庁総務企画局市場課にて任期付公務員として勤務。都市銀行、外資系金融機関への出向経験もある。

田尾久美子（たお　くみこ）
　弁護士（第一東京弁護士会所属）
　2004年一橋大学法学部卒業。2006年一橋大学法科大学院修了。2007年弁護士登録。都市銀行、外資系金融機関への出向経験がある。

前田　直哉（まえだ　なおや）
　弁護士（第二東京弁護士会所属）
　2007年東京大学法学部卒業。2008年弁護士登録。都市銀行への出向経験がある。

安平　武彦（やすひら　たけひこ）
　弁護士（第一東京弁護士会所属）
　2005年慶應義塾大学法学部卒業。2008年東京大学法科大学院修了。2009年弁護士登録。都市銀行への出向経験がある。

生出はるか（おいで　はるか）
　弁護士（第一東京弁護士会所属）
　2010年検事任官。2016年弁護士登録（弁護士職務経験制度）。

小山内　崇（おさない　たかし）
　弁護士（第一東京弁護士会所属）
　2008年東京大学法学部卒業。2010年東京大学法科大学院修了。2011年弁護士登録。都市銀行への出向経験がある。

伊藤　　遼（いとう　りょう）
　弁護士（第二東京弁護士会所属）
　2008年慶應義塾大学法学部卒業。2010年東京大学法科大学院修了。2011年弁護士登録。都市銀行への出向経験がある。

松田絢士郎（まつだ　けんしろう）
　弁護士（第二東京弁護士会所属）
　2009年東京大学経済学部卒業。2011年慶應義塾大学法科大学院修了。2012年弁護士登録。都市銀行への出向経験がある。

獅子野裕介（ししの　ゆうすけ）
　弁護士（第一東京弁護士会所属）
　2013年裁判官任官。2016年弁護士登録（弁護士職務経験制度）。

坂本　哲也（さかもと　てつや）
　弁護士（第一東京弁護士会所属）
　2010年京都大学法学部卒業。2012年京都大学法科大学院修了。2013年弁護士登録。都市銀行への出向経験がある。

古澤　　拓（ふるさわ　たく）
　弁護士（第一東京弁護士会所属）
　2011年東京大学法学部卒業。2013年一橋大学法科大学院修了。2014年弁護士登録。都市銀行への出向経験がある。

三本松次郎（さんぼんまつ　じろう）
　弁護士（第一東京弁護士会所属）
　2014年東京大学法学部卒業。2015年弁護士登録。

法令等一覧

＊太字が本書で用いる法令等の呼称、括弧書きのもの（中国、台湾の法令等に限る）は法令等の中国語原文を日本語に直訳したものである。

【日本】

遺言方式準拠法
　遺言の方式の準拠法に関する法律

外国倒産承認援助法
　外国倒産処理手続の承認援助に関する法律

外 為 法
　外国為替及び外国貿易法

景品表示法
　不当景品類及び不当表示防止法

国外送金等調書法
　内国税の適正な課税の確保を図るための国外送金等に係る調書の提出等に関する法律

国外送金等調書法施行規則
　内国税の適正な課税の確保を図るための国外送金等に係る調書の提出等に関する法律施行規則

個人情報保護法
　個人情報の保護に関する法律

通 則 法
　法の適用に関する通則法

独 禁 法
　私的独占の禁止及び公正取引の確保に関する法律

入 管 法
　出入国管理及び難民認定法

入管特例法
　日本国との平和条約に基づき日本の国籍を離脱した者等の出入国管理に関する特例法

番 号 法
　行政手続における特定の個人を識別するための番号の利用等に関する法律

番号法施行規則
　行政手続における特定の個人を識別するための番号の利用等に関する法律施行規則

犯 収 法
　犯罪による収益の移転防止に関する法律

犯収法施行令
　犯罪による収益の移転防止に関する法律施行令

犯収法施行規則
　犯罪による収益の移転防止に関する法律施行規則

【中国】

中国印花税暫行条例
　中华人民共和国印花税暂行条例（中華人民共和国印紙税暫定施行条例）

中国印花税暫行条例施行細則
　中华人民共和国印花税暂行条例施行细则
　（中華人民共和国印紙税暫定施行条例施行細則）

中国インターネット情報サービス管理弁法
　互联网信息服务管理办法（インターネット情報サービス管理弁法）

中国外債管理暫行弁法
　外债管理暂行办法（外債管理暫定施行弁法）

中国外債登記管理弁法
　外债登记管理办法（外債登記管理弁法）

中国外資銀行管理条例
　中华人民共和国外资银行管理条例（中華人民共和国外資銀行管理条例）

中国会社法
　中华人民共和国公司法（中華人民共和国会社法）

中国海商法
　中华人民共和国海商法（中華人民共和国海商法）

中国価格独占禁止規定
　　反价格垄断规定（価格独占禁止規定）

中国企業破産法
　　中华人民共和国企业破产法（中華人民共和国企業破産法）

中国銀行業監督管理法
　　中华人民共和国银行业监督管理法（中華人民共和国銀行業監督管理法）

中国刑法
　　中华人民共和国刑法（中華人民共和国刑法）

中国契約法
　　中华人民共和国合同法（中華人民共和国契約法）

中国憲法
　　中华人民共和国宪法（中華人民共和国憲法）

中国権利侵害責任法
　　中华人民共和国侵权责任法（中華人民共和国権利侵害責任法）

中国広告法
　　中华人民共和国广告法（中華人民共和国広告法）

中国公証法
　　中华人民共和国公证法（中華人民共和国公証法）

中国個人外貨管理弁法
　　个人外汇管理办法（個人外貨管理弁法）

中国個人外貨管理弁法実施細則
　　个人外汇管理办法实施细则（個人外貨管理弁法実施細則）

中国財産保全案件規定
　　最高人民法院关于人民法院办理财产保全案件若干问题的规定
　　（最高人民法院による人民法院の財産保全案件取扱上の若干の問題に関する規定）

中国市場支配的地位濫用禁止規定
　　工商行政管理机关禁止滥用市场支配地位行为的规定
　　（工商行政管理機関による市場の支配的地位の濫用行為の禁止に関する規定）

中国渉外法適用法
　　中华人民共和国涉外民事关系法律适用法

（中華人民共和国渉外民事関係法律適用法）

中国渉外法適用法解釈
最高人民法院关于适用《中华人民共和国涉外民事关系法律适用法》若干问题的解释（一）
（最高人民法院による「中華人民共和国渉外民事関係法律適用法」適用上の若干の問題に関する解釈（一））

中国商業銀行法
中华人民共和国商业银行法（中華人民共和国商業銀行法）

中国消費者権益保護法
中华人民共和国消费者权益保护法（中華人民共和国消費者権益保護法）

中国相続法
中华人民共和国继承法（中華人民共和国相続法）

中国相続法意見
最高人民法院关于贯彻执行《中华人民共和国继承法》若干问题的意见
（最高人民法院による「中華人民共和国相続法」の全面的執行過程における若干の問題に関する意見）

中国租税徴収管理法
中华人民共和国税收征收管理法（中華人民共和国租税徴収管理法）

中国担保法
中华人民共和国担保法（中華人民共和国担保法）

中国担保法解釈
最高人民法院关于适用《中华人民共和国担保法》若干问题的解释
（最高人民法院による「中華人民共和国担保法」適用上の若干の問題に関する解釈）

中国中外合弁企業法実施条例
中华人民共和国中外合资经营企业法实施条例
（中華人民共和国中外合弁企業法実施条例）

中国電信・インターネットユーザー個人情報保護規定
电信和互联网用户个人信息保护规定
（電信およびインターネットユーザー個人情報保護規定）

中国都市不動産管理法
中华人民共和国城市房地产管理法（中華人民共和国都市不動産管理法）

中国都市不動産抵当管理弁法
  城市房地产抵押管理办法（都市不動産抵当管理弁法）

中国独禁法
  中华人民共和国反垄断法（中華人民共和国独占禁止法）

中国反不正当競争法
  中华人民共和国反不正当竞争法（中華人民共和国不正競争防止法）

中国物権法
  中华人民共和国物权法（中華人民共和国物権法）

中国物権法解釈
  最高人民法院关于适用〈中华人民共和国物权法〉若干问题的解释（一）
  （最高人民法院による「中華人民共和国物権法」適用上の若干の問題に関する解釈（一））

中国不動産登記暫行条例
  不动产登记暂行条例（不動産登記暫定施行条例）

中国不動産登記暫行条例施行細則
  不动产登记暂行条例实施细则（不動産登記暫定施行条例施行細則）

中国民事訴訟法
  中华人民共和国民事诉讼法（中華人民共和国民事訴訟法）

中国民事訴訟法解釈
  最高人民法院关于适用《中华人民共和国民事诉讼法》的解释
  （最高人民法院による「中国人民共和国民事訴訟法」の適用に関する解釈）

中国民法通則
  中华人民共和国民法通则（中華人民共和国民法通則）

中国民法通則意見
  最高人民法院关于贯彻执行《中华人民共和国民法通则》若干问题的意见（试行）
  （最高人民法院による「中華人民共和国民法通則」の全面的執行過程における若干の問題に関する意見（試行））

中国民用航空法
  中华人民共和国民用航空法（中華人民共和国民用航空法）

香港基本法
  中华人民共和国香港特别行政区基本法
  （中華人民共和国香港特別行政区基本法）

マカオ基本法
　中华人民共和国澳門特別行政区基本法
　（中華人民共和国マカオ特別行政区基本法）

【台湾】

台湾印花税法
　印花税法（印紙税法）

台湾外国銀行支店・代表者事務所設立弁法
　外國銀行分行及代表人辦事處設立及管理辦法
　（外国銀行支店および代表者事務所の設立および管理弁法）

台湾会社法
　公司法（会社法）

台湾海商法
　海商法（海商法）

台湾外為管理条例
　管理外匯條例（外国為替管理条例）

台湾外為収支または取引申告弁法
　外匯收支或交易申報辦法（外国為替収支または取引申告弁法）

台湾強制執行法
　強制執行法（強制執行法）

台湾銀行法
　銀行法（銀行法）

台湾金融サービス業広告弁法
　金融服務業從事廣告業務招攬及營業促銷活動辦法
　（金融サービス業における広告・業務勧誘・営業促進活動に関する弁法）

台湾金融消費者保護法
　金融消費者保護法（金融消費者保護法）

台湾公開発行会社資金貸付・裏書保証処理原則
　公開發行公司資金貸與及背書保證處理準則
　（公開発行会社による資金貸付および裏書保証に関する処理原則）

台湾公証法
　公證法（公証法）

台湾公平交易法
    公平交易法（公平取引法）

台湾個人資料保護法
    個人資料保護法（個人資料保護法）

台湾涉外法適用法
    涉外民事法律適用法（涉外民事法律適用法）

台湾商業銀行設立基準
    商業銀行設立標準（商業銀行設立基準）

台湾証券取引法
    證券交易法（証券取引法）

台湾消費者債務清理条例
    消費者債務清理條例（消費者債務整理条例）

台湾消費者保護法
    消費者保護法（消費者保護法）

台湾租税徴収法
    稅捐稽徵法（租税徵収法）

台湾仲裁法
    仲裁法（仲裁法）

台湾動産担保交易法
    動產擔保交易法（動産担保取引法）

台湾土地法
    土地法（土地法）

台湾破産法
    破產法（破産法）

台湾非訟事件法
    非訟事件法（非訟事件法）

台湾民事訴訟法
    民事訴訟法（民事訴訟法）

台湾民法
    民法（民法）

台湾労働基準法
　勞動基準法（労働基準法）

目　次

第1章　取引の準拠法、適用される法律

Q 1　適用される法律 …………………………………………………… 2
Q 2　香港・マカオ ……………………………………………………… 6
Q 3　台湾法の適用 ……………………………………………………… 7
Q 4　銀行が行える業務の限定（中国） ………………………………… 9
Q 5　銀行が行える業務の限定（台湾） ………………………………… 11
Q 6　消費者契約の準拠法 ……………………………………………… 13
Q 7　消費者契約法の概要（中国） ……………………………………… 15
Q 8　消費者契約法の概要（台湾） ……………………………………… 18
Q 9　代理の準拠法 ……………………………………………………… 20
Q10　担保物権および保証の準拠法 …………………………………… 22
Q11　債権譲渡および債務引受の準拠法 ……………………………… 25
Q12　債権者取消権および債権者代位権の準拠法 …………………… 27
Q13　債務不履行および不法行為の準拠法 …………………………… 29
Q14　相続の準拠法 ……………………………………………………… 31
Q15　失踪宣告の準拠法 ………………………………………………… 34
Q16　遺言の準拠法 ……………………………………………………… 36
Q17　中国・台湾における貸付金利の制限 …………………………… 37
Q18　中国人・台湾人との金融取引と競争法の適用 ………………… 39
Q19　顧客との取引に関する中国の競争法上の規制の概要 ………… 42
Q20　顧客との取引に関する台湾の競争法上の規制の概要 ………… 45
Q21　中国・台湾における広告規制の概要 …………………………… 48
Q22　中国における個人情報保護制度の概要 ………………………… 50
Q23　台湾における個人情報保護制度の概要 ………………………… 53

第2章　契約書

- Q24　中国人・台湾人との契約書の言語 …………………………………… 58
- Q25　中国人・台湾人との契約書への印紙の貼付 ………………………… 60
- Q26　中国・台湾における公正証書による強制執行 ……………………… 63

第3章　権利能力

- Q27　中国人・台湾人の権利能力 …………………………………………… 68
- Q28　中国法人・台湾法人の権利能力 ……………………………………… 71
- Q29　中国法人・台湾法人との取引 ………………………………………… 74

第4章　行為能力

- Q30　中国人・台湾人の行為能力 …………………………………………… 78
- Q31　中国法における行為能力 ……………………………………………… 80
- Q32　台湾法における行為能力 ……………………………………………… 84

第5章　本人確認等

- Q33　中国人・台湾人との金融取引と取引時確認・本人確認 …………… 90
- Q34　中国人・台湾人の取引時確認・本人確認を行う方法 ……………… 93
- Q35　中国法人・台湾法人の取引時確認・本人確認を行う方法 ………… 96
- Q36　印鑑を用いた取引 …………………………………………………… 102

第6章　送　金

- Q37　中国・台湾への仕向外国送金 ……………………………………… 108
- Q38　中国・台湾からの被仕向外国送金 ………………………………… 113

第7章 預　金

- Q39　預金の取扱い ･･･ 118
- Q40　預貯金に対する利子所得課税 ･････････････････････････ 121
- Q41　中国人の預金者の相続に係る法定相続分 ･･･････････････ 127
- Q42　中国人の預金者の相続発生時の相続人の確認方法 ･･････ 132
- Q43　中国人の預金者の遺言 ･･･････････････････････････････ 135
- Q44　中国人の預金者の相続に係る払戻請求 ････････････････ 141
- Q45　台湾人の預金者の相続に係る法定相続分 ･･････････････ 144
- Q46　台湾人の預金者の相続発生時の相続人の確認方法 ･･････ 149
- Q47　台湾人の預金者の遺言 ･･･････････････････････････････ 151
- Q48　台湾人の預金者の相続に係る払戻請求 ････････････････ 155

第8章 融　資

- Q49　中国人・台湾人との融資取引 ･････････････････････････ 158
- Q50　中国法人・台湾法人との融資取引と法人の意思決定 ････ 162
- Q51　中国法人・台湾法人との融資取引に係る規制 ･･････････ 165
- Q52　債務者死亡時の対応 ･････････････････････････････････ 168
- Q53　債務者に相続人が不存在である場合の対応 ････････････ 170
- Q54　遺産分割と債務弁済 ･････････････････････････････････ 172
- Q55　相続放棄・限定承認 ･････････････････････････････････ 175

第9章 保　証

- Q56　中国における保証の取得 ･････････････････････････････ 180
- Q57　台湾における保証の取得 ･････････････････････････････ 182

第10章 不動産担保（海外所在）

- Q58 中国・台湾における不動産の所有権 ……………………………… 186
- Q59 中国所在不動産の担保取得 ……………………………………… 189
- Q60 台湾所在不動産の担保取得 ……………………………………… 193
- Q61 中国所在不動産への根抵当権設定 ……………………………… 195
- Q62 台湾所在不動産への根抵当権設定 ……………………………… 198
- Q63 中国所在不動産の現地調査 ……………………………………… 201
- Q64 台湾所在不動産の現地調査 ……………………………………… 203
- Q65 中国所在不動産に関する真の所有者の調査 …………………… 205
- Q66 台湾所在不動産に関する真の所有者の調査 …………………… 207
- Q67 建築中の建物の担保取得 ………………………………………… 209
- Q68 未登記建物の担保取得 …………………………………………… 212
- Q69 不動産の共有持分の担保取得 …………………………………… 214
- Q70 中国における抵当権の効力が及ぶ範囲 ………………………… 216
- Q71 台湾における抵当権の効力が及ぶ範囲 ………………………… 218
- Q72 中国・台湾所在不動産に係る譲渡と抵当権取得との優劣 …… 220
- Q73 中国所在建物に係る法定地上権の成否 ………………………… 222
- Q74 台湾所在建物に係る法定地上権の成否 ………………………… 224
- Q75 中国・台湾所在不動産に係る賃貸借と抵当権取得との優劣 … 227
- Q76 中国・台湾所在不動産上の抵当権に優先する権利 …………… 230
- Q77 中国・台湾所在不動産の共同抵当 ……………………………… 233

第11章 不動産担保（日本所在）

- Q78 中国人・台湾人所有の日本所在不動産への抵当権設定登記 …… 240

第12章 その他担保にかかわる論点

- Q79 中国・台湾に所在する有価証券の担保取得 …………………… 244

Q80	中国・台湾に所在する動産の担保取得	246
Q81	中国・台湾における譲渡担保	249
Q82	担保権と国税	252

第13章　債権回収

Q83	相殺の準拠法	256
Q84	中国に居住する債務者に対する通知方法	258
Q85	台湾に居住する債務者に対する通知方法	261
Q86	中国所在不動産の仮差押え	263
Q87	台湾所在不動産の仮差押え	266
Q88	中国における抵当権の実行	268
Q89	台湾における抵当権の実行	272
Q90	中国人・台湾人所有の日本所在不動産と債権回収	275

第14章　債務者の倒産

Q91	中国・台湾の倒産手続の効力	278
Q92	中国の倒産手続の概要	281
Q93	台湾の倒産手続の概要	287
Q94	役員の個人責任	293

第15章　裁　　判

Q95	中国人・台湾人との紛争に係る裁判管轄	300
Q96	中国の裁判制度の概要	304
Q97	台湾の裁判制度の概要	308
Q98	中国・台湾の裁判手続における日本語の書類の有効性	312
Q99	中国・台湾に居住する人への送達	314
Q100	裁判における外国法の適用	317

第16章　強制執行・外国判決の承認

- **Q101** 中国・台湾の民事執行手続 ……………………………… 320
- **Q102** 中国・台湾における債務者の財産内容についての情報取得 …… 322
- **Q103** 日本における判決による中国での強制執行 ………………… 324
- **Q104** 日本における判決による台湾での強制執行 ………………… 327

索　引 …………………………………………………………… 330

第 1 章

取引の準拠法、適用される法律

Q1 適用される法律

中国人・台湾人の顧客との金融取引については、どの国の法律が適用されますか

ポイント

通則法7条により、金融機関と顧客とが取引の当時に選択した地の法律が準拠法として適用されることになり、契約書において明示的に準拠法が定められているような場合には、その地の法律が適用されます。また、明確に準拠法の合意がない場合には、同法8条1項により、当該法律行為の当時において当該法律行為に最も密接な関係がある地の法が準拠法となります。日本の金融機関が行う取引については日本法が適用される場面が多くなると思われますが、例外もあり、注意が必要です。

1　準拠法とは

ある法律関係について適用される法律を「準拠法」といい、日本では、さまざまな法律関係について、通則法において準拠法が定められています。

2　金融取引の準拠法

金融取引に関しては、通則法7条が、「法律行為の成立及び効力は、当事者が当該法律行為の当時に選択した地の法による」と規定しています。したがって、中国人・台湾人の顧客との金融取引についても、金融機関と顧客とが取引の当時に選択した地の法律が準拠法として適用されることになり、契約書において明示的に準拠法が定められているような場合には、その地の法律が適用されます。

他方、明確に準拠法の合意がない場合には、通則法8条1項により、当該法律行為の当時において当該法律行為に最も密接な関係がある地の法が準拠法となります。

この「当該法律行為に最も密接な関係がある地の法」はケース・バイ・

ケースで判断されることになりますが、その解釈について、通則法8条2項と3項が定めを置いています。

通則法8条2項は、1項の場合において、「法律行為において特徴的な給付を一方のみが行うものであるときは、その給付を行う当事者の常居所地法（その当事者が当該法律行為に関係する事業所を有する場合にあっては当該事業所の所在地の法、その当事者が当該法律行為に関係する二以上の事業所で法を異にする地に所在するものを有する場合にあってはその主たる事業所の所在地の法）を当該法律行為に最も密接な関係がある地の法と推定する」としています。

また、通則法8条3項は、1項の場合において、「不動産を目的物とする法律行為については、前項の規定にかかわらず、その不動産の所在地法を当該法律行為に最も密接な関係がある地の法と推定する」としています。

全国銀行連合会（現一般社団法人全国銀行協会）の銀行取引約定書旧ひな型（2000年に廃止）17条1項は、「本約定書および本約定書に基づく取引の契約準拠法は日本法とします」と定めていました。このように、金融機関と相手方との間の契約で準拠法についての定めがあれば、その地の法律が適用されます。契約にこのような定めがない場合、それぞれの取引により異なりますが、多くの取引では通則法8条1項または2項により、金融機関の常居所地法（日本の金融機関であれば日本法）が適用されると考えられます。立案担当者による解説（小出邦夫『一問一答　新しい国際私法』54頁）でも、保証の準拠法に関連して、通則法8条2項が適用され特徴的給付の理論による推定が行われるのは、当事者間に準拠法の選択がない場合であり、銀行取引など、大量かつ定型的に行われている取引においては、当事者間において、主債務と同じ準拠法による、あるいは、銀行の所在する地の法によるとの明示または黙示の意思による準拠法選択がされていると認められる場合が多いであろうとされています。

しかしながら、ある種の取引については（金融機関ではなく）取引相手の常居所地法が適用されると考えられますし、通則法8条3項により、不動産を目的物とする法律行為については、不動産の所在地法が適用されます。また、契約において準拠法を日本法と定めたとしても、外国の私法以外の法（公法）の適用を左右することはできませんから、外国法の適用を受ける場

面も想定されます。それらの詳細については本書の各項目をご参照ください。

3　中国・台湾の国際私法上の扱い

　実際には、渉外的紛争の法廷地は日本となるとは限りません。仮に中国で同様の問題が生じた場合、中国の国際私法では、中国渉外法適用法41条が、「当事者は合意により契約に関する適用法律を選択することができる。当事者が選択しなかった場合は、当事者の義務履行が当該契約の特徴をより体現できる当該当事者の常居所地の法律またはその他当該契約と最も密接な関連性を有する法律を適用する」と規定しています。ただし、中国では、契約関係が渉外民事関係に該当しない場合には当事者間における準拠法の合意は無効であると考えられていますので注意が必要です。ここで、渉外民事関係に該当するのは、①当事者の一方または双方が外国人、外国法人もしくはその他の組織、または無国籍者である場合、②当事者の一方または双方の常居所地が中国の外にある場合、③目的物が中国の外にある場合、④民事関係を発生させ、変更させ、または消滅させる法的事実が中国の外で発生した場合とされています（中国渉外法適用法解釈1条）。

　また、台湾で同様の問題が生じた場合、台湾の国際私法では、台湾渉外法適用法20条が、

「1．法律行為により債権的関係が生じた場合、その成立および効力は、当事者の意思に基づきその適用法律を定める。

2．当事者の明示的意思がなかった場合または当該明示的意思が適用すべき法律により無効とされた場合は、関係が最も密接な法律による。

3．法律行為により生じた債務のうち、当該法律行為の特徴となりうるものがあった場合、当該債務を負担する当事者の行為時の住所地法は、関係が最も密接な法律と推定される。ただし、不動産に関してなされた法律行為については、その所在地法が、関係が最も密接な法律と推定される」

と規定しています。

　したがって、渉外性のある契約において準拠法が定められた場合はその法

律によることについては日本・中国・台湾のいずれの国際私法でも同様であるところ、金融機関を含め各企業のグローバル化が進むなかで、契約において準拠法を定めることは確実に増えており、今後もそのような傾向は続くものと思われます。なお、本章では、特段の記載のない限り、日本が法廷地となり、日本の国際私法が適用されることを前提としています（次章以降では、中国・台湾が法廷地となる場面も想定しています）。

Q 2 香港・マカオ

香港・マカオでは中国法が適用されていますか

> **ポイント**
>
> 香港・マカオは、政治上は中国の特別行政区ですが、中国法は適用されていません。

1 香　港

政治上、香港は、中国の特別行政区です。もっとも、1997年に香港がイギリスから中国に返還されてからも、香港基本法に基づき、中国の法律は「別段の定め」がない限り香港では適用されないこととなっています。香港基本法の点を除き、法体系はイギリス領時代のままです。司法（裁判）制度についても、中国とは別の香港独自の制度が実施されています。

2 マカオ

マカオについても、香港と同様のことがいえます。すなわち、マカオは、政治上は中国の特別行政区です。また、1999年にポルトガルから中国に返還されてからも、マカオ基本法に基づき、中国の法律は「別段の定め」がない限りマカオでは適用されないこととなっています。マカオ基本法の点を除き、法体系はポルトガル領時代のままです。司法（裁判）制度についても、中国とは別のマカオ独自の制度が実施されています。

Q 3　台湾法の適用

日本と台湾との間に正式な外交関係はありませんが、日本において台湾法の適用は認められますか

ポイント

日本と台湾との間には正式な外交関係はありませんが、台湾法の適用は認められます。国家ないし政府の承認は単に外交的、政治的意味をもつにすぎず、未承認の国家ないし政府の法律であっても、その国において実体性を有するものである以上、国際私法の規定に従って準拠法として指定されるからです。日本の行政実務においても、台湾法の適用は認められています。

1　台湾法の適用

1972年以来、日本と台湾との間には正式な外交関係はなく、日本は台湾を正式な国家としては承認していません。しかしながら、国家ないし政府の承認は単に外交的、政治的意味をもつにすぎず、未承認の国家ないし政府の法律であっても、その国において実体性を有するものである以上、国際私法の規定に従って準拠法として指定されるべきであるとする見解が通説・裁判例（東京地方裁判所昭和59年3月28日判決・判例時報1141号102頁）という立場です。また、現在の日本の行政実務においても、台湾法の適用は認められています。

したがって、台湾人の本国法が問題となる場合に適用されるのは台湾法です。

2　通則法38条3項との関係

なお、通則法38条3項は、「当事者が地域により法を異にする国の国籍を有する場合には、その国の規則に従い指定される法（そのような規則がない場合にあっては、当事者に最も密接な関係がある地域の法）を当事者の本国法とする」として不統一法国法の指定について定めていますが、前記のとおり、

第1章　取引の準拠法、適用される法律　7

日本の国際私法においては、台湾について「地域により法を異にする国」とは考えませんので、台湾人について同項の適用はありません。

Q 4　銀行が行える業務の限定（中国）

日本の銀行が中国で行える業務にはどのような限定がありますか

ポイント

　中国において、外国の銀行は、①外国独資銀行、②中外合弁銀行、③外国銀行支店または④外国銀行代表処、のいずれかの形態をとって銀行業に参入することができる一方、これらの形態をとらずに中国で銀行業を行うことはできません。いずれの形態をとるかによって、中国で行える業務の範囲に違いがあります。

1　原　　則

　中国において、外国の銀行は、①外国独資銀行、②中外合弁銀行、③外国銀行支店または④外国銀行代表処、のいずれかの形態をとって銀行業に参入することができます（中国銀行業監督管理法51条、中国商業銀行法92条および中国外資銀行管理条例2条。なお、「条例」とは、行政府である国務院が法律を執行するために制定した行政法規です）。これら4つの組織の設立は、いずれも銀行業監督管理委員会の許可を得る必要があり（同条例7条）、この許可を得ずに中国で銀行業を行うことはできません（同条例63条）。

2　子会社（外国独資銀行および中外合弁銀行）

　①外国独資銀行と②中外合弁銀行は、中国資本の参加があるかないかという点に違いがありますが、どちらも独立の法人格を有する現地の子会社です。銀行業についての規制上もほぼ同様の基準に服することになります。2017年1月現在においては、外国銀行の子会社が行うことのできる業務の範囲は、すでに中国系銀行と同一になっています。設立条件として、外国独資銀行の唯一または支配出資者および中外合弁銀行の外国側の唯一または主要な出資者は外国の商業銀行でなければならず、かつ申請前年末の総資産が100億米国ドルに達しなければならない等の条件があります（中国外資銀行管

理条例10条、11条)。なお、外国独資銀行および中外合弁銀行を設立するための最低資本金は、いずれも10億人民元であると定められています(同条例8条)。

3　外国銀行支店

③外国銀行支店を設立するためには、当該外国銀行は、その申請前年末の総資産が200億米国ドルに達しなければならないという要件を満たす必要があります(中国外資銀行管理条例12条)。業務範囲に関しては、銀行カード業務が制限され、預金については100万人民元以上の定期預金業務以外を行うことができないという点を除いて、ほぼ上記の外国銀行の子会社と大差がないといえます(同条例31条)。また、支店の行為から生じた民事責任は、当該外国銀行の本店が負うことになります(同条例32条)。

4　外国銀行代表処

④外国銀行代表処が従事できる活動範囲は、当該外国銀行の業務に関連した連絡、市場調査またはコンサルティング等非営業的なものにとどまります。また、その行為から生じた民事責任は、その代表処が代表する外国銀行が負うことになります(中国外資銀行管理条例33条)。

Q 5 銀行が行える業務の限定（台湾）

日本の銀行が台湾で行える業務にはどのような限定がありますか

ポイント

　台湾において、外国の銀行は、①子銀行、②外国銀行支店、③代表者事務所、のいずれかを設立することにより、銀行業務を行うことができる一方、これらの形態をとらずに台湾で銀行業を行うことはできません。実務上は、子銀行の新設はほとんど認められておらず、また、外国銀行支店と代表者事務所では、台湾で行える業務の範囲に違いがあります。

1　原　　則

　台湾において、外国の銀行は、①子銀行、②外国銀行支店、③代表者事務所、のいずれかの形態をとって銀行業に参入することができます。これら3つの組織の設立は、いずれも金融監督管理委員会の許可を得る必要があり（台湾銀行法117条、台湾商業銀行設立基準4条）、この許可を得ずに台湾で銀行業を行うことはできません（台湾銀行法29条）。

2　子 銀 行

　まず、外国の銀行は、台湾当局の許可を受けて、台湾で①子銀行をもつことができます（台湾商業銀行設立基準4条）。もっとも、台湾の金融市場は全体的にオーバーバンキング的な状態に陥る傾向がありますので、既存銀行との合併や事業の一括引受け以外の場合、外国銀行による子銀行の新設については、政策上の理由でほとんど認められないのが現状です。

3　外国銀行支店

　次に、外国の銀行は、②外国銀行支店を設立することができます。この場合、当該外国銀行は、設立申請前の1年間に、銀行の資本または資産の世界ランキングにおいてトップ500に入っているか、申請前3年間の台湾の銀行

や企業との間における取引総額が10億米国ドルに達しているかのいずれかの要件を満たす必要があります（台湾外国銀行支店・代表者事務所設立弁法2条）。

4　代表者事務所

また、外国の銀行は、③代表者事務所を置くこともできますが、その場合には、設立申請前の1年間に、銀行の資本または資産の世界ランキングにおいてトップ1,000に入っているか、申請前3年間の台湾の銀行や企業との間における取引総額が3億米国ドルに達しているかのいずれかの要件を満たす必要があります（台湾外国銀行支店・代表者事務所設立弁法5条）。外国銀行の代表者事務所が従事できる活動の範囲は、情報収集および業務上の連絡に限られます（同弁法4条）。

Q 6 消費者契約の準拠法

契約の準拠法として日本法を指定していれば、中国や台湾の消費者契約法は適用されませんか

ポイント

通則法11条1項により、契約の準拠法として日本法を指定していても、中国や台湾の消費者契約法が適用される場合があります。たとえば、日本の金融機関が中国・台湾に常居所地を有する消費者との間で契約（中国・台湾の消費者契約法の適用があるもの）を締結した際に、当該契約において準拠法として日本法が指定されていたとしても、消費者の側が常居所地法の強行規定を適用すべき旨の意思を当該銀行に対して表示した場合には、当該消費者契約の成立および効力に関しその強行規定の定める事項については、その強行規定が重畳的に適用されることになります。

1 法律行為の成立および効力の準拠法

Q1において記載したとおり、通則法7条により、法律行為の成立および効力については、当事者が当該法律行為の当時に選択した地の法が適用されます。また、当事者による選択がない場合には、最密接関係地法が適用され、その際には特徴的給付の理論等による推定が行われます（同法8条）。

2 消費者契約の準拠法

上記の原則に対する特例として、通則法11条1項は、消費者契約の成立および効力について規定しています。

すなわち、通則法11条1項は、消費者（個人）と事業者との間で締結される契約（労働契約を除きます。以下「消費者契約」といいます）の成立および効力について当事者の選択により適用すべき法が消費者の常居所地法以外の法である場合であっても、消費者がその常居所地法中の特定の強行規定を適用すべき旨の意思を事業者に対し表示したときは、当該消費者契約の成立およ

び効力に関しその強行規定の定める事項については、その強行規定をも適用する旨を定めています。

　これは、消費者契約において消費者に不利な準拠法が選択された場合でも、消費者の常居所地法上の強行規定の適用を認め、通常社会的に弱い立場にある消費者を保護するための規定です。

　たとえば、日本の銀行が中国・台湾に常居所地を有する消費者との間で契約（中国・台湾の消費者契約法の適用があるもの）を締結した際に、当該契約において準拠法として日本法が指定されていたとしても、消費者の側が自分の常居所地法の強行規定を適用すべき旨の意思を当該銀行に対して表示した場合には、当該消費者契約の成立および効力に関しその強行規定の定める事項については、その強行規定が重畳的に適用されることになります。

Q 7 消費者契約法の概要（中国）

金融取引に適用されうる中国の消費者契約法の概要について教えてください

ポイント

中国では、消費者契約を規律する法律として、中国消費者権益保護法という一般法が存在し、金融取引にかかわる契約も同法の規制対象となっています。同法には、消費者を保護するためのさまざまな規定があります。

中国においては、消費者契約を規律する法律として、中国消費者権益保護法という一般法が存在し、金融取引にかかわる契約も同法の規制対象となっています。

以下、同法において、とりわけ金融取引と関連性のある規定を紹介します。

1　安全保障義務（中国消費者権益保護法18条）

事業者は、消費者に提供する商品またはサービスが人身上または財産上の安全保障要求に適合することを保証しなければなりません。また、事業者は、人身上または財産上の安全を脅かすおそれのある商品またはサービスについては、消費者に対して適切な説明および警告表示を行わなければなりません。

2　真実情報の提供義務（中国消費者権益保護法20条）

事業者が消費者に提供する商品またはサービスに関する品質、性能、使途または有効期限等に関する情報は、真実かつ完全なものでなければなりません。また、事業者は消費者に対して虚偽または誤解を生じさせるような宣伝をしてはなりません。

3　定型約款の制限（中国消費者権益保護法26条）

　定型約款を利用する場合、事業者は、商品またはサービスの数量および品質、価格または費用、履行期間および方法、安全注意事項・危険警告表示、アフターサービスならびに民事責任等、消費者と重大な利害関係のある事項について顕著な方法により消費者に対して注意喚起を行い、かつ消費者の要求に応じて説明しなければなりません。また、事業者は、定型約款等を利用して消費者に不公平・不合理な規定を強いること、または取引を強制することをしてはなりません。

4　必要情報の提供義務（中国消費者権益保護法28条）

　証券、保険、銀行等の金融サービスを提供する事業者は、消費者に対して営業場所、連絡先、商品またはサービスの数量および品質、価格または費用、履行期間および方法、安全注意事項・危険警告表示、アフターサービスならびに民事責任等の情報を提供しなければなりません。

5　個人情報の保護義務（中国消費者権益保護法29条）

　事業者は、消費者の個人情報の収集・利用の目的等を明示する、法令または当事者間の約定に違反して消費者の個人情報を利用してはならない、消費者の個人情報について厳格に機密を保持し、必要な措置を講じてその漏えい等を防止する、消費者の同意がない等の場合に当該消費者に営業上の情報を発信してはならない、といった消費者の個人情報の保護義務を課せられています（Q22参照）。

6　損害賠償等（中国消費者権益保護法52条）

　事業者が商品またはサービスの提供に際して消費者の財産に損害を加えた場合、代金およびサービス提供費用の返還、または損害賠償等の民事責任を負わなければなりません。

7　懲罰的賠償（中国消費者権益保護法55条）

　事業者の商品またはサービスの提供に際して詐欺行為があった場合、事業者は消費者の請求に応じてその被った損害に賠償額を増加して賠償しなければならず、その増加賠償額は消費者が購入した商品の代金または提供されたサービスの費用の3倍（最低500人民元）となります。

Q 8 消費者契約法の概要（台湾）

金融取引に適用されうる台湾の消費者契約法の概要について教えてください

> ポイント
>
> 台湾では、消費者契約を規律する法律として、台湾消費者保護法という一般法が存在するほか、金融取引については台湾金融消費者保護法という特別法が制定されています。台湾金融消費者保護法には、消費者を保護するためのさまざまな規定があります。

台湾においては、消費者契約を規律する法律として、台湾消費者保護法という一般法が存在するほか、金融取引については台湾金融消費者保護法という特別法が制定されています。以下、台湾金融消費者保護法における主要な規定を紹介します。

1　責任を制限する契約の無効（台湾金融消費者保護法6条）

証券、保険、銀行等の金融サービス業者の金融消費者に対する台湾金融消費者保護法上の責任は、あらかじめ契約により制限または免除してはならず、これに違反する契約は無効となります。

2　契約条項の制限（台湾金融消費者保護法7条）

金融サービス業者と金融消費者との間の契約は、公平、公正でなければならず、契約条項が明らかに不公平な場合、無効となります。また、契約条項に疑義が生じた場合、金融消費者に有利な解釈をしなければなりません。

3　真実情報の提供義務（台湾金融消費者保護法8条）

金融サービス業者は、広告、勧誘またはマーケティングを行う際に、その内容の真実性を確保するとともに、虚偽を述べ、または詐欺その他誤解を招くようなことをしてはなりません。金融サービス業者は、広告の内容が真実

であることを確保しなければなりません。

4 適合性の確保義務（台湾金融消費者保護法9条）

金融サービス業者は、金融消費者と金融商品またはサービスに関する契約を締結する前に、当該商品またはサービスが適合的なものであるよう、当該消費者の状況を十分に把握しなければなりません。

5 必要情報・リスクの開示義務（台湾金融消費者保護法10条）

金融サービス業者は、金融消費者と金融商品またはサービスに関する契約を締結する前に、当該消費者に対して当該契約の主要な内容を十分に説明するとともに、それにまつわるリスクを十分に開示しなければなりません。

6 損害賠償（台湾金融消費者保護法11条）

金融サービス業者は、台湾金融消費者保護法9条または10条の規定に違反して金融消費者に損害を与えた場合、それを賠償しなければなりません。

7 懲罰的賠償（台湾金融消費者保護法11条の3）

裁判所は、金融サービス業者の故意による行為により金融消費者に生じた損害について、当該消費者からの申立てがあった場合、金融サービス業者に対して、現実の損害額の最大3倍の懲罰的賠償を命じることができます。金融消費者の損害が、金融サービス業者の過失による行為により生じた場合には、裁判所は、金融サービス業者に対して、現実の損害額と同額の懲罰的賠償を命じることができます。

かかる懲罰的賠償を請求する権利は、それを主張する者が損害の原因を知ってから2年間行使されないか、または損害の原因が発生した日から5年間のうちに行使されない場合には、消滅します。

Q 9　代理の準拠法

中国人・台湾人の代理人と取引を行う場合、あるいは金融機関が代理人を立てて中国人・台湾人と取引を行う場合、どの国の法律が適用されますか

ポイント

　法定代理については、代理権の発生原因の準拠法の問題となります。また、任意代理については、①本人と代理人との関係、②代理人と相手方との関係、および③本人と相手方との関係に分けて考えることができます。このうち、①は委任契約の準拠法が適用され、②は代理行為の準拠法が適用されると考えられます。③については見解が分かれており、ケース・バイ・ケースで対応する必要があります。

1　法定代理

　代理の準拠法については、法定代理と任意代理を区別して考えるのが一般的です。
　このうち、法定代理は、代理権の発生原因である一定の法律関係によって発生するため、それぞれの法律関係を単位として準拠法が定められます。法定代理に関しては、行為能力について記載したQ31・Q32をご参照いただくとして（ただし、法定代理と任意代理の区別はさほど明確でない点には注意が必要です）、以下では任意代理について説明します。

2　任意代理

　任意代理については、①本人と代理人との関係、②代理人と相手方との関係、および③本人と相手方との関係に分けて説明します。
(1)　本人と代理人との関係
　本人と代理人との関係は、合意による委任関係であり、通則法に規定はありませんが、委任契約の準拠法によることとなります。

(2) **代理人と相手方との関係**

　代理人と相手方との関係は、通則法に規定はありませんが、代理人による代理行為の準拠法によると考えられます。したがって、代理人が相手方と契約の締結を行うのであれば、通則法7条および8条により準拠法が決まります。

(3) **本人と相手方との関係**

　任意代理における本人と相手方との関係の準拠法については、見解が分かれており、①代理行為の準拠法、②授権行為の準拠法、③代理行為の行為地の法、④原則として授権行為の準拠法によるが、相手方保護のため、授権行為の準拠法により代理権が存在しない場合でも、代理行為の行為地によれば代理権が存在すると認められるときは、通則法4条2項の類推解釈により、代理権を認める、とする見解等があります。

　本人と相手方それぞれの予見可能性および取引の安全の観点からは、③または④のいずれかによるべきものと考えられます。もっとも、近時のインターネットによる取引の増大等からすれば、「行為地」の概念にそれほど意味があるとは思えないこともまた事実です。通則法制定時には法制審議会国際私法（現代化関係）部会でも任意代理の準拠法についての規定を設けるべきか議論がされましたが、結局通則法には規定は設けられませんでした。

　したがって、金融機関としては、金融機関が中国人・台湾人の代理人と取引を行う場合、または金融機関が営業所等により代理人を立てて中国人・台湾人と取引を行う場合のいずれについても、ケース・バイ・ケースで対応する必要がありますが、一般的には、代理行為地の法によれば代理行為の効果が有効に本人に帰属することを確認すべきと考えられます。

Q 10 担保物権および保証の準拠法

中国・台湾に所在する不動産等に対する担保権については、どの国の法律が適用されますか。また、中国人・台湾人による保証については、どの国の法律が適用されますか

ポイント

　法定担保物権の成立については、目的物の所在地法と被担保債権の準拠法の両者がともに認める場合にのみ成立しうるという考え方が一般的であり、この考え方に立つのが無難です。法定担保物権の内容および効力ならびに約定担保物権の成立、内容および効力については、通則法13条１項により、目的物の所在地法が準拠法となります（ただし、債権質については、目的たる債権自体の準拠法によると解されます）。
　保証契約については、通則法７条および８条により準拠法が決定されます。

1　通則法13条１項の規定

　通則法13条１項は、動産または不動産に関する物権およびその他の登記をすべき権利は、その目的物の所在地法による旨を規定しています。
　担保物権については、通則法に規定を設けるかどうか、法制審議会国際私法（現代化関係）部会において議論がなされましたが、最終的には、特段の規定は設けられませんでした。

2　法定担保物権の成立

　担保物権は、担保すべき債権の存在を前提にし、主たる債権がその固有の準拠法を有するところ、担保物権のうち留置権や先取特権といった法定担保物権は債権を担保するために法律により特に認められた権利ですから、その債権の効力の問題であるといえます。また、それと同時に、担保物権は物権でもあるので、物権の準拠法である目的物の所在地法の問題でもあります。

そこで、担保物権のうち、法定担保物権については、その成立は目的物の所在地法と被担保債権の準拠法による（両者がともに認める場合にのみ成立しうる）とする考え方が一般的です。この点については、目的物の所在地法のみ検討すれば足りるとする有力な反対説もありますが、金融機関としては、目的物の所在地法と被担保債権の準拠法によると考えておくのが無難でしょう。

3　約定担保物権の成立

他方、抵当権や質権といった約定担保物権については、通則法13条1項により、目的物の所在地法が準拠法となります。

4　担保物権の内容および効力

法定担保物権および約定担保物権のいずれについても、その内容および効力に関しては、通則法13条1項により、目的物の所在地法によるべきと考えられています。

なお、動産に関する約定担保物権の効力については、担保権設定者の常居所地法によるとする規定を設けている外国の事例もあることから、法制審議会国際私法（現代化関係）部会では、そのような規定の必要性も論点になりましたが、これに対しては、銀行界の意見として、海外の動産を担保に国内で貸付を行うニーズ自体があまりない旨の発言があり、結局、特段の規定を設けないこととなりました。

5　債権質について

担保物権一般についての考え方は前記のとおりですが、債権質については目的物の所在を観念しがたいため別途の考慮が必要になります。

この点については、法制審議会国際私法（現代化関係）部会において、債権質の成立、内容および効力について明文の規定を設けるべきか否かについて議論がなされましたが、諸外国における立法例が少ないこと、数多くある担保制度のなかで債権質についてのみ規定を設けることは不自然であることなどを理由に、最終的には、債権質に関する規定は設けられず、解釈に委ね

られることになりました。

そして、債権質は、債権を排他的に支配する担保権設定行為ですから物権ととらえるべきですが、物に対する担保権設定と異なり、目的物の所在を問うことができません。そこで、債権質の準拠法については、物権の準拠法についての規定である通則法13条1項によることはできないとしたうえで、債権質は債権の運命の問題であることから、その目的たる債権自体の準拠法によるべきであると解されます。

6 保　　証

保証契約も1つの独立した債権契約ですから、主たる債権とは別に準拠法を指定することも可能です（通則法7条）。明示の準拠法指定がない場合には、通則法8条1項により、保証契約の当時において当該保証契約に最も密接な関係がある地の法が準拠法となります。その場合、保証は、「法律行為において特徴的な給付を当事者の一方のみが行うもの」といえますから、同条2項により、保証人の常居所地法が準拠法となるものと考えられます。

Q 11 債権譲渡および債務引受の準拠法

中国人・台湾人に対する債権を譲渡する場合の債権譲渡については、どの国の法律が適用されますか。また、中国人・台湾人がその債務を債務引受により第三者に移転する場合の債務引受については、どの国の法律が適用されますか

ポイント

　債権譲渡の成立、譲渡人・譲受人間の効力については、原因関係の点を除き、譲渡されるべき債権の準拠法が適用されると考えられています。譲渡されるべき債権の債務者および第三者に対する効力についても、通則法23条により、当該債権の準拠法が適用されます。
　債務引受の成立および効力については、引き受けられるべき債務の準拠法が適用されると考えられます。

1　債権譲渡

(1)　総　　論

　債権譲渡の準拠法については、①債権譲渡の成立、譲渡人・譲受人間の効力の準拠法、②譲渡されるべき債権の債務者および第三者に対する効力の準拠法のそれぞれについての検討が必要です。

(2)　債権譲渡の成立、譲渡人・譲受人間の効力の準拠法

　債権譲渡の成立、譲渡人・譲受人間の効力について、通則法には規定がありません。通説は、債権譲渡のうち、その原因関係（売買等）についてはその準拠法が適用されるものの、債権譲渡行為はそれとは別個の準物権的行為であるとしたうえで、債権の譲渡性（譲渡禁止特約の有効性等）や債権譲渡の要件、債権譲渡の効力発生時期等について、譲渡されるべき債権の準拠法が適用されるとしています。
　通則法制定前の法例においても、債権譲渡の成立、譲渡人・譲受人間の効力についての規定はなく、通則法制定時にこの点の明文化に関する議論がな

されましたが、最終的には、原因行為と債権譲渡行為の境界は必ずしも明確でないこと、明文化する必要性が必ずしも認められないこと等から、通則法でも規定は置かれませんでした。

(3) 譲渡されるべき債権の債務者および第三者に対する効力の準拠法

　通則法23条は、「債権の譲渡の債務者その他の第三者に対する効力は、譲渡に係る債権について適用すべき法による」と規定しています。法例12条は、債権譲渡の第三者に対する効力は債務者の住所地法による旨を定めていましたが、批判が多く、見直しの結果、通則法23条の規定となったものです。したがって、譲渡されるべき債権の債務者および第三者に対する効力についても、当該債権の準拠法によることになります。

2　債務引受

　債務引受の準拠法について、通則法には規定がありません。

　もっとも、債務引受は債権譲渡に類似する法律関係ですから、債務引受の成立および効力については、債権譲渡と同様に、引き受けられるべき債務の準拠法によると考えるのが妥当です。したがって、たとえば債務引受について債権者の同意が必要か否か、第三者に対する効力等については、引き受けられるべき債務の準拠法によると考えられます。

Q12 債権者取消権および債権者代位権の準拠法

債権者取消権および債権者代位権については、どの国の法律が適用されますか

ポイント

債権者取消権、債権者代位権のいずれについても、通則法には規定がありませんが、債権者の債権の準拠法が適用されると考えられます。それに加えて、債権者取消権については詐害行為とされる行為の準拠法が累積的に適用され、債権者代位権については債務者の権利の準拠法が累積的に適用されると考えられます。

1 債権者取消権

債権者取消権の準拠法について、通則法には規定がありません。

法廷地法によるべきであるとする説もありますが、債権者取消権は債務者の責任財産の保全のために認められた実体法上の債権保護手段であり、債権者の債務者に対して有する債権の問題であるので、当該債権の準拠法によるべきものと解されます。もっとも、債権者取消権は債務者と第三者との詐害行為を取り消す権利であり、詐害行為自体は債権の準拠法と異なる準拠法をもつものですから、かかる第三者の利益保護を考慮すると、債権者取消権を行使しうるためには、詐害行為とされる行為の準拠法によってもそれが認められなければならないと考えられます。

したがって、債権者取消権が認められるか否か、認められる場合のその内容、行使の方法、存続期間、効力等の問題については、債権者の債権の準拠法と詐害行為とされる行為の準拠法とが累積的に適用されるものと考えるべきです。

2 債権者代位権

債権者代位権の準拠法についても、通則法には規定がありません。

債権者代位権についても、債権者取消権と同様に、法廷地法によるべきであるとする見解もあります。しかし、債権者取消権と同様、債権者代位権は債務者の責任財産の保全のために認められた実体法上の債権保護手段ですから、債権者の債権の準拠法によるべきものと解されます。もっとも、代位される債務者の権利にはそれ自身の準拠法があるので、債権者代位権を行使しうるためには、債務者の権利の準拠法によってもそれが認められなければならないと考えられます。
　したがって、債権者代位権が認められるか否か、認められる場合のその内容、行使の方法、存続期間、効力等の問題については、債権者の債権の準拠法と債務者の権利の準拠法とが累積的に適用されるものと考えるべきです。

Q 13　債務不履行および不法行為の準拠法

金融機関の行職員の違法な行為により中国人・台湾人の顧客が損害を被った場合、損害賠償請求については、どの国の法律が適用されますか

ポイント

　債務不履行に基づく損害賠償請求であれば、当該債務の準拠法によります。不法行為に基づく損害賠償請求であれば、通則法17条により、原則として加害行為の結果が発生した場所の法によりますが、通常予見不可能な場所で結果が発生した場合には、加害行為地の法によります。

　本設問については、当該損害賠償請求が、債務不履行に基づくものであるか不法行為に基づくものであるかによって、結論が異なります。

1　債務不履行の場合

　債務不履行に基づく損害賠償請求であれば、債権の効力の問題ですので、債務の準拠法によります。契約に基づく債務の不履行の問題であれば、通則法7条および8条により準拠法が決まります。

2　不法行為の場合

(1)　不法行為の準拠法

　他方、不法行為に基づく損害賠償請求であれば、通則法17条が適用されます。同条は、「不法行為によって生ずる債権の成立及び効力は、加害行為の結果が発生した地の法による。ただし、その地における結果の発生が通常予見することのできないものであったときは、加害行為が行われた地の法による」と規定しています。

　「加害行為の結果が発生した地」がどこを指すかについて、通則法にはそれ以上の規定はなく、金融機関の取引における加害行為の結果の発生地は必ずしも一義的に明確ではないことから、ケース・バイ・ケースで判断するよりほかありません。

通則法17条但書は予見可能性についての規定ですが、これは、加害者および加害行為の性質・態様、被害発生の状況等、当該不法行為に関する事情に照らして、その場所における結果の発生が、通常予見可能であったか否かを問題にしていると考えられます。

(2)　**中国法・台湾法における使用者責任**

　なお、中国法・台湾法においても、使用者責任の規定はそれぞれ存在しますので（中国権利侵害責任法34条、台湾民法188条）、中国法・台湾法が適用される場合にも、一定の要件を満たせば金融機関の行職員の違法な行為による損害について金融機関の責任を追及できる点は日本と同様です。

Q 14 相続の準拠法

中国人・台湾人に相続が発生した場合については、どの国の法律が適用されますか

ポイント

通則法36条により、被相続人の本国法が準拠法となり、相続の開始、相続人、相続財産、相続分、寄与分および遺留分、遺産分割、相続の承認および放棄、相続財産の管理および清算、遺言の執行等に広く適用されます。反致の規定（同法41条）によって日本法が適用される場面もあります。

1　相続統一主義と相続分割主義

　国際私法上、相続の準拠法の基本原則には、相続統一主義と相続分割主義の2つの考え方があります。相続統一主義とは、不動産相続と動産相続を区別せず、相続関係を一体として被相続人の属人法（本国法や住所地法）によって統一的に規律しようとする原則です。他方、相続分割主義とは、不動産相続と動産相続を区別し、前者については不動産所在地法を、後者については被相続人の属人法を適用する原則です。

2　通則法36条とその適用範囲

　通則法36条は、「相続は、被相続人の本国法による」と定めており、相続統一主義を採用しています。したがって、相続に関する問題は、被相続人の本国法によることを原則とします。

　ここにいう「相続」は、相続財産を管理・清算して相続人に分配、移転するいっさいの過程を含むものと解されており、通則法36条の適用範囲は以下のように考えられています。相続に関する中国法・台湾法の具体的な内容については、Q41以下をご参照ください。

(1)　相続の開始

　相続開始の原因・時期等は、相続の準拠法によります。失踪宣告について

第1章　取引の準拠法、適用される法律

は、Q15をご参照ください。
(2) 相続人
だれが相続人となるか、相続人の順位、代襲相続、相続能力、相続欠格、相続人の廃除等、相続人に関する諸問題は、相続の準拠法によります。もっとも、相続人が相続人たりうるための前提をなす被相続人との間の婚姻関係、親子関係その他親族関係の存否は、いわゆる先決問題としてそれぞれの準拠法により決定されます。
(3) 相続財産
どのような財産が相続財産を構成するのかという相続財産の要件についての問題や、相続財産の移転についての問題も、相続の準拠法によります。
(4) 相続分、寄与分および遺留分
相続分、寄与分および遺留分に関する問題も、相続の準拠法によります。
(5) 遺産分割
遺産分割の時期、方法、効果等も、相続の準拠法によります。
(6) 相続の承認および放棄
相続承認や相続放棄に関する問題も、相続の準拠法によりますが、その方式については、原則として被相続人の本国法による（通則法10条1項）ものの、行為地法に適合する方式も有効となります（同条2項）。
(7) 相続財産の管理および清算
相続財産の管理および清算は、相続の準拠法によります。
(8) 遺言の執行
遺言執行者の指定、選任、権限も、相続の準拠法によります。
(9) 相続人の不存在
被相続人に相続人がいないことが明らかになった場合の効果については、相続の準拠法によるべきとする見解も有力ですが、条理により財産所在地法によるべきとする見解が一般的のようです。もっとも、相続人が不存在の場合、相続財産が最終的に国庫その他の公共団体に帰属することが諸国の法制上一致して認められており、中国法・台湾法も同様です（中国相続法32条、台湾民法1185条）。詳細については、Q53をご参照ください。

3　反致の可能性

　以上のとおり、相続については被相続人の本国法が適用されるので、中国人・台湾人の相続については中国法・台湾法が適用されるのが原則ですが、国際私法上の反致によって日本法が適用される場合があります。

　すなわち、通則法41条本文は、「当事者の本国法によるべき場合において、その国の法に従えば日本法によるべきときは、日本法による」と規定しています。したがって、この反致の規定により日本法が適用されることがないか、注意が必要です。中国人の相続については、反致の規定により日本法の適用がありえます。実際の適用場面については、Q41をご参照ください。

Q15 失踪宣告の準拠法

中国人・台湾人が行方不明になった場合、失踪宣告については、どの国の法律が適用されますか

ポイント

失踪宣告の国際裁判管轄および準拠法については、通則法6条に規定があり、不在者が生存していたと認められる最後の時点において、不在者が、日本に住所を有していたときまたは日本の国籍を有していたときは、日本の裁判所が日本法により失踪宣告を行うことができます。また、これに該当しない場合でも、不在者の日本にある財産および日本法によるべき法律関係については、日本の裁判所が日本法により失踪宣告を行うことができます。失踪宣告が中国・台湾においてなされた場合には、民事訴訟法118条1号および3号が類推適用され、一定の条件のもとで日本において承認される（したがって金融機関としてもそれを有効なものとして扱うべき）と考えられます。

1　失踪宣告の国際裁判管轄および準拠法

通則法6条は、失踪宣告の国際裁判管轄および準拠法について規定しています。同条1項では、不在者が生存していたと認められる最後の時点において、不在者が、日本に住所を有していたときまたは日本の国籍を有していたときは、日本の裁判所が日本法により失踪宣告を行うことができる旨規定しています。

また、通則法6条2項は、同条1項に規定する場合に該当しないときであっても、「裁判所は、不在者の財産が日本に在るときはその財産についてのみ、不在者に関する法律関係が日本法によるべきときその他法律関係の性質、当事者の住所または国籍その他の事情に照らして日本に関係があるときはその法律関係についてのみ、日本法により、失踪の宣告をすることができる」としています。

したがって、日本の金融機関に預金を行い、あるいは日本の金融機関から

融資を受けている中国人・台湾人が海外で行方不明になった場合、少なくとも当該金融機関との間の法律関係については日本の裁判所で失踪宣告の判断を行うことができますし、その場合の失踪宣告の要件・効果等は日本法に基づいて判断されることになります。

2　中国・台湾での失踪宣告の日本における承認

　他方、失踪宣告が中国・台湾においてなされた場合に、日本において承認されるかという点については、通則法には規定がありません。失踪宣告は非訟裁判ですから、民事訴訟法118条は直接適用されませんが、同条1号および3号の要件を満たす場合には、その類推適用により日本においても中国・台湾でなされた失踪宣告の効力の承認が認められると考えられます。日本の国際私法の定める準拠法を適用して宣告がなされたことを要件とする見解もありますが、このような準拠法要件は不要と考えられます。

　民事訴訟法118条1号の間接管轄（法令または条約により外国裁判所の裁判権が認められること）との関係では、通則法6条1項に対応する場合、すなわち不在者が失踪宣告をした国の国民であったか、その国に最後の住所を有していた場合には、宣告国に間接管轄が認められ、民事訴訟法118条3号の要件（公序良俗に反しないこと）を満たす場合には、日本でも効力が承認されます（したがって、金融機関としては、失踪宣告による死亡の擬制を認めるべきことになります）。通則法6条2項に対応する場合にも、間接管轄は認められますが、その効力については、同項と同様、その国に所在する財産などに限定されたものとして承認されることになります（したがって、金融機関としては、日本に所在する財産については、あらためて日本の裁判所による失踪宣告を求めるべきです）。

　なお、中国法・台湾法における「死亡宣告」の要件は、必要とされる失踪期間の点で日本と違いはあるものの、その他の点では日本における失踪宣告の要件と大きく異なるものではありませんので（中国民法通則23条、台湾民法8条）、民事訴訟法118条3号の要件に反することはほとんどないものと考えられます。

Q 16 遺言の準拠法

中国人・台湾人の遺言については、どの国の法律が適用されますか

ポイント

　遺言の方式については、遺言方式準拠法により、遺言者の本国法だけでなく、行為地法等により有効である場合にも、方式に関し有効とされます。遺言の成立および効力については、通則法37条により、遺言者の本国法が準拠法となります。

1　遺言の方式

　遺言の方式については、ハーグ国際私法会議の「遺言の方式に関する法律の抵触に関する条約」(昭和39年条約第9号)を受け、遺言方式準拠法により規律されます。

　具体的には、遺言は、①行為地法、②遺言者が遺言の成立または死亡の当時国籍を有した国の法、③遺言者が遺言の成立または死亡の当時住所を有した地の法、④遺言者が遺言の成立または死亡の当時常居所を有した地の法、⑤不動産に関する遺言について、その不動産の所在地法のいずれかに適合するときは、方式に関し有効とされます(遺言方式準拠法2条)。

　したがって、中国人・台湾人の遺言については、少なくともその本国法に従った方式による遺言であれば、方式に関し有効となります。詳細については、Q43・Q47をご参照ください。

2　遺言の成立および効力

　通則法37条は、「遺言の成立及び効力は、その成立の当時における遺言者の本国法による」旨規定しています。したがって、遺言の成立および効力、具体的には、遺言能力、意思表示の瑕疵、遺言の発生時期、遺言の撤回可能性等については、同条が適用され、遺言者の本国法が準拠法となります。具体的な遺言の有効性については、Q43・Q47をご参照ください。

Q17 中国・台湾における貸付金利の制限

中国・台湾において融資を行う場合、貸付金利についてはどのような法律上の制限がありますか

> **ポイント**
>
> 中国においては、貸付金利は中国人民銀行が定める上限および下限に従わなければならないこととされていますが、2017年1月現在、中国人民銀行は、融資一般についての貸付金利規制は撤廃しています。
> 台湾においては、貸付金利が年20％を超える場合、超過分の利息について請求権が認められないほか、カードローンの金利は年15％を超えてはならないこととされています。

1 中国における貸付金利

中国においては、中国契約法204条が、「金銭貸付業務を行う金融機関の貸付金の利率は、中国人民銀行が規定する貸付金利率の上限および下限に従わなければならない」旨を定め、また、中国商業銀行法38条も、「商業銀行は、中国人民銀行の定める貸付利率の上下限に従い貸付利率を確定しなければならない」旨を定めています。そして、中国人民銀行は、貸付に関する基準金利を定めており、商業銀行は、たとえば基準金利の90％を貸出金利の下限とする、というようなかたちで、その実施する融資に関する貸付金利を制限されてきました。

もっとも、近時の中国においては、金利の自由化の動きが進んでおり、2004年10月には貸付上限金利が、2013年7月には貸付下限金利が、それぞれ中国人民銀行の通達により撤廃されました（ただし、貸付下限金利の撤廃については、個人向けの住宅ローンはその例外とされており、基準金利の70％が下限金利とされています）。

したがって、2017年1月現在、中国において、融資一般については、貸付金利に関する法律上の制限は特段なされていないということになります。

なお、2016年6月24日付の日本経済新聞の報道によれば、北京で商業銀行が加入する業界団体の自主ルールというかたちではありますが、主として法人向け融資を対象に、貸付金利の下限を基準金利の90％とすることが決められたとのことです。これは、不良債権の発生が加速していることをふまえた、中国人民銀行による貸付金利規制の実質的な復活であるといわれており、今後の動向には注意が必要と思われます。

2　台湾における貸付金利

　台湾においては、台湾民法205条が、「約定利息が年20％を超える場合、当該超過分の利息について、債権者は請求権を有しない」旨を定めています。ここで、「債権者は請求権を有しない」とは、年20％を超過する部分の利息に係る債務者の債務が、いわゆる自然債務（債務者が自ら進んで履行すれば有効な債務の履行となるが、債権者から履行を強要することはできない債務）になるという意味であると一般に解されています。

　したがって、台湾において融資を行う際にも、貸付金利が年20％を超えるような場合は、超過部分の利息について、金融機関は請求権を有しないことになります。

　なお、2015年9月1日からは、台湾銀行法47条の1において、カードローンの金利は年15％を超えてはならない旨が定められたことにも注意が必要です。

Q 18 中国人・台湾人との金融取引と競争法の適用

日本の金融機関が、融資を通じた影響力を背景として、中国・台湾の融資先に対して取引を強要する等した場合、どの国の競争法が適用されますか

ポイント

日本国内においては、優越的地位の濫用として独禁法違反となり、中国・台湾においても、それぞれの制定する競争法に抵触する可能性があります。なお、中国・台湾の競争法については、理論上、域外適用の可能性があることにも一応の注意が必要となります。

1 日本の独禁法上の優越的地位の濫用

市場における公正で自由な競争の実現を目指す法律を、一般に「競争法」といい、日本においては、独禁法や不正競争防止法がこれに当たります。

日本の独禁法上、ある事業者が、自己の取引上の地位が相手方に優越していることを利用して、正常な商慣習に照らして不公正な取引を強いることは、いわゆる優越的地位の濫用に当たり、許されません(同法2条9項5号、19条)。

金融機関は、融資先との関係では、取引上の地位が優越していると解されることも多いものと思われますが、その優越性の具体的な判断に際しては、①融資先の当該金融機関に対する取引依存度、②当該金融機関の市場における地位、③融資先にとっての取引金融機関の変更の可能性、④その他融資先が当該金融機関と取引することの必要性が判断要素となるものと考えられます。

上記の各判断要素に照らして優越的地位にあると解される金融機関が、日本国内において、融資先に対して取引を強要する等した場合は、優越的地位の濫用として日本の独禁法に違反するものと解され、このことは、融資先が

第1章 取引の準拠法、適用される法律 39

中国人・台湾人であっても変わるところはありません。

2　中国・台湾の競争法とその域外適用

(1)　中国・台湾の競争法

　中国の競争法としては、長年にわたる検討の結果として、近時、中国独禁法が制定されています（2007年8月30日公布、2008年8月1日施行）。同法においては、日本の独禁法上の優越的地位の濫用の禁止に比較的近い規制として、市場における支配的地位の濫用の禁止が定められており（同法17条）、仮に中国国内で営業を行う日本の金融機関が「市場支配的地位」を有していると解される場合には、当該金融機関がかかる地位を利用して融資先に不公正な取引を強いることは、中国独禁法に抵触します。また、市場支配的地位を有しない事業者であっても、抱合せ販売や不合理な条件の付加等を行った場合には、日本でいう不正競争防止法に相当する中国反不正当競争法に抵触することになるため、注意が必要です。これらの規制の具体的内容については、Q19をご参照ください。

　台湾においては、日本の独禁法および不正競争防止法に相当する法律として、台湾公平交易法が定められています。同法は、独占事業者がその地位を濫用することを禁止しているほか（同法9条）、事業者一般について、抱合せ販売等、取引の相手方の事業活動を不当に制限することを条件とする取引行為を禁止しています（同法20条）。これらの規制の具体的内容については、Q20をご参照ください。

(2)　域外適用とは

　ある国が定める法律は、基本的には、当該国内で行われる活動を規律し、また、一定の活動を禁止ないし制約するものであって、外国で行われる活動にまでその効力が当然に及ぶものではありません。しかしながら、たとえば競争法については、外国で行われた行為が自国の市場に競争制限的効果を及ぼす場合に、例外的に、当該行為に自国の法律を適用することが可能となると国際法上解されており、これを「域外適用」といいます。

　中国独禁法は、「中華人民共和国国外の独占行為は、国内の市場競争に対して排除、影響が生じる場合は、本法を適用する」（同法2条。なお、「独占

行為」には、市場支配的地位の濫用が含まれます。同法3条2号）として、域外適用があることを明記しています。他方、台湾公平交易法には、顧客との取引に係る規制について、このような明文規定はありませんが、やはり台湾外で行われた行為が台湾の市場に競争制限的効果を及ぼす場合には、域外適用はあるものと解すべきでしょう。

　日本の金融機関が日本国内で行った中国人・台湾人との金融取引に関し、中国・台湾の競争法が域外適用された事例は、2017年1月現在、特に見当たりませんが、理論上は、このような域外適用の可能性がないわけではないことは、一応注意しておいてよいように思われます。

Q 19 顧客との取引に関する中国の競争法上の規制の概要

顧客との取引に関する中国の競争法上の規制の概要について教えてください

> **ポイント**
>
> 中国独禁法において、「市場支配的地位」を有する事業者が一定の行為を行うことが禁止されているほか、これを有しない事業者も、当該禁止行為中の抱合せ販売ないし不合理な取引条件の付加等については、中国反不正当競争法により、これを行うことを禁止されています。

1 中国独禁法上の規制

中国独禁法は、「市場支配的地位」を有する事業者が一定の行為を行うことを禁止しています（市場支配的地位の濫用の禁止。同法17条）。

(1) 市場支配的地位とは

市場支配的地位とは、事業者が関連市場において、商品の価格、数量もしくはその他の取引条件を制御することができる、または他の事業者による関連市場への参入を阻害し、もしくは参入に影響を与えることができる、その事業者の市場における地位のことをいいます（中国独禁法17条2項、中国市場支配的地位濫用禁止規定3条）。

ある事業者が市場支配的地位を有するか否かの認定は、①当該事業者の関連市場における市場占有率および関連市場の競争状況、②当該事業者の販売市場または原材料調達市場を制御する能力、③当該事業者の財務力および技術的条件、④他の事業者の当該事業者に対する取引上の依存度、⑤他の事業者による関連市場への参入の難易度、⑥当該事業者が市場の支配的地位を有することを認定するうえで関連するその他の要素、の各要素に基づき行うものとされています（中国独禁法18条、中国市場支配的地位濫用禁止規定10条）。

なお、中国独禁法上、以下の場合には、市場支配的地位の存在が推定され

ます（同法19条1項、中国市場支配的地位濫用禁止規定11条1項）。
・関連市場における単独の事業者の市場占有率が2分の1に達している場合
・関連市場における2つの事業者の市場占有率の合計が3分の2に達している場合
・関連市場における3つの事業者の市場占有率の合計が4分の3に達している場合

ただし、市場占有率が10分の1未満である事業者は、市場支配的地位にあるとは推定されません（中国独禁法19条2項、中国市場支配的地位濫用禁止規定11条2項）。

(2) 禁止行為

市場支配的地位を有する事業者は、①不公平な高価格で商品を販売し、または不公平な低価格で商品を購入すること、②正当な理由なく、原価を下回る価格で商品を販売すること、③正当な理由なく、取引先に対して取引を拒否すること、④正当な理由なく、取引先が自己との間でのみ取引するよう制限し、またはその指定した事業者との間でのみ取引するよう制限すること、⑤正当な理由なく、商品を抱き合わせて販売する、またはその他の不合理な取引条件を取引にあたって付加すること、⑥正当な理由なく、同等な条件の取引先に対して、取引価格等の取引条件の面で差別的待遇を行うこと、⑦中国独禁法の執行機関が認定するその他の市場支配的地位の濫用行為を行うこと、が禁止されています（中国独禁法17条1項）。

なお、上記①・②の禁止行為については中国価格独占禁止規定に、③～⑥の禁止行為については中国市場支配的地位濫用禁止規定に、より具体的な内容が規定されています。

(3) 制裁措置

事業者が中国独禁法に違反して、市場支配的地位を濫用した場合には、中国独禁法の執行機関は、違法な行為の停止を命じ、違法な所得を没収するとともに、前年度における売上高の1％以上10％以下の制裁金を科すことができるとされています（同法47条）。

2　中国反不正当競争法上の規制

　中国における競争法としては、中国独禁法のほか、日本でいう不正競争防止法に当たる中国反不正当競争法が制定されています。

　顧客との金融取引との関係で特に注意が必要なのは、中国反不正当競争法が、抱合せ販売ないし不合理な取引条件の付加（前記1(2)⑤参照）を禁止していることです（同法12条）。同法は、当該禁止行為の対象となる事業者を限定していませんので、中国国内において市場支配的地位を有しない金融機関であっても、当該禁止行為を行った場合には、同法違反となる点に注意が必要です。

Q 20 顧客との取引に関する台湾の競争法上の規制の概要

顧客との取引に関する台湾の競争法上の規制の概要について教えてください

ポイント

台湾公平交易法において、独占事業者が一定の行為を行うことが禁止されているほか、事業者一般についても、抱合せ販売等、競争を制限するまたは公正な競争を阻害するおそれがある行為を行うことが禁止されています。

台湾の競争法としては、日本の独禁法および不正競争防止法に相当する法律である台湾公平交易法が制定されています。同法は、独占事業者が一定の行為を行うことを禁止しているほか（独占的地位の濫用の禁止。同法9条）、事業者一般についても、競争を制限するまたは公正な競争を阻害するおそれがある行為を行うことを禁止しています（同法20条）。

1 独占的地位の濫用の禁止

(1) 独占とは

独占とは、事業者が特定の市場において競争がない状態にある場合、または圧倒的な地位により競争を排除できる能力がある場合をいいます（台湾公平交易法7条1項）。二以上の事業者が、実際に価格競争を行わず、対外的に上記と同様の状態にある場合も独占とみなされます（同条2項）。

台湾公平交易法においては、原則として、以下の場合に、独占が認定されます（同法8条1項）。

・1つの事業者の市場占有率が2分の1以上
・2つの事業者の市場占有率の合計が3分の2以上
・3つの事業者の市場占有率の合計が4分の3以上

ただし、市場占有率が10分の1未満である事業者、またはその最終事業年度の総売上高が公平交易委員会（台湾公平交易法の執行機関）の公告する額に

第1章 取引の準拠法、適用される法律 45

達しない事業者は、独占的地位にあるとはみなされません（同法8条2項）。

なお、市場参入につき法的もしくは技術的な制約があり、または他の市場の需給に影響を与えることによって競争を排除しようとする者がいる場合、上記の基準では独占的地位にあるとはみなされない事業者であっても、公平交易委員会はこれを独占と認定することができるとされています（台湾公平交易法8条3項）。

(2) 禁止行為

独占的地位を有する事業者は、①不公正な方法を用いて他の事業者の競争を直接的または間接的に妨害すること、②商品または役務の価格を不当に設定し、維持または変更すること、③正当な理由がないのに自己を有利に取り扱うよう取引相手に強要すること、④その他市場における独占的地位を濫用すること、が禁止されています（台湾公平交易法9条）。

2 その他競争を制限するまたは公正な競争を阻害するおそれがある行為の禁止

その他にも、台湾公平交易法は、事業者一般について、たとえば以下の行為を行うことを禁止しています（同法20条）。

・特定の事業者に損害を与える目的で、当該事業者に対する供給、購買またはその他の取引行為を、他の事業者に断絶させる行為
・正当な理由のない、他の事業者に対する差別的待遇
・低価格での利益誘引またはその他の不当な方法により、競争者の競争参加を阻害する行為
・脅迫、利益誘引またはその他の不当な方法により、他の事業者に価格競争をさせず、または結合、協同行為もしくは垂直的競争制限に参加させる行為
・取引の相手方の事業活動を不当に制限することを条件とする取引行為（抱合せ販売、排他的取引等）

3 制裁措置

台湾公平交易法に違反して、独占事業者が独占的地位を濫用した場合、ま

たは事業者がその他競争を制限するもしくは公正な競争を阻害するおそれがある行為を行った場合には、公平交易委員会は、期限を定めて当該行為の差止め、修正またはその他の是正のために必要な措置を命ずることができ、かつ、10万新台湾ドル以上5,000万新台湾ドル以下の行政制裁金を科すことができます。独占事業者が期限内に命令に従わなかった場合、公平交易委員会は、引き続き必要な措置を命ずるとともに、10万新台湾ドル以上1億新台湾ドル以下の行政制裁金を科すことができます（同法40条1項）。さらに、公平交易委員会は、特に独占事業者の重大な違反行為に対しては、直近の事業年度における総売上高の10％まで、行政制裁金を増額することができます（同条2項）。

　なお、台湾公平交易法には、定められた期限内に公平交易委員会の命令に従わなかった場合の刑事責任に関する規定も設けられており、独占事業者の独占的地位の濫用については3年以下の懲役、拘留もしくは1億新台湾ドル以下の罰金またはこれらの併科が（同法34条）、事業者のその他競争を制限するもしくは公正な競争を阻害するおそれがある行為については2年以下の懲役、拘留もしくは5,000万新台湾ドル以下の罰金またはこれらの併科が（同法36条）、それぞれ定められています。

Q 21　中国・台湾における広告規制の概要

中国・台湾で広告を出す場合の法律上の規制の概要について教えてください

ポイント

中国においては、中国広告法が、虚偽広告の禁止、投資に関する広告内容の規制、その他の広告に関する規制を行っています。

台湾においては、台湾公平交易法等に、虚偽広告を禁止する規定があります。

1　中国における広告規制

中国においては、広告を規制する法律として、日本の景品表示法に相当する中国広告法が制定されています。同法は、1995年に施行されましたが、近時の中国の広告市場の拡大等を受けて、2015年4月、大幅な改正がなされました（同年9月施行）。中国広告法の定める内容は、概略以下のとおりです。

(1)　虚偽広告の禁止

広告は、虚偽または人を誤解させる内容を含んではなりません（中国広告法4条）。かかる虚偽広告の具体的内容については、①商品またはサービスが存在しない場合、②商品の性能、機能、産地、用途、品質、仕様、成分、価格、生産者、有効期限、販売状況、受賞歴等の情報、またはサービスの内容、提供者、形式、質、価格、販売状況、受賞歴等の情報、および商品またはサービスに関する約定内容等の情報が事実と合致せず、そのことが購入行為に実質的な影響を与えた場合、③虚偽、偽造または検証できない科学研究成果、統計資料、調査結果、要約、引用等の情報を使用して証明資料とした場合、④商品の使用またはサービスの享受の効果を偽った場合、⑤虚偽または人を誤解させる内容により消費者を欺き、誤導するその他の場合がこれに当たるとされています（同法28条）。

(2)　投資に関する広告内容の規制

中国広告法は、特定の商品またはサービスの広告についても、具体的かつ

詳細にその内容を規制しているところ、たとえば、投資勧誘等の投資回収予測を含む商品またはサービスの広告については、存在するリスクおよびリスク・責任の負担に係る合理的な提示または警告を行わなければなりません。また、将来の効果、収益等について保証的約束を行ったり、元本保証、ノーリスク、収益保証を明示または暗示したりしてはならず、学術機関、専門家等の名義またはイメージを使用した推薦、証明を行うことも許されません（同法25条）。

(3) その他の広告規制

その他に、中国広告法は、中国の国旗、国章、国歌等を用いた広告（同法9条1号）、「国家級」「最高級」「最良」等の用語を用いた広告（同条3号）、他の事業者の商品またはサービスを貶める広告（同法13条。なお、いわゆる比較広告も、これに該当すると認定される可能性があることに注意が必要です）等を禁止しています。

また、屋外広告（中国広告法41条）やインターネット広告（同法44条）については、独自の規制が設けられています。さらに、当事者の同意のない広告の発信は禁止されており（同法43条1項）、電子情報により広告を発信する場合には、発信者の真の身分および連絡先を明示のうえ、受信者に継続的な受信を拒絶する方法を提供しなければならないとされています（同条2項）。

2 台湾における広告規制

台湾においては、台湾公平交易法21条が、虚偽広告の禁止を定めています。すなわち、同条は、商品・サービスの価格、数量、品質、内容、製造方法、製造日、有効期限、使用方法、用途、産地、製造者、製造地、加工者、加工地等に関し、虚偽または人を誤解させる内容の表示等をしてはならないとしています（同条2項および4項）。

また、金融取引については、台湾金融消費者保護法8条が、金融サービス業者はその広告の内容の真実性を確保しなければならず、虚偽、詐欺その他誤解を招くようなことをしてはならない旨を定めています。なお、同法の下位規程として、台湾金融サービス業広告弁法があります。

Q 22　中国における個人情報保護制度の概要

中国における顧客の個人情報の取扱いについて特に注意すべき点はありますか

ポイント

消費者の個人情報の収集・利用、管理等にあたり、中国消費者権益保護法の定める事業者の義務を遵守する必要があります。金融機関の職員が顧客の個人情報を違法に提供または取得した場合、中国刑法上の犯罪が成立する可能性もあります。

1　中国における個人情報保護に関する法制度

中国においては、日本における個人情報保護法のような個人情報の保護に関する一般法は制定されておらず、個別の法令のなかで、個人情報の保護に関するルールが定められています。

個人情報の保護に関するルールをその内容に含む中国の法令の例としては、以下のものがあげられます。

2　中国消費者権益保護法

中国消費者権益保護法は、消費者の適法な権益の保護等を目的とする法律ですが、2013年10月、同法が大幅に改正された際に（2014年3月施行）、消費者の個人情報の保護に関する規定が新設されました。すなわち、同法14条は、消費者は、商品を購入し、使用し、およびサービスを受けるときに、個人情報を保護される権利を有するとして、個人情報の保護が消費者の権利であることを明記しました。そのうえで、同法は、消費者の個人情報の保護に関する事業者の義務等について、以下の内容を定めています。

(1)　収集・利用について

事業者は、消費者の個人情報の収集・利用に際しては、適法性・正当性・必要性の原則を遵守しなければならず、収集・利用の目的、方法および範囲

を明示したうえで、そのような収集・利用について、消費者の同意を得なければなりません（中国消費者権益保護法29条1項）。

また、事業者は、消費者の個人情報の収集・利用のルール（社内規程やプライバシー・ポリシー等）を公開しなければならず、法令または当事者間の約定に違反して、消費者の個人情報を収集・利用してはなりません（中国消費者権益保護法29条1項）。

さらに、事業者は、消費者の同意もしくは要請がない場合、または消費者が明確に拒絶の意思を表明した場合には、そのような消費者に対して営業上の情報を発信してはなりません（中国消費者権益保護法29条3項）。

(2) 管理について

事業者およびその職員は、収集した消費者の個人情報について、厳格に機密を保持し、これを漏えい、売却、または違法に第三者に提供してはならず、また、事業者は、技術的措置その他の必要な措置を講じて情報の安全を確保し、消費者の個人情報の漏えいおよび紛失を防止する必要があり、漏えい、紛失が生じ、または生じる可能性があるときは、直ちに救済措置をとらなければなりません（中国消費者権益保護法29条2項）。

(3) 民事上の責任

事業者が消費者の個人情報を保護される権利を侵害した場合、当該事業者は、当該消費者に対し、侵害を停止し、名誉を回復し、影響を除去し、謝罪し、かつ損害を賠償する義務を負います（中国消費者権益保護法50条）。

(4) 罰 則 等

事業者が消費者の個人情報を保護される権利を侵害した場合、当該事業者は、その情状に応じて、警告、違法所得の没収、違法所得の同額以上10倍以下の過料またはこれらの併科を受ける可能性があり、また、違法所得がない場合には、50万人民元以下の過料に処される可能性があります。さらに、情状が重い場合には、業務停止命令を受け、または営業許可証を取り消される可能性があります（中国消費者権益保護法56条1項9号）。

3 中国電信・インターネットユーザー個人情報保護規定

中国の情報通信分野の主管庁である工業・情報化部は、2013年7月、イン

ターネット情報サービス事業者等によるサービス利用者の個人情報の収集・利用を規律するものとして、中国電信・インターネットユーザー個人情報保護規定を制定しています（同年9月施行）。ここで、インターネット情報サービスとは、インターネットを通じてユーザーに情報を提供するサービス活動を指します（中国インターネット情報サービス管理弁法2条2項）。

　中国電信・インターネットユーザー個人情報保護規定が定める事業者の義務については、中国消費者権益保護法と重なるところも多くありますが、サービス利用者がサービス利用を終了した後はその個人情報の収集・利用を停止し、サービス利用者のために番号またはアカウントの抹消のサービスを提供しなければならない（同規定9条4項）、サービス利用者の苦情処理制度を構築して、有効な連絡方式を公表し、苦情を受け付け、苦情を受け付けた日から15日以内に回答しなければならない（同規定12条）、といった独自の義務の定めもあることに注意が必要です。

4　中国刑法

　近時の中国刑法の改正において、公民個人情報侵害罪（同法253条の1）が新たに設けられ、中国公民の個人情報を、売却または違法に第三者に提供したり、窃取その他の違法な方法で取得した者で、その情状が重い者には、3年以下の懲役や罰金（情状が特に重い者については、3年以上7年以下の懲役や罰金）が科されたりすることとされました。これらの罪については、金融機関の職員も当然適用対象となり、また、違反した職員本人のみならず、その所属する団体や当該団体の責任者等も処罰されうること（同条4項）に注意が必要です。

Q 23 台湾における個人情報保護制度の概要

台湾における顧客の個人情報の取扱いについて特に注意すべき点はありますか

> **ポイント**
>
> 個人情報の収集・利用、管理等にあたり、台湾個人資料保護法の定める事業者の義務を遵守する必要があります。事業者が同法に違反した場合、本人に対して民事上の責任を負い、また、行政罰や刑事罰を受ける可能性があります。

　台湾においては、日本における個人情報保護法に相当する法律として、台湾個人資料保護法が制定されています。同法は、個人情報の保護に関する事業者の義務等について、以下の内容を定めています。

1　収集について

　事業者は、①「特定目的」（主務機関が定め、公告する一定の利用目的）を有し、かつ、②法律に明確な規定がある場合、本人と契約または契約類似の関係がある場合、本人の書面による同意がある場合等の一定の事由がある場合でなければ、個人情報を収集してはなりません（台湾個人資料保護法19条1項）。

　また、事業者は、個人情報を収集する際には、原則として本人に対し、事業者の名称、個人情報収集の目的、収集する個人情報の種類、個人情報を利用する期間・地域・対象・方法等を明確に告知しなければなりません（台湾個人資料保護法8条1項）。

2　利用について

　事業者は、本人の書面による同意がある場合等を除いて、収集時の利用目的（「特定目的」）の範囲内で個人情報を利用しなければなりません（台湾個人資料保護法20条1項）。

また、事業者が個人情報を利用して営業活動を行う場合に、本人が拒絶の意思を表明したときは、事業者は、直ちに営業活動を終了しなければならず（台湾個人資料保護法20条2項）、初回の営業活動の際には、本人に拒絶の意思表明の方法を提供するとともに、拒絶の意思表明に要する費用を負担しなければなりません（フリーダイヤルの設置、返信用封筒の提供等。同条3項）。

3　管理について

事業者は、個人情報の盗用、改竄、毀損、滅失または漏えいを防止するために、適切な安全管理措置を講じなければならないとされています（台湾個人資料保護法27条1項）。

上記安全管理措置の具体的内容については、台湾個人資料保護法施行細則12条2項各号に規定があり、管理責任者等の配置、個人情報の管理等に係る内部手続の制定、個人情報の利用記録の保存等があげられています。

4　民事上の責任

事業者が台湾個人資料保護法の規定に違反し、個人情報を違法に収集・利用する等本人の権利を侵害した場合、当該事業者は、本人に対して損害賠償義務を負い、この場合に、当該事業者には過失があることが推定されます（同法29条1項）。本人が実際の損害額を証明することが困難または不可能であるときは、損害に係る事情に応じて、原則500新台湾ドル以上2万新台湾ドル以下の損害賠償請求をすることができるとされています（同条2項、28条3項）。また、同一原因に基づき多数者の権利が侵害された場合は、賠償総額は2億新台湾ドルを上限とするとされていますが、当該原因により事業者に生じた利益がこれを超える場合には、当該利益の総額が上限となります（同法29条2項、28条4項）。

なお、事業者が本人の名誉を侵害した場合には、金銭賠償に加え、名誉回復のための適切な措置を講じるべき義務を負います（台湾個人資料保護法29条2項、28条2項）。

5 罰　則　等

　事業者が台湾個人資料保護法の規定に違反した場合、主務機関等は、個人情報の収集・利用を禁止する等の処分を行うことができ（同法25条1項）、かつ、最高で50万新台湾ドルの罰金を科すことができます（同法47条ないし49条）。この場合、当該事業者の代表者も、防止義務を尽くしたことを証明できない限り、同程度の処分を受ける可能性があります（同法50条）。
　また、上記行政罰とは別に、最高で5年の有期懲役および100万新台湾ドルの罰金という刑事罰に係る規定も設けられています（台湾個人資料保護法41条、42条）。

第 2 章

契 約 書

Q 24　中国人・台湾人との契約書の言語

中国人・台湾人と取引を行う場合、契約書の言語はどうすればよいですか

ポイント

中国人・台湾人との間の契約書にいかなる国の言語を使用したとしても、そのことで契約の効力が左右されることはなく、なんら問題はありません。ただし、複数の言語で契約書を作成する場合には、解釈上の疑義が生じることを避けるため、いずれが正本であるかを契約書上明記しておくべきです。

1　契約言語

　一般に、国籍を異にする者同士が取引を行うに際して契約を締結する場合に、契約書にいかなる国の言語を使用したとしても、その使用言語次第で契約の効力が左右されるということはありません。
　したがって、日本の金融機関が中国人・台湾人と金融取引を行うに際しては、契約書に日本語を使用しても、中国語を使用しても（書面公用語として、中国では簡体字中国語が、台湾では繁体字中国語が使用されています）、いずれでもなんら問題ありません。また、国際ビジネスにおいては、英語が共通語として用いられることが多いところ、日本の金融機関と中国人・台湾人との間の契約書に英語を使用しても、まったく問題ありません。

2　正本と参考訳

　国籍を異にする者同士で、一方の公用語を使用して契約書を作成する場合に、他方から、参考として、他方の公用語による訳文をつけてほしいという要望が出されることがあります。
　この場合、2つの言語で契約書を作成したからといって、そのことにより契約が無効となるようなことはありません。しかしながら、異なる国の言語は、その成立に至る歴史的・文化的背景が異なることなどにより、同様の概

念を表す言語であっても、その意味するところにはおのずと相違が生じえます。そのため、2つの言語で作成する契約書を、可能な限り忠実に翻訳して、同一の内容になるよう配慮したとしても、両者を完全に一致させることはむずかしいといえます。そして、こうした2つの契約書が作成された場合、後に契約条項の解釈をめぐって紛争が生じたとき、どちらの契約書の言語に従ってその意味を解釈すべきかが直ちに判断できなくなるおそれがあります。

　そのため、実務上は、複数の言語で契約書を作成する場合、いずれが正本であるかを契約書自体に明記することが一般的です。具体的には、たとえば「本契約書は、日本語で作成されたものを正本とし、他の言語で作成されたものは、参考訳にすぎず、いかなる法的効力も有しないものとする」といった条項を設け、解釈上の疑義をなくすことが行われています。

　なお、中国人・台湾人と契約書を取り交わす場合で、日本語の参考訳はつけられているものの、あくまで正本は中国語とされている場合、当該契約書の内容を正確に理解するためには、正本の内容を精査する必要があり、安易に参考訳だけを読んで判断するのにはリスクがあることに注意が必要です。

Q 25　中国人・台湾人との契約書への印紙の貼付

中国人・台湾人と取引を行う場合、契約書の印紙はどうすればよいですか

ポイント

　日本の印紙税法は、課税文書となる契約書が日本国内で作成された場合にのみ適用されるため、契約の両当事者の調印行為が中国・台湾で行われたり、日本国内の金融機関が、自ら調印した契約書を中国・台湾の顧客に送付し、当該顧客がこれに調印のうえ返送したりしたような場合には、当該契約書に日本の印紙税法は適用されず、印紙貼付の必要はありません。

　他方、中国の印紙税法は、課税文書たる契約書のうち、中国国内で法的効力を有するものすべてに適用され、また、台湾の印紙税法は、課税文書たる契約書への一方当事者の調印行為が台湾内で行われている限り、それが相手方の調印行為に先行する場合であっても、当該契約書に適用されます。

1　日本の印紙税について

(1)　印紙と印紙税法

　日本の印紙税法は、契約書や領収書といった一定の文書を作成する際に、当該文書の作成者に対し、印紙税を納付することを義務づけています。印紙税は、経済取引に伴い作成される文書の背後には経済的利益があると推定されること、および文書を作成することによって取引事実が明確化し法律関係が安定化することに着目して、広範な文書に軽度の負担を求める文書課税であるとされています。このような印紙税は、一般に、文書上に収入印紙を貼付し、これに消印をすることによって納付します。

　印紙税が課される文書（課税文書）は、印紙税法別表第一に規定される20種類の文書のうち、同法5条の定める非課税文書に当たらないものです（同法3条1項）。金融取引との関係では、たとえば銀行取引約定書（同法別表第一第7号）や金銭消費貸借契約書（同第1号の3）が課税文書に当たります。

(2) 契約書の作成場所と日本の印紙税法の適用

　日本の印紙税法の適用地域は、あくまでも日本国内に限られます。すなわち、課税文書の作成が日本国外で行われる場合には、当該文書に日本の印紙税は課されません。このことは、当該文書の保存が日本国内で行われるとしても、また、当該文書に基づく権利の行使が日本国内で行われるとしても、変わるところはありません。

　ところで、課税文書の作成とは、単なる課税文書の調製行為ではなく、課税文書となるべき用紙等に課税事項を記載して当該文書の目的に従い行使することがこれに当たると解されます。したがって、契約書のように、当事者の意思の合致の証明を目的とする文書の場合は、当該文書が意思の合致を証明するものとなったときに、課税文書として作成されたものと解することができます。

　中国人・台湾人との間で金融取引を行うにあたって契約書を作成する場合、当該契約書への契約当事者の調印行為が日本国内で行われれば、日本の印紙税法が適用されることとなり、日本国外で行われれば、日本の印紙税法は適用されないことになります。日本国内の金融機関と中国・台湾在住の顧客とが契約書を取り交わす場合には、前者が自ら調印した契約書2通を後者に送付し、後者が双方に調印のうえ1通を返送することとすれば、当該契約書が契約当事者の意思の合致を証することとなったのは後者の調印時ですから、後者の調印行為が日本国外で行われている以上、課税文書の作成は日本国外で行われたこととなり、日本の印紙税法は適用されません。契約書の作成方法がこれと逆になった場合には、日本の印紙税法が適用されることとなります。

2　中国の印紙税について

　中国の印紙税は「印花税」と呼ばれ、中国印花税暫行条例に課税文書が規定されています（同条例2条）。金融取引との関係では、たとえば金銭消費貸借契約書が課税文書に当たります。

　中国の印紙税については、日本のそれと異なり、中国国内で法的効力を有する契約書であれば、その作成が中国国外で行われた場合にも課税文書とな

ることに注意が必要です（中国印花税暫行条例施行細則 2 条 1 項）。

3　台湾の印紙税について

　台湾においては、台湾印花税法に課税文書が規定されていますが（同法 5 条）、中国と異なり、金銭消費貸借契約書は課税文書には該当せず、その他顧客との金融取引に関する契約書で課税文書に含まれるものもありません（契約書としては、動産売買契約書、請負契約書、不動産売買契約書等が課税文書となります）。ただし、金銭の領収書は、課税文書とされています。

　なお、台湾の印紙税は、台湾内で作成された契約書に対してのみ課されます（台湾印花税法 1 条）。もっとも、財政部通達は、契約当事者のどちらかが台湾内で契約書に調印行為を行った場合、当該調印行為が相手方の調印行為の後であった場合のみならず、前であった場合にも、当該契約書は台湾内で作成されたものと解釈することとしており、前記 1 (2)で述べた日本の印紙税法の適用とは、考え方を異にしていることに注意が必要です。

Q 26 中国・台湾における公正証書による強制執行

中国・台湾において、契約書をもって強制執行ができるようにするためには、どうすればよいですか

ポイント

　中国・台湾のいずれにおいても、金銭等の給付を目的とする契約についてであれば、公証機関に申請することによって強制執行力付公正証書を作成することができ、当該公正証書に基づき強制執行を行うことができます。

1　中国における公正証書による強制執行

(1)　強制執行力付公正証書

　中国においては、公証機関（日本でいう公証役場）である公証処に申請することによって、公証人に強制執行力付公正証書を作成してもらうことができます。かかる公正証書があれば、取引の相手方が債務を履行しない場合に、訴訟を提起して勝訴判決を得ることなく、当該公正証書をもって直接強制執行を申し立てることができます（中国公証法37条、中国民事訴訟法238条）。

　強制執行力付公正証書は、①当該文書が貨幣、物品または有価証券の給付をその内容とすること、②債権債務関係が明確であり、債権者・債務者の双方において給付に関する当該文書の内容に異議がないこと、および③債務不履行（不完全履行を含む）の場合に債務者が法に基づき強制執行を受けることに同意する旨を当該文書に明記することという各条件を満たす場合に作成することができます（公証機関から強制執行力を付与された債権文書の執行関連問題に関する連合通知1条）。かかる条件を満たす限りにおいて、貸付契約書や各種借用証明書につき、強制執行力を付与することが可能です（同通知2条）。

(2)　作成手続

　強制執行力付公正証書の作成の申請は、当事者の所在地、経常居住地、

（債権の原因たる）行為地ないし事実発生地のいずれかを管轄する公証処に対して行う必要があります（中国公証法25条1項）。また、不動産に関する公正証書の場合は、当該不動産の所在地を管轄する公証処に発行を申請することも可能です（同条2項）。

　上記申請に際し、当事者は、公証処に赴いて、強制執行力の付与を求める文書のほか、各人の身分証明書類や、担保に関する書類を提出する必要があります。また、債務額の0.3％の公証費用を納付しなければなりません。

(3)　強制執行の申立て

　債務者が強制執行力付公正証書に記載された債務を履行しないときは、債権者は、公証処に申請して、執行証書を発行してもらいます（公証機関から強制執行力を付与された債権文書の執行関連問題に関する連合通知4条）。そして、強制執行力付公正証書および執行証書の双方を裁判所に提出して、強制執行を申し立てることができます。

2　台湾における公正証書による強制執行

(1)　強制執行力付公正証書

　台湾においても、公証人に強制執行力付公正証書を作成してもらうことが可能です（なお、台湾では、裁判所公証人が所属する（地方裁判所付属の）公証処と、民間の公証人が所属する民間公証人事務所とがあります）。すなわち、台湾公証法13条1項は、金銭その他の代替物または有価証券の一定の数量の給付等に関して作成された公正証書に、債務者が直ちに強制執行に服することを陳述した旨の条項を明記すれば、当該公正証書によって強制執行をすることができると定めています。

(2)　作成手続

　台湾における強制執行力付公正証書の作成の申請は、基本的にどの公証人に対しても行うことができます（台湾公証法6条）。

　上記申請に際し、当事者は、強制執行力の付与を求める文書のほか、各人の身分証明書類を提出する必要があります。また、公証費用については、公正証書一般につき目的となる財産的価値に応じて金額が定められているところ、強制執行力付公正証書の場合は、その1.5倍の金額を納付しなければな

りません。

(3) 強制執行の申立て

　債務者が強制執行力付公正証書に記載された債務を履行しないときは、債権者は、当該公正証書を裁判所に提出して、強制執行を申し立てることができます（台湾強制執行法4条1項4号、6条1項4号）。中国の場合のように、別途執行証書を発行してもらう必要はありません。

第 3 章

権利能力

Q 27　中国人・台湾人の権利能力

中国人・台湾人の権利能力については、日本人と同じように認められますか

> **ポイント**
>
> 　権利能力とは、私法上の権利義務の帰属主体となりうる地位・資格をいいます。すべての自然人は権利能力を有するものと解されているため、日本人、外国人ともに権利能力を有します。もっとも、法令または条約により、一定の場合には、中国人・台湾人を含む外国人の権利能力が禁止または制限されることがあります。

1　外国人の権利能力に関する日本の民法の規定

　権利能力とは、私法上の権利義務の帰属主体となりうる地位・資格をいいます。すべての人は生まれながらにして権利能力を認められ、他人の権利の客体となることができないということは、近代法の大原則であり、すべての自然人は、出生により権利能力を有することになります。

　日本の民法上、日本人の権利能力を制限する規定はありませんが、外国人の権利能力は、一定の場合には制限されます。すなわち、外国人の権利能力について定める民法3条2項は、「外国人は、法令又は条約の規定により禁止される場合を除き、私権を享有する」と規定しており、外国人の権利能力は、法令または条約により禁止または制限される場合があることになります。

　外国人とは、日本国籍を有しない自然人をいいますので、中国人・台湾人も外国人に該当しえます。したがって、日本人とは異なり、中国人・台湾人の権利能力は、他の外国人と同様、法令または条約により禁止または制限される場合があります。

2　外国人の権利能力が禁止または制限される場合

　法令上、外国人の権利能力が禁止または制限される（されうる）主要な場合は、以下のとおりです。なお、2017年1月現在において、日本が締結している条約で、外国人の権利能力を禁止または制限するものはありません。

⑴　**水先人となる権利**

　日本人でない者は、水先人となることができないとされています（水先法6条1号）。

⑵　**公証人となる権利**

　日本人でない者は、公証人となることができないとされています（公証人法12条1項1号）

⑶　**日本船舶の所有者となる権利**

　日本人の所有する船舶でなければ日本船舶に該当せず、また、日本船舶の所有者が日本国籍を喪失した場合には、当該船舶は日本船舶ではなくなることとされています（船舶法1条、商法702条）。

⑷　**日本航空機の所有者となる権利**

　日本人でない者が所有する航空機は、登録を受けることができず、日本国籍を取得することができないとされています（航空法4条）。

⑸　**鉱業権・租鉱権**

　日本人でなければ、条約に別段の定めがない限り、鉱業権者、租鉱権者になることができないとされています（鉱業法17条、87条）。

⑹　**国または公共団体に対する損害賠償請求権**

　外国人が被害者である場合には、相互保証がある限りにおいて、国家賠償法が適用されるとされています（国家賠償法6条）。

⑺　**特許権等**

　特許権等の知的財産権についても、相互主義による制限があり、日本国内に住所や居所を有しない外国人は、条約等に別段の定めがある場合等を除き、権利を享有することができないこととされています（特許法25条、実用新案法2条の5第3項、意匠法68条3項、商標法77条3項、著作権法6条～9条の2）。

(8) **土地所有権**

外国人土地法1条は、日本人・日本法人に対して土地に関する権利の享有につき禁止をし、または条件もしくは制限を付する国に属する外国人または外国法人に対しては、政令をもって、日本国内の土地に関する権利の享有について同一または類似の禁止をし、条件もしくは制限を付することができるとしています。

ただし2017年1月現在、日本国内の土地に関する外国人の権利の享有の禁止等を定める政令は存在しません。

(9) **受益者たる資格**

なお、上記のような外国人が主体となることが禁止されている権利については、外国人は受益者となることができないこととされています（信託法9条）。たとえば、外国人が鉱業権や特許権等を有するのと同一の利益を与えるような受益権を生じさせる信託については、外国人は受益者たる資格を有さず、受益者となることができません。

Q 28　中国法人・台湾法人の権利能力

中国法人・台湾法人の権利能力については、日本の法人と同じように認められますか

ポイント

　中国法人・台湾法人の権利能力については、日本では各法人の設立準拠法により判断されることになります。加えて、設立準拠法により権利能力が認められる中国法人・台湾法人も、日本において活動するためには認許される必要があります。認許された場合には、日本における同種の法人と同一の権利を享有することになりますが、個別の権利義務については制限される場合もあります。

　なお、法人の権利能力については、中国法上は法令の範囲内で認めるとされ、台湾法上は自然人固有の権利義務を除き法令の範囲内で認めるとされています。

1　外国法人の権利能力の準拠法

　自然人については、原則として無制限の権利能力が当然に認められるものと解されるのに対し、法人については、法律によって権利能力の有無や範囲が決せられることになるため、中国法人・台湾法人の権利能力の検討に際しては、まず、外国法人であるこれらの法人の権利能力の準拠法が問題となります。

　日本においては、通則法は、この点に関しては議論が十分になされていないとして規定を設けていませんが、学説上は、設立の際に準拠した法律が当該外国法人の権利能力に関しても準拠法となるとする見解が通説であるといわれており、この見解によれば、中国法人・台湾法人の権利能力の準拠法も、それぞれの設立準拠法となります。

2　日本における外国法人の認許

　設立準拠法により中国法人・台湾法人の権利能力が認められる場合であっても、これら法人が当然に日本において法人として活動できるわけではなく、日本において活動することを認められる必要があります（これを「認許」といいます）。日本の民法では、35条1項が外国法人の認許について定めており、国、国の行政区画に加えて、外国会社を認許しています。このため、たとえば公益法人である中国法人・台湾法人は認許されず、当該法人の行為は、当該法人を代表して当該行為を行った行為者自身の行為として効力が生じるにすぎないことになります。

　認許された中国法人・台湾法人は、基本的には、日本における同種の法人と同一の権利を享有することになります（民法35条1項）。ただし、認許された中国法人・台湾法人に関しても、個別の権利義務については、中国人・台湾人を含む外国人（自然人）が制限されるのと同一の制限がなされ、また、法律または条約により制限される場合もあります（同条2項）。

3　外国法人の権利能力の範囲

　設立準拠法を日本法とする外国法人の権利能力の範囲については、日本法により判断されることになりますが、日本の民法は、法人全般の権利能力に関し、「法令の規定に従い、定款その他の基本約款で定められた目的の範囲内」において権利能力を有するものとしています（同法34条）。もっとも、法人の権利能力を一般的に制限する法令はないとされており、また、「目的の範囲内」についても、特に会社については弾力的に解され、目的たる事業の遂行に必要な事項であれば広く「目的の範囲内」に含まれると解されています。

　他方、設立準拠法を中国法とする中国法人の権利能力の範囲については、中国法における定めが問題となりますが、中国民法通則36条は、法人の権利能力に関し、法令の範囲内でこれを認めるものとしています。

　また、設立準拠法を台湾法とする台湾法人の権利能力の範囲については、台湾法における定めが問題となりますが、台湾民法26条は、法人の権利能力

に関し、自然人固有の権利義務を除き、法令の範囲内でこれを認めるものとしています。

　これら中国法または台湾法を設立準拠法とする法人については、権利能力の範囲が日本法で認められている範囲よりも狭い可能性があり、これら法人が行う取引は、日本法のもとでは法人の権利能力の範囲内の取引であっても、設立準拠法のもとでは権利能力の範囲外の取引であるとして、無効となる可能性があります。ただし、これら法人が単発的・偶然的な取引を行うにすぎない場合には、通則法4条2項を類推適用して、行為地である日本法のもとにおけるのと同範囲の権利能力を有するものとみなすべきとする見解もあります。

Q 29　中国法人・台湾法人との取引

中国法人・台湾法人と取引を行う際には、どのような点に注意すべきですか

ポイント

　法人の代表者等の確認が必要であり、手段として、①日本での登記がある外国会社との取引にあたっては、日本における商業登記簿の登記事項証明書の提出を求める方法、②日本での登記がない外国会社との取引にあたっては、全国企業信用情報公示システム（中国）や経済部商業司のウェブサイト（台湾）を閲覧する方法などが考えられます。

1　日本での登記がある外国会社との取引

　中国法人・台湾法人と取引を行う際には、日本における商業登記簿の登記事項証明書の提出を求め、法人の代表者等を確認する必要があります。

　日本の民法は、外国法人として外国会社を認許していますが（Q28参照。なお、外国会社以外の外国法人は、例が少ないため、説明を割愛します）、外国会社は、会社法上、「外国の法令に準拠して設立された法人その他の外国の団体であって、会社と同種のもの又は会社に類似するもの」と定義され、日本において継続して取引を行うためには、日本における代表者を定め、所定の登記を経る必要があるとされています（同法2条2号、817条1項、818条1項）。

　登記は、外国会社が日本に営業所を設けていない場合には、日本における代表者の住所地で、外国会社が日本に営業所を設けた場合には、当該営業所の所在地ですることとされており、日本における同種の会社または最も類似する会社の種類に従い、目的、商号、本店および支店の所在場所、資本金の額、取締役の氏名、代表取締役の氏名および住所等が登記されるほか、設立の準拠法、日本における代表者の氏名および住所等が登記されます（会社法933条1項・2項）。外国会社の日本における代表者は、当該外国会社の日本

における業務に関するいっさいの裁判上または裁判外の行為をする権限を有するとされています（同法817条2項）。

ところで、日本法の適用を回避するため、故意に外国法により会社を設立しようとする一種の脱法行為を防止する趣旨で、外国会社であっても、日本に本店を置き、または日本において事業を行うことを主たる目的とするものは、疑似外国会社と呼ばれ、日本において取引を継続してすることができないとされています（会社法821条1項）。当該外国会社の取引場所、仕入先、顧客、資金調達場所、役員会といった事業に関する要素がいずれも日本国内にあるような場合には、当該会社は疑似外国会社であると評価されるおそれがありますので、注意を要します。

なお、取引にあたって印鑑を用いる場合の注意点は、Q36をご参照ください。

2　日本での登記がない外国会社との取引

登記がされている外国会社であれば代表者の確認は容易ですが、登記がされていない外国会社（登記をしなくてよいのは、日本において継続して取引をしない会社となります。継続して取引をしていると評価されるか否かは、単なる取引回数の多寡ではなく、取引が日本における継続的な事業活動の一環として行われるか否かにより判断されると考えられます）との間で取引を行う場合には、当該外国会社の代表者を慎重に確認する必要があります。

外国会社の代表者に関しては、当該外国会社の従属法（権利能力の有無を決定する際に適用すべき法のことをいいます）によって決定され、当該従属法は、当該外国会社が設立の際に準拠した法律と考えるのが一般的です（Q28参照）。すなわち、たとえば中国において中国法により設立された会社の代表者は、仮に日本において、日本の金融機関との間で、契約の準拠法を日本法と定めたとしても、中国法を参照して決定されると考えられます。

(1)　中国法における会社の代表者

中国法では、会社の代表者は法定代表者と呼ばれ、「会社定款の規定に従い、董事長、執行董事または総経理が就任し、かつ、法に従い登記する。会社の法定代表者を変更する場合は、変更登記手続を行わなければならない」

とされています（中国会社法13条）。中国の旧会社法では法定代表者が董事長とされていた経緯もあり、現在も董事長を法定代表者としている会社が多いといわれています。

　この点、中外合弁の有限会社では、法定代表者は董事長に限られています（中国中外合弁企業法実施条例34条）。

　法定代表者は、会社が工商部門に対して年次報告を行い、その内容が公開されるインターネット上のシステム（全国企業信用情報公示システム：http://gsxt.saic.gov.cn/（中国語））により確認することが可能です。また、会社に対して最新の営業許可証の写しの交付を求め、重ねて確認することも考えられるでしょう。

⑵　台湾法における会社の代表者

　台湾法では、実務上一般に用いられる株式会社につき、その代表者は董事長とされています（台湾会社法208条3項）。

　代表者（董事長）は、経済部商業司のウェブサイトで確認することができます（http://gcis.nat.gov.tw/pub/cmpy/cmpyInfoListAction.do（中国語））。また、相手方に対し、日本における商業登記簿の登記事項証明書に相当する「公司変更登記表」の写しの交付を求めることも考えられるでしょう。

第 4 章

行為能力

Q 30　中国人・台湾人の行為能力

中国人・台湾人の顧客の行為能力については、どの国の法律が適用されますか

ポイント

　行為能力とは、単独で有効に法律行為を行うことができる能力をいいます。中国人・台湾人の顧客の行為能力については、顧客の本国法が適用され、本国法により行為能力の有無が判断されるのが原則です。もっとも、常に本国法により行為能力の有無を判断するとなると、取引の安全や迅速性が損なわれる場合がありますので、一定の場合には、例外的に日本法が適用されることとされています。

　また、後見、保佐、補助についても、原則として顧客の本国法が適用されますが、例外として、一定の場合に日本法が適用されることとされています。

1　行為能力についての原則

　行為能力とは、単独で有効に法律行為を行うことができる能力をいいます。行為能力については、通則法4条1項において、「人の行為能力は、その本国法によって定める」とされています。したがって、中国人・台湾人の顧客の行為能力の有無は、原則としてそれぞれの顧客の本国法（中国法または台湾法）により決まることになります。

2　取引保護規定

　もっとも、常に顧客の本国法により行為能力の有無が決まるとすると、顧客の本国法を取引のつど確認しなければならないこととなり、行為能力の調査が困難である場合や調査に時間を要する場合には、取引の安全と迅速性が損なわれてしまいます。そのため、通則法4条2項により、法律行為をした者がその本国法によれば行為能力の制限を受けた者となるときであっても行為地法によれば行為能力者となるべきときは、当該法律行為の当時そのすべ

ての当事者が法を同じくする地にあった場合に限り、当該法律行為をした者は、行為能力者とみなすこととされています。たとえば、中国の顧客が日本で取引を行う場合、その顧客が中国法によれば行為能力が制限されていたとしても、日本法において行為能力が制限されていなければ、その顧客は行為能力者とみなされることになります。

なお、通則法4条2項が適用されるのは、法律行為の当事者がいた地と法律行為が行われた地が同じ法域にある場合に限られますので、中国・台湾にいる顧客とインターネットなどにより取引を行う場合には、同項は適用されません。

3　取引保護規定の例外規定

親族法または相続法によるべき法律行為や、法律行為地と法を異にする地にある不動産に関する取引については、通則法4条2項による取引保護規定の適用はありません（同条3項）。

親族法または相続法によるべき法律行為については、身分的な法律行為の準拠法により規定されるべきものと考えられます。また、法律行為地と法を異にする地にある不動産に関する取引については、不動産に関する取引は不動産所在地国における執行が想定されることから、不動産所在地法上有効な取引として扱われることが原則として必要となると考えられ、不動産所在地法上有効でない取引を保護することはかえって取引の安全を害することになりかねません。そのため、これらの取引については、通則法4条2項が適用されないこととされています。

4　後　見　等

後見、保佐、補助の準拠法は、原則として、被後見人等の本国法によることとされています（通則法35条1項）。もっとも、例外として、外国人の本国法によればその者について後見等が開始する原因がある場合に、日本における後見等の事務を行う者がないとき、または日本において当該外国人について後見開始の審判があったときには、準拠法は日本法によることとされています（同条2項）。

Q 31 中国法における行為能力

中国法における行為能力の制限について教えてください

ポイント

満10歳未満の者および自己の行為を弁識することができない者は、行為無能力者とされ、これらの者がした法律行為は、純粋に利益を取得する行為を除き無効となります。

満10歳以上満18歳未満の者および自己の行為を完全には弁識することができない者は、制限行為能力者とされます。制限行為能力者が行う法律行為については、純粋に利益を取得する行為や、年齢、知力および／または精神の健康状態に応じてふさわしい行為は有効ですが、当該行為能力の範囲を超えた単独行為は無効となります。当該行為能力の範囲を超えて締結された契約は、法定代理人の追認がなければ無効となりますが、契約の相手方は、法定代理人に対し、1カ月以内に追認することを催告することができ、また、制限行為能力者であることにつき善意の相手方は、法定代理人による追認がなされるまでは、契約を取り消すことができます。

1 中国法における行為能力に関する規定

中国法上、行為能力については、中国民法通則において、以下のとおり定められています。

① 満10歳未満の者

満10歳未満の者は、行為能力を有しない行為無能力者とされています（中国民法通則12条2項）。

② 満10歳以上の未成年者

満10歳以上の未成年者は、制限的な行為能力を有する制限行為能力者とされています（中国民法通則12条1項。成年者とは、満18歳以上の者をいいます。中国民法通則11条1項）。

なお、主として自己の収入で生計を立てている満16歳以上満18歳未満の者

は、完全な行為能力を有します（中国民法通則11条2項）。
③　自己の行為を弁識することができない者
　精神病（痴呆症も含む。中国民法通則意見5条）により自己の行為を弁識することができない者は、行為無能力者とされています（中国民法通則13条1項）。「自己の行為を弁識することができない」とは、判断能力および自己保護能力を欠き、その行為の効果を認識することができないことをいいます（中国民法通則意見5条）。
④　自己の行為を完全には弁識することができない者
　精神病により（痴呆症も含む。中国民法通則意見5条）自己の行為を完全には弁識することができない者は、制限行為能力者とされています（中国民法通則13条2項）。「自己の行為を完全には弁識することができない」とは、比較的複雑な物事または比較的重大な行為に対して判断能力および自己保護能力を欠き、その行為の効果を予見することができないことをいいます（中国民法通則意見5条）。

2　中国法における法定代理人に関する規定

　法定代理人については、中国民法通則14条において、「行為無能力者、制限行為能力者の後見人は、その者の法定代理人となる」と規定されています。
　そして、未成年者の後見人については、一次的には父母とされ、父母がすでに死亡している場合または後見能力がない場合は、基本的には、後見能力のある①祖父母または外祖父母、②兄または姉、③その他の親密な関係にある親族・友人で、後見責任を自主的に引き受け、かつ、未成年者の父母の勤務先または未成年者の住所地の住民委員会もしくは村民委員会の同意を得た者の順に後見人となります（中国民法通則16条、中国民法通則意見14条）。
　また、精神病による行為無能力者・制限行為能力者の後見人については、基本的には、①配偶者、②父母、③成年の子女、④その他の近親族、⑤その他の親密な関係にある親族・友人で、後見責任を自主的に引き受け、かつ、行為無能力者等の勤務先または住所地の住民委員会もしくは村民委員会の同意を得た者の順に後見人となります（中国民法通則17条1項、中国民法通則意

見14条)。

3　行為能力が否定ないし制限される者の法律行為

(1) 行為無能力者

　行為無能力者が有効に法律行為を行うには、その法定代理人の代理による必要があります(中国民法通則12条2項、13条1項)。行為無能力者がした法律行為は、純粋に利益を取得する行為を除き無効となります(中国民法通則意見6条)。

(2) 制限行為能力者

　制限行為能力者が有効に法律行為を行うには、純粋に利益を取得する行為や、年齢、知力および／または精神の健康状態に応じてふさわしい行為を除いては、法定代理人の代理によるか、または、当該制限行為能力者が法定代理人の同意を得たうえで行う必要があります(中国民法通則12条1項、13条2項、中国契約法47条1項、中国民法通則意見6条)。

　上記の行為能力の範囲を超えた制限行為能力者の単独行為は、無効となります。

　また、上記の行為能力の範囲を超えて制限行為能力者が締結した契約については、法定代理人による追認がなされた場合には、有効になります(中国契約法47条1項)。制限行為能力者の契約の相手方は、法定代理人に対し、1カ月以内に追認することを催告することができ、法定代理人が1カ月以内に追認しなかった場合、追認を拒否したものとみなされます。また、契約の相手方が、法律行為をした者が制限行為能力者であることにつき善意であるときは、法定代理人による追認がなされるまでは契約を取り消すことができます(同条2項)。

4　行為能力の確認方法

　行為無能力者および制限行為能力者のうち、未成年者については、その年齢により行為能力が否定ないし制限されていますので、パスポートや居民身分証、(日本における)在留カード、住民票等によって年齢を確認することで、行為能力を確認することが考えられます。

これに対し、自己の行為を弁識する能力については、年齢のように容易に確認することは困難です。すなわち、中国には行為能力の宣告制度がありますが（中国民法通則19条）、この宣告は当事者の行為能力の事実状態を公示する性質のものにすぎず、宣告を受けていないからといって、直ちに完全な行為能力を有すると判断することはできません。また、宣告は裁判の形式でなされるため、中国全国の裁判書類を集めて公開するウェブサイト等により宣告を受けた者の氏名を確認することができる場合もありますが、裁判書類から完全な氏名を特定することができないこともあります。自己の行為を弁識する能力の有無について少しでも判断に迷う場合には、取引を行うに際し、法定代理人となりうる者の同意を得る等の対応によることが考えられます。

5 法定代理人の確認方法

前記のとおり、行為無能力者の法律行為は、その法定代理人の代理による必要があることから、行為無能力者との取引にあたっては、法定代理権を確認する必要があります。

この点に関しては、配偶者、父母、（外）祖父母、兄もしくは姉、または成年の子女であるかについて、居民戸口簿（中国の戸籍簿）や（日本における）住民票等により確認することが考えられます。

Q 32 台湾法における行為能力

台湾法における行為能力の制限について教えてください

ポイント

　満7歳未満の者および被後見人は行為能力を有しないものとされ、これらの者が行った意思表示は無効となります。

　満7歳以上の未成年者は、結婚している者を除き、制限的な行為能力を有するにすぎないものとされ、単に法律上の利益を得る場合や年齢・身分に応じて日常生活における必需品を取得する場合を除き、意思表示を行いまたは意思表示を受けるには法定代理人の許可が必要とされ、許可を受けずになされた単独行為は無効となり、契約は法定代理人の承認を得なければ有効となりません。

　被補助人は、消費貸借、保証、重要な財産の処分、担保の設定、遺産分割、遺贈、相続権等の放棄などの一定の行為を行う場合には、単に法律上の利益を得る場合や年齢・身分に応じて日常生活における必需品を取得する場合を除き、補助人の同意が必要とされ、同意を得ずにこれらの一定の行為を行った場合には、単独行為は無効となり、契約は補助人の承認を得なければ有効となりません。

1　行為能力が否定ないし制限される者

　台湾民法においては、行為能力が否定ないし制限される者について、以下のとおりに定められています。

① 満7歳未満の者

　満7歳未満の者は、行為能力を有しないものとされています（台湾民法13条1項）。

② 満7歳以上の未成年者

　満7歳以上の未成年者（満20歳未満の者）は、制限的な行為能力を有するものとされています（台湾民法13条2項）。ただし、結婚した者は、（制限され

ない）行為能力を有するものとされています（同条3項）。
③ 被後見人
　精神上の障害等により、意思表示を行いもしくはこれを受け、または意思表示の結果を理解することができない者であって、裁判所により後見開始の宣告がなされた者は、被後見人とされ、行為能力を有しないものとされています（台湾民法14条1項、15条）。
④ 被補助人
　精神上の障害等により、意思表示を行いもしくはこれを受け、または意思表示の結果を理解する能力が不十分な者であって、裁判所により補助開始の宣告がなされた者は、被補助人とされます（台湾民法15条の1）。
　被補助人は、一定の行為を行う場合には、単に法律上の利益を得る場合や年齢・身分に応じて日常生活における必需品を取得する場合を除き、補助人の同意を得なければならないものとされています。補助人の同意が必要とされる行為としては、①消費貸借、消費寄託、保証、贈与、信託、②訴訟行為、③和解、調停、仲裁契約の締結等、④不動産、船舶、航空機、自動車その他の重要な財産の処分、担保の設定、売買、賃貸借、使用貸借等、⑤遺産分割、遺贈、相続権や関連する権利の放棄、などがあげられています（台湾民法15条の2第1項）。

2　行為能力が否定ないし制限される者の法律行為

(1)　行為無能力者
　上記のとおり、満7歳未満の者および被後見人は行為無能力者とされており、これらの行為無能力者が行った意思表示は無効とされています（台湾民法75条）。行為無能力者の意思表示および意思表示の受領は、法定代理人が本人を代理して行うことが必要です（同法76条）。
(2)　制限行為能力者
　満7歳以上の未成年者は、制限的な行為能力を有するものとされ、かかる制限行為能力者が意思表示を行いまたはこれを受けるには、単に法律上の利益を得る場合や年齢・身分に応じて日常生活における必需品を取得する場合を除き、法定代理人の許可が必要とされています（台湾民法77条）。法定代理

人の許可を受けずになされた単独行為は無効とされ（同法78条）、また、法定代理人の許可を受けずになされた契約は法定代理人の承認を得なければ有効となりません（同法79条）。

制限行為能力者の契約の相手方は、法定代理人に対し、1カ月以上の期間を定めて、当該契約を承認するか否かを確答すべき旨の催告をすることができ、法定代理人が当該期間内に確答を発しないときは、承認を拒絶したものとみなされます（台湾民法80条）。また、制限行為能力者が制限原因の消滅した後に当該契約を承認した場合、当該承認は法定代理人の承認と同様の効力を有するものとされています（同法81条1項）。この場合に関しても、当該契約の相手方は、制限行為能力者であった者に対し、1カ月以上の期間を定めて、当該契約を承認するか否かを確答すべき旨の催告をすることができ、制限行為能力者であった者が当該期間内に確答を発しないときは、承認を拒絶したものとみなされます（同条2項）。

なお、法定代理人が処分を許可した財産を処分する行為や、法定代理人が営業を許可した場合における当該営業に関する行為については、上記の限りではありません（台湾民法84条、85条）。

(3) 被補助人

被補助人は、前記1④にあげた行為を行うには、単に法律上の利益を得る場合や年齢・身分に応じて日常生活における必需品を取得する場合を除き、補助人の同意が必要となりますが、補助人の同意を得た場合には、同意を得た当該行為については行為能力を有するものとされます（台湾民法15条の2第1項）。他方、補助人の同意が必要とされる行為であるにもかかわらず、補助人の同意を受けずになされた単独行為は無効とされ、また、補助人の同意を得ずになされた契約は補助人の承認を得なければ有効となりません（同条2項）。

補助人の同意を得ずになされた契約について、当該契約の相手方に、補助人または補助原因消滅後の被補助人であった者に対する催告権が認められることは、制限行為能力者の契約の相手方と同様です（台湾民法15条の2第2項）。また、補助人が営業を許可した場合における当該営業に関する被補助人の行為の効力についても、制限行為能力者の場合と同様です（同条3項）。

3　行為能力の確認方法

　行為無能力者および制限行為能力者のうち、未成年者については、その年齢により行為能力が否定ないし制限されていますので、パスポートや国民身分証、(日本における)在留カード、住民票等によって年齢を確認することにより、行為能力を確認することが考えられます。
　被後見人および被補助人については、台湾の裁判所による後見開始の宣告または補助開始の宣告により行為能力が制限されますが、これらの宣告の有無の確認は、(台湾における)戸籍謄本により行います。

4　法定代理人の確認方法

　前記のとおり、行為無能力者である満7歳未満の者および被後見人による意思表示および意思表示の受領は、法定代理人が代理して行う必要があることから、行為無能力者との取引にあたっては、法定代理人の代理権を確認する必要があります。
　7歳未満の者の法定代理人については、基本的にはその父母がなりますので(台湾民法1086条1項)、(台湾における)戸籍謄本、国民身分証または(日本における)住民票により、法定代理人であることを確認することが考えられます。なお、国民身分証については、満14歳未満の者には発行が義務づけられていないため、所持していない場合もありえます。
　被後見人の法定代理人については、裁判所が後見開始の宣告に際し選定しますが、この選定については、(台湾における)戸籍謄本により確認することが考えられます。

第 5 章

本人確認等

Q 33 中国人・台湾人との金融取引と取引時確認・本人確認

中国人・台湾人との金融取引について、どのような場面で取引時確認・本人確認が必要となりますか

> **ポイント**
>
> 　金融機関は、顧客と一定の金融取引を行うにあたっては、犯収法に基づく取引時確認や外為法に基づく本人確認を行う必要があります。また、仕向外国送金や被仕向外国送金の受領等に際しては、国外送金等調書法等に基づく本人確認も行う必要があります。
> 　中国人・台湾人と金融取引を行う場合にも、当該取引が犯収法、外為法、国外送金等調書法等において取引時確認・本人確認を行う必要があるとされている取引である場合には、本人確認を行う必要があります。

　取引時確認・本人確認が必要な取引については、犯収法、外為法、国外送金等調書法等に規定があり、金融機関は、これらの法律により取引時確認・本人確認を行うことが必要とされている取引を行う際には、中国人・台湾人の顧客について、本人確認・取引時確認を行う必要があります。

1　犯収法に基づく取引時確認

(1)　特定取引

　犯収法は、マネー・ローンダリングやテロ資金供与を防止するため、同法2条2項各号の定める「特定事業者」が顧客等との間で、「特定取引」を行うに際し、取引時確認を行う義務を課しているところ（同法4条1項）、金融機関は「特定事業者」に該当します（同項1～36号）。

　金融機関が行う「特定取引」には、継続的取引（預金口座の開設、カードローン契約の締結等）や多額の単発取引（200万円超の現金取引、10万円超の為替取引等）がありますが、これら取引に該当しない場合でも、「疑わしい取引」（犯収法施行規則5条1号）や「同種の取引の態様と著しく異なる態様で

【表】 取引時確認における確認事項

確認対象	確認項目	備考
本人特定事項の確認	①氏名	
	②住居	本邦内に住居を有しない外国人との間で、犯収法施行令7条1項タもしくはムの取引または同項5号に定める取引を行う場合には、住居に代わり、国籍および旅券等の番号を確認する（犯収法施行規則8条1項1号）。
	③生年月日	
顧客管理事項の確認	④取引を行う目的	
	⑤職業	
資産および収入の状況の確認	⑥資産および収入の状況	「ハイリスク取引」（注）であり、かつ、取引金額が200万円を超える場合に限り、確認が必要（犯収法4条2項、同法施行令11条）。
代理権の確認	⑦代理権	

（注） ハイリスク取引とは、「特定取引」のうち、①取引の相手方が、顧客等になりすましている疑いがある取引や、取引時確認事項を偽っていた疑いがある取引（犯収法4条2項1号、犯収法施行令12条1項）、②イラン・北朝鮮に居住または所在する顧客等との取引（犯収法4条2項2号、犯収法施行令12条2項）、③外国PEPsである顧客等との取引（犯収法4条2項3号、犯収法施行令12条3項）をいいます。なお、外国PEPsとは、国家元首等外国の政府等において重要な地位を占める者やこれらの地位にあった者、その家族、これらの者が実質的支配者である法人等をいいます。

行われる取引」（同条2号）については、やはり「特定取引」としての取引時確認の義務が生じます。

(2) **取引時確認における確認事項**

金融機関が個人の顧客との間で「特定取引」を行うに際しては、取引時確認として、【表】記載の事項を確認する必要があります。

2　外為法に基づく本人確認

外為法は、資産凍結等の経済制裁措置の実効性を確保する観点から、金融

機関に対し、以下の取引を行うに際して、本人特定事項（氏名、住居、生年月日）の確認を義務づけており、中国人・台湾人の顧客と以下の取引を行うに際しては、本人特定事項の確認をすることが必要になります。

① 10万円相当額を超える以下の為替取引（「特定為替取引」）。外為法18条）
   a 居住者または非居住者による本邦から外国へ向けた支払
   b 非居住者との間でする支払
   c 非居住者との間でする支払受領
② 預金契約の締結（非居住者からの預金の受入れ、居住者からの外貨預金の受入れ）、金銭消費貸借契約の締結（非居住者に対する貸付、居住者に対する外貨建ての貸付）等、資本取引に係る契約の締結その他の政令で定める行為（「資本取引に係る契約締結等行為」。外為法22条の2第1項、同法20条）
③ 200万円相当額を超える両替（外為法22条の3、外国為替令11条の6）

3 国外送金等調書法等に基づく本人確認

国外送金等調書法は、顧客が仕向外国送金や被仕向外国送金の受領等を行うに際して、顧客が告知書を提出し、金融機関が当該告知書の記載事項の確認をすることによって本人確認を行うことを義務づけています（同法3条1項）。送金の金額を問わず本人確認が必要である点で、犯収法に基づく取引時確認義務や外為法に基づく本人確認義務よりも広い範囲で義務が課されています。

個人の顧客の告知書の記載事項は、①氏名または名称、②住所、および③個人番号（中国人・台湾人を含む外国人も、日本に住民票をもつ者は個人番号を有するが、これを有しない顧客の場合は記載は不要）です（国外送金等調書法3条1項）。なお、②住所については、国内に住所を有しない顧客の場合は、その国外にある住所地または居所地等を記載することとされています（同法施行規則3条4項各号）。

なお、③個人番号の提供を受ける場合には、番号法に基づく本人確認も行う必要があります（同法16条）。

Q 34　中国人・台湾人の取引時確認・本人確認を行う方法

中国人・台湾人の取引時確認・本人確認については、どのように行えばいいですか

> ポイント

　本人特定事項の確認は、本人確認書類の提示を受けることにより行います。中国人・台湾人の顧客の場合、運転免許証、在留カード、特別永住者証明書、個人番号カード、旅券（パスポート）等、印鑑証明書、住民票の写し等が本人確認書類となります。
　取引時確認における顧客管理事項の確認は、顧客本人から申告を受けることにより、資産および収入の状況の確認は、源泉徴収票、確定申告書、預貯金通帳等により行います。

1　犯収法に基づく取引時確認

(1)　本人特定事項の確認方法

　a　確認の方法

　自然人の本人特定事項（氏名、住居および生年月日。Q33参照）を確認する方法としては、本人確認書類の提示を受ける方法（対面での確認）や、本人確認書類またはその写しの送付を受けるとともに、そこに記載されている住居に宛てて、取引関係文書を書留郵便等により転送不要郵便物として送付する方法（非対面での確認）等があります（犯収法施行規則6条1項1号）。
　なお、「ハイリスク取引」（Q33参照）を行うに際しては、2種類以上の本人確認書類または補完書類の提示を受ける必要があります（犯収法施行規則14条）。

　b　本人確認書類

　外国人の顧客の本人確認書類としては、①運転免許証、②在留カード、③特別永住者証明書、④個人番号カード、⑤旅券（パスポート）等、⑥印鑑証

第5章　本人確認等　93

明書、⑦住民票の写し等が法令で認められています（犯収法施行規則7条1号・3号・4号）。また、本邦に在留していない外国人については、⑧日本国政府の承認した外国政府、または国際機関の発行した書類その他これに類するものであって、①～⑦に準じるものも、本人確認書類として認められます。なお、いずれも有効期間・期限のあるものはその期間・期限内のものである必要があり、有効期間・期限のないものは6カ月以内に作成されたものに限ります。

ここで、①については、道路交通法92条1項に規定する運転免許証のことを指しており、中国・台湾政府が発行する運転免許証は、①には該当しません。

また、②は、「中長期在留者」（入管法19条の3）に交付され、③は、入管特例法の定める「特別永住者」（韓国・朝鮮・台湾籍の者やその子孫のうち一定の要件を満たす者）に交付されます。

さらに、⑦については、2012年7月から「中長期在留者」および「特別永住者」を含む「外国人住民」（住民基本台帳法30条の45）の住民票が編成されるようになったことに伴い、かかる「外国人住民」が住民票の写し等の発行を受けることができるようになったものです。なお、住民票を有する「外国人住民」は、④および⑥の交付を受けることもできます。

  c 短期滞在者の特例

本邦に住居を有しない外国人であって、旅券等の記載によって当該外国人の属する国における住居を確認することができない者については、氏名、生年月日、国籍、番号の記載のある旅券等の提示を受けることにより、現金等の受払取引や外貨両替等の取引を行うことが可能とされています（犯収法施行規則6条1項2号、7条3号、8条）。

(2) 顧客管理事項の確認

自然人の顧客管理事項（取引を行う目的および職業。Q33参照）については、顧客等から申告を受ける方法により確認すべきものとされています（犯収法施行規則9条、10条1号）。中国人・台湾人の顧客との取引であっても、通常の場合と特に異なる点はありません。

(3) **資産および収入の状況の確認**

「ハイリスク取引」（Q33参照）であり、かつ、取引金額が200万円を超える場合には、資産および収入の状況の確認が必要になります。資産および収入の状況は、源泉徴収票、確定申告書、預貯金通帳、これらに類する当該顧客等の資産および収入の状況を示す書類、当該顧客等の配偶者に係るこれらの書類またはその写しの一または二以上により確認すべきものとされています（犯収法4条2項、同法施行規則14条4項1号）。

2　外為法・国外送金等調書法等に基づく本人確認

外為法・国外送金等調書法に基づく本人確認も、本人確認書類の提示を受けて行います。基本的には、犯収法に基づく取引時確認における本人確認書類と同じものを用いて、本人確認を行うことができます。なお、国外送金等調書法に基づく本人確認については、国税または地方税の領収書や納税証明書、社会保険料領収証明書等によっても行うことができます（同法施行規則4条2項）。

他方、番号法に基づく本人確認が必要となる場合（Q33参照）には、個人番号カードの提示を受ける方法や、通知カードおよび運転免許証等の提示を受ける方法等によって本人確認を行います（同法16条、同法施行規則1条）。

Q 35 中国法人・台湾法人の取引時確認・本人確認を行う方法

中国法人・台湾法人の取引時確認・本人確認については、どのように行えばよいですか

> **ポイント**
>
> 取引の相手方が中国法人・台湾法人である場合にも、犯収法に基づく取引時確認や外為法に基づく本人確認を行う必要があります。また、仕向外国送金や被仕向外国送金の受領等に際しては、国外送金等調書法に基づく本人確認も行う必要があります。
>
> 中国法人・台湾法人に対して取引時確認を行う場合には、顧客の本人特定事項や事業の目的について、中国の「営業執照」(営業許可証)や台湾の「公司変更登記表」等により確認することが可能です。

1 犯収法に基づく取引時確認

(1) 総　　論

　法人顧客との間で「特定取引」(Q33参照)を行うに際しては、犯収法に基づく取引時確認として、【表】記載の事項を確認する必要があります(同法4条1項・4項)。

(2) 法人の本人特定事項(①)の確認方法

　a　確認の方法

　法人の本人特定事項とは、その名称および本店または主たる事務所の所在地をいいます(犯収法4条1項1号)。

　法人の本人特定事項を確認する方法としては、代表者等から本人確認書類の提示を受ける方法(対面での確認)や、代表者等から本人確認書類またはその写しの送付を受けるとともに、そこに記載されている会社の本店または主たる事務所等の所在に宛てて、取引関係文書を書留郵便等により転送不要郵便物として送付する方法(非対面での確認)等があります(犯収法施行規則

【表】 特定取引を行う際の確認事項

確認対象	確認項目	備　考
法人についての確認	①当該法人の本人特定事項	当該法人顧客が日本または中国・台湾の証券取引所に上場している場合には、確認は不要（犯収法4条5項、同法施行令14条5号・6号、同法施行規則18条11号、「犯罪による収益の移転防止に関する法律施行規則第十八条第十一号の規定に基づき、国又は地域を指定する件」（平成20年国家公安委員会、金融庁告示第1号））。
	②取引を行う目的	
	③事業の内容	
	④当該法人の実質的支配者の本人特定事項	
	⑤資産および収入の状況	「ハイリスク取引」（Q33参照）であり、かつ、取引金額が200万円を超える場合に限り、確認が必要（犯収法4条2項、同法施行令11条）。
代表者等（注）についての確認	⑥当該法人の代表者等の本人特定事項	
代理権の確認	⑦代表者等の代理権	

(注)　「代表者等」とは、代表者その他の現に特定取引の任にあたっている自然人をいいます（犯収法4条6項・4項）。これは、現に窓口として取引の任にあたっている者（担当者）のことであり、代表取締役や部長等が契約名義人となる場合であっても、実際に窓口として取引の任にあたっているわけでなければ「代表者等」には該当しません。

6条1項3号）。

　なお、「ハイリスク取引」（Q33参照）を行うに際しては、2種類以上の本人確認書類または補完書類の提示を受ける必要があります（犯収法施行規則14条）。

b　本人確認書類

　顧客が外国に本店または主たる事務所を有する法人（外国法人）の場合の本人確認書類としては、次のものが法令で認められています（犯収法施行規則7条4号。なお、いずれも有効期間・期限のあるものはその期間・期限内のものである必要があり、有効期間・期限のないものは6カ月以内に作成されたもの

に限ります)。
(i) 設立の登記に係る登記事項証明書
(ii) 印鑑登録証明書(当該法人の名称および本店または主たる事務所の所在地の記載があるもの)
(iii) 官公庁から発行・発給された書類その他これに類するもので、当該法人の名称および本店または主たる事務所の所在地の記載があるもの
(iv) 日本国政府の承認した外国政府または権限ある国際機関の発行した書類その他これに類するものであって、(i)〜(iii)に準じるもの

　外国会社が日本で取引を継続してするために日本で行う登記(会社法817条1項)は「設立に係る登記」とは言いがたいため、その登記事項証明書は、(i)には当たりませんが、(iii)に当たるものと思われます。

　(iv)に該当する書類としては、たとえば、中国における「営業執照」(営業許可証)や台湾における「公司変更登記表」等が考えられます(2017年1月現在、日本は台湾を国家として承認していませんが、台湾政府の経済部商業司が発行した公司変更登記表は、「日本国政府の承認した外国政府の発行した書類に類するもの」に該当するものと解されます)。

(3) 取引を行う目的(②)の確認方法
　取引を行う目的については、代表者等から申告を受ける方法により確認すべきものとされています(犯収法施行規則9条)。中国法人・台湾法人との取引であっても、通常の場合と特に異なる点はありません。

(4) 事業の内容(③)の確認方法
　顧客が外国法人である場合には、以下のいずれかまたはその写しを確認する方法により、事業の内容を確認すべきものとされています(犯収法施行規則10条3号。なお、(iii)・(iv)・(vi)は、有効期間・期限のあるものはその期間・期限内のものである必要があり、有効期間・期限のないものは6カ月以内に作成されたものに限ります)。
(i) 定款(これに相当するものを含む)
(ii) 日本の法令により当該法人が作成することとされている書類で、当該法人の事業の内容の記載があるもの
(iii) 設立の登記に係る登記事項証明書

(ⅳ) 官公庁から発行・発給された書類その他これに類するもので、当該法人の事業内容の記載があるもの
(ⅴ) 外国の法令の規定により当該法人が作成することとされている書類で、当該法人の事業の内容の記載があるもの
(ⅵ) 日本国政府の承認した外国政府または権限ある国際機関の発行した書類その他これに類するもので、当該法人の事業の内容の記載があるもの

前記(2)bでも述べた「営業執照」や「公司変更登記表」は、(ⅵ)に該当すると考えられます。

(ⅴ)に該当する書類としては、台湾における「営業報告書」等が考えられます。

(5) 実質的支配者の本人特定事項（④）の確認方法

実質的支配者とは、議決権の25％超を直接または間接に保有するなど法人の事業経営を実質的に支配することが可能となる関係にある者をいいます（犯収法4条1項4号。同法施行規則11条2項ないし4項において、判定基準が具体的に定められています）。

実質的支配者の本人特定事項（氏名、住居および生年月日）については、代表者等から申告を受ける方法により確認すべきものとされており（犯収法施行規則11条1項）、中国法人・台湾法人との取引であっても同様です。

ただし、「ハイリスク取引」（Q33参照）を行うに際しては、申告を受けるのみならず、犯収法施行規則に定めるところに従って議決権の保有状況を示す書類等またはその写しを確認する必要があります（犯収法4条2項、同法施行規則14条3項）。なお、当該法人の実質的支配者が外国PEPs（Q33参照）である場合には、当該法人との取引は「ハイリスク取引」に当たることに注意が必要です（犯収法施行令12条3項3号）。

(6) 資産および収入の状況（⑤）の確認方法

資産および収入の状況の確認が必要な場合には、貸借対照表、損益計算書またはこれらに類する当該法人の資産および収入の状況を示す書類またはその写しの一または二以上により確認すべきものとされています（犯収法4条2項、同法施行規則14条4項）。中国法人・台湾法人においても、貸借対照表や損益計算書等の作成義務がありますので、これらにより確認することにな

ります。

(7) 代表者等の本人特定事項(⑥)の確認方法

代表者等の本人特定事項とは、氏名、住居および生年月日をいいます。

本人特定事項の確認方法や本人確認書類は、自然人顧客に対する本人確認の場合と同様です(代表者等が中国人・台湾人である場合については、Q34参照)。

(8) 代表者等の代理権(⑦)の確認方法

代表者等の代理権(代表権)の確認方法については、中国法人・台湾法人の場合も、通常の場合と同様、委任状により確認することが一般的であろうと思われます(犯収法施行規則12条4項2号イ)。

2　外為法に基づく本人確認

外為法は、資産凍結等の経済制裁措置の実効性を確保する観点から、金融機関等に対し、10万円相当額を超える仕向外国送金(Q37参照)や被仕向外国送金(Q38参照)等の「特定為替取引」や、非居住者との間の預金契約等の「資本取引に係る契約締結等行為」を行うに際して、顧客の本人確認を義務づけています(同法18条、22条の2)。

外為法に基づく本人確認が必要となる場合の確認方法や本人確認書類の範囲は、基本的には、犯収法に基づく取引時確認における本人特定事項の確認義務の範囲内に収まります。

3　国外送金等調書法に基づく本人確認

国外送金等調書法は、金融機関に対し、顧客が仕向外国送金や被仕向外国送金の受領等を行うに際して、その本人確認を義務づけています(同法3条1項)。送金の金額を問わず本人確認が必要である点で、犯収法に基づく取引時確認義務や外為法に基づく本人確認義務よりも広い範囲で義務が課されています。

国外送金等調書法に基づく本人確認は、顧客から本人確認書類の提示を受けて、顧客の名称および住所(顧客が日本国内に恒久的施設を有する外国法人である場合には、その事務所・事業所等、恒久的施設を有しない場合には、国外

にある本店または主たる事務所の所在地）を確認する方法により行います。本人確認書類は、法人番号を有する場合には法人番号通知書等、法人番号を有しない場合には外国会社としての登記事項証明書、印鑑証明書等です（同法施行規則4条3項・4項）。

Q 36　印鑑を用いた取引

中国人・台湾人または中国法人・台湾法人と取引を行うに際して、印鑑を用いた取引は可能ですか

ポイント

中国人・台湾人であっても、日本に居住する外国人住民であれば、日本で印鑑登録を行うことができ、実印による取引が可能です。また、あらかじめ届出を受けた届出印による取引も可能です。

中国法人・台湾法人との取引についても、実印による取引のほか、届出印による取引が可能です。

1　中国人・台湾人との間の取引

(1)　実印による取引

日本人との間の金融取引においては、契約に際して顧客の実印が用いられることが多くあります。実印とは、住民票の編成されている市町村（特別区を含む。以下同じ）において印鑑登録がなされた印章であり、市町村から印鑑証明書の発行を受けることができます。実印の印鑑のある文書は、その成立の真正（当該文書が本人の意思に基づいて作成されたものであること）が強く推認されます。

外国人であっても、住民票が編成される「外国人住民」（すなわち、中長期在留者、特別永住者、一時庇護許可者または仮滞在許可者、出生による経過滞在者または国籍喪失による経過滞在者）は、日本の市町村において印鑑登録を行うことができます。それゆえ、外国人住民である中国人・台湾人との間で取引を行う場合には、日本人との間で取引を行う場合と同様、契約書等に実印による押印を受けるとともに、直近の印鑑証明書の提出を受けることが可能です。

なお、漢字圏の外国人住民の印鑑登録は、住民票に記載されたアルファベット表記、カタカナ表記、漢字表記、通称のいずれにおいても行うことが

【書式例：台湾の印鑑証明書】

| 戶印證字號： | 編號： |

印鑑證明

下列印鑑經查核無誤，核給證明。

當事人
國民身分證統一編號：　　　　　　　出生日期：民國　年　月　日
姓名：
戶籍地址：

申請種類：印鑑登記　　　　　　　申請目的：
印鑑登記日期：民國　年　月　日　　申請日期：民國　年　月　日

備註：本印鑑證明所記載之印鑑為當事人於戶政事務所留存之印鑑印模，需用者應個案審認當事人確有依相關規定使用本印鑑證明之意思表示。

印　鑑：

上　給：

主　任：　　　　　　　　　　　　　　　（簽名蓋章）

核發機關：
核發日期／時間：
說明：戶政事務所辦理印鑑登記作業規定第10點第3項規定，當事人有下列情形之一者，原登記之印鑑當然廢止：1.死亡或經死亡宣告。2.經撤銷、喪失國籍或喪失臺灣地區人民身分。3.遷出戶籍地。但戶籍遷出國外或在已全面建置印鑑數位化系統之同一直轄市、縣（市）內之遷徙者，不在此限。4.有效期限屆滿。

できます。漢字表記の場合、住民票上は簡体字から正字に置き換えられますが、印鑑登録上は簡体字で行うことも可能ですので、住民票の表記と印鑑証明書の表記とが異なることがありえます。

(2) 日本で印鑑登録を行うことができない者との取引

日本に居住していない中国人・台湾人は、外国人住民には当たらず住民票が編成されませんので、日本の市町村で印鑑登録を行うことはできません。それゆえ、たとえば日本に居住していない中国人・台湾人に対して相続預金を払い戻すような場合には、日本で印鑑登録された実印により取引を行うことはできません。

もっとも、台湾においては、日本と同様、契約等に際して印鑑を用いる慣習があり、公的な印鑑登録の制度も整備されています。台湾の印鑑登録は、台湾の役所である戸政事務所で本人確認を経て行われ、登録後は戸政事務所から印鑑証明書の発行を受けることができます。したがって、日本に居住していない台湾人との間で取引を行う場合には、契約書等に台湾で登録された印章による押印を受けるとともに、直近の印鑑証明書の提出を受けることにより取引を行うことが考えられます。なお、日本の不動産登記実務においては、台湾の戸政事務所が発行する印鑑証明書を登記申請の添付書類とする場合、法務局によっては、台湾の公証人および外交部や台北駐日経済文化代表処において、当該印鑑証明書は台湾の政府機関が発行した正式な書面である旨の認証手続を経ることが必要とされることもあるようですが、これは日本が台湾を国家として承認していないがゆえにその戸政事務所が発行した証明書は「本国官憲」が発行した証明書に該当しないという形式的な理由によるものであり、金融取引の局面においては、必ずしもそのような認証手続まで求めないとの判断もありうると思われます。

これに対して、中国においては、個人の契約等に際して印鑑を用いる慣習がないことから、日本に居住していない中国人との間で取引を行う場合には、印鑑を用いるのではなく、中国の公証人が公証したサイン証明書の提出を受けたうえで、署名(のみ)による取引を行うことが多いと思われます。

(3) 届出印による取引

なお、金融実務上、預金取引等の継続的な銀行取引においては、実印でな

くとも、取引に用いる印章の印鑑についてあらかじめ届出を受けておき、つどの取引の際には契約書や申込書等の印鑑と当該届出印とを照合してその一致を確認のうえ、取引を実行することが行われています。中国人・台湾人との取引であっても、あらかじめ届出のある印鑑と同一の印鑑がある場合には、当該文書は本人の意思に基づいて作成されたものとみることができますので、届出印による取引を行うこともさしつかえないものと思われます。

2 中国法人・台湾法人との間の取引

(1) 実印による取引

　日本法人との取引においても、実印が用いられるのが一般的です。法人の実印とは、法人の設立登記の申請に際して登記所（本店所在地の法務局）にあらかじめ提出する印鑑に係る印章であり、法務局による印鑑証明書の発行を受けることができます（商業登記法20条、12条）。

　外国会社（すなわち、外国の法令に準拠して設立された法人その他の外国の団体であって、会社と同種のものまたは会社に類似するもの）が日本において取引を継続して行おうとするときは、日本における代表者を定めたうえで、外国会社の登記を行う必要があります（会社法2条2号、817条1項、818条1項、933条）。そして、かかる登記申請に際して法務局にあらかじめ印鑑を提出している場合には、やはり印鑑証明書の発行を受けて実印による取引を行うことが可能です。もっとも、その代表者が外国人である場合には、法務局にあらかじめ印鑑の提出を行わなくとも、申請書の署名が代表者本人のものであることを証明する本国官憲のサイン証明書を添付すれば足りるものとされており（昭和48年1月29日民四第821号民事局通達、平成28年6月28日民商第100号法務省通達）、これにより印鑑の提出がなされていない場合には、実印による取引を行うことはできません。

(2) 届出印による取引

　法人との金融取引は、一般的には継続的な取引関係となることから、実印以外の銀行取引用の印章の印鑑についてあらかじめ届出を受けておき、当該届出印によって取引を行うことが一般的です。中国法人・台湾法人との取引であっても、届出印による取引を行うことはさしつかえないものと思われます。

第 6 章

送　　金

Q 37 中国・台湾への仕向外国送金

中国・台湾に向けた仕向外国送金の依頼を受けた場合、金融機関が特に注意すべき点はありますか

ポイント

中国・台湾向けの仕向外国送金の依頼を受けた場合も、他の仕向外国送金の場合と同様、取引時確認義務・本人確認義務、適法性確認義務、外国為替取引に係る通知義務、「支払又は支払の受領に関する報告書」の提出義務、国外送金等調書の提出義務、疑わしい取引の届出義務を履行する必要があります。なお、中国への人民元建ての仕向外国送金については、送金目的が限定されている等の制限があります。また、台湾への仕向外国送金については、受取人から中央銀行への申告書の提出等が必要となります。

1 取引時確認義務・本人確認義務

犯収法は、マネー・ローンダリングやテロ資金供与を防止するため、金融機関に対し、10万円相当額を超える現金を送金原資とする仕向外国送金取引に際して、顧客の取引時確認を行う義務を課しています(同法4条、同法施行令7条1項1号タ)。

また、外為法は、資産凍結等の経済制裁措置の効果的な実施を図るため、金融機関に対し、10万円相当額を超える仕向外国送金に際して、顧客の本人確認を行う義務を課しています(同法18条、外国為替令7条の2)。

さらに、国外送金等調書法は、納税義務者の対外取引や海外にある財産・債務の国税当局による把握を目的として、金融機関に対し、仕向外国送金を行うに際して、顧客の本人確認を行う義務を課しています(同法3条1項)。

中国・台湾に向けた仕向外国送金の依頼を受けた場合も、他の国への仕向外国送金の場合と同様、これらの義務を履行する必要があります(Q33〜Q35参照)。

2　適法性確認義務

　外為法は、同法に基づく規制の実効性を確保するため、金融機関に対し、その顧客の支払が同法に基づく規制対象に該当するか否か、該当する場合には必要な許可等を受けているか否かについて確認する義務（適法性確認義務）を課しています（同法17条）。

　中国・台湾に向けた仕向外国送金の依頼を受けた場合も、金融機関としては、他の国への仕向外国送金の場合と同様、外為法に従い適法性確認義務を果たす必要があります。具体的には、財務省の定める外国為替検査マニュアルに規定する確認事務の実施手続に従い、送金人および受取人の氏名・名称、住所等の情報をもとに資産凍結等経済制裁対象者への送金ではないことを確認したり、仕向国、送金目的、輸入貨物の原産地および船積地域等の情報をもとに貿易に関する支払規制（特定の貨物の輸入代金や仲介貿易取引代金に対する支払規制）における制裁対象の送金ではないことを確認したりします。

3　外国為替取引に係る通知義務

　犯収法は、金融機関に対し、仕向外国送金に際して、顧客の氏名・名称、住居・本店または主たる事務所の所在地、送金原資の引落口座の口座番号等を相手先金融機関に通知する義務を課しています（同法10条、同法施行規則31条1項）。通知を行うべき仕向外国送金の額には特に限定がなく、すべての仕向外国送金に際して通知義務を履行する必要があります。

　中国・台湾に向けた仕向外国送金の依頼を受けた場合も、他の国への仕向外国送金の場合と同様、犯収法に従い通知義務を履行する必要があります。

4　「支払又は支払の受領に関する報告書」の提出義務

　外為法は、国際収支統計の作成や対外取引の実態把握を目的として、居住者に対し、3,000万円相当額を超える仕向外国送金を行った場合（貨物の輸出入に直接伴ってするものを除く）において、その氏名・名称、住居所・所在地、取引の相手方の氏名・名称、所在国、支払の目的・金額等を記載した

「支払又は支払の受領に関する報告書」を、財務大臣宛てに提出する義務を課しています（同法55条1項、外国為替令18条の4、外国為替の取引等の報告に関する省令1条1項）。そして、金融機関は、報告者から当該報告書を受理した場合には、日本銀行を経由して財務大臣に提出する義務があります（外為法55条2項）。

　居住者から中国・台湾に向けた仕向外国送金の依頼を受けた場合も、他の国への仕向外国送金の場合と同様、外為法に従い報告書の提出義務を履行する必要があります。

5　国外送金等調書の提出義務

　国外送金等調書法は、納税義務者の対外取引や海外にある財産・債務の国税当局による把握を目的として、金融機関に対し、顧客の国外送金に際して、国外送金等調書を税務署長に提出する義務を課しています。すなわち、顧客が国外送金を行う場合には、金融機関は、顧客から告知書の提出を受け、所定の本人確認（Q33～35参照）を行ったうえで、当該送金の金額が100万円相当額を超える場合には、①氏名・名称・個人番号・法人番号、②顧客の住所、③国外送金の金額、④国外送金をした年月日、⑤送金原因、⑥送金の相手方の氏名・名称、⑦相手国金融機関の営業所・事務所の名称、⑧相手国名、⑨取次等に係る金融機関の営業所等の名称等を記載した調書を、当該為替取引を行った日の属する月の翌月末日までに、税務署長に提出する必要があります（同法3条、4条、同法施行規則10条1項）。

　中国・台湾に向けた仕向外国送金の依頼を受けた場合も、他の国への仕向外国送金の場合と同様、国外送金等調書法に従い調書の提出義務を履行する必要があります。

6　疑わしい取引の届出義務

　犯収法は、金融機関に対し、顧客が犯罪収益等の隠匿を行っている疑いがあると認められる場合等において、行政庁に対する疑わしい取引の届出を行う義務を課しています（同法8条）。

　中国・台湾に向けた仕向外国送金の依頼を受けた場合も、他の国への仕向

外国送金の場合と同様、疑わしい取引であると認められた場合には、犯収法に従い届出義務を履行する必要があります。

7　中国向け人民元建送金に係る制限

　中国本土との人民元建てのクロスボーダーの決済については、もともと中国政府による強い規制のもとにありましたが、2009年以降、規制緩和が進み、2017年1月現在では、貨物輸出入貿易（Goods）、サービス取引（Service。すなわち、運送、通信、観光、役務、下請、保険、金融等のサービスに係る取引）、その他経常項目（Other。すなわち、経常費用、配当金、利益金、納税、ボーナス等）またはそれらの返金（Refund）の目的で、人民元建送金を行うことが認められています。資本関係取引（Capital。すなわち、資本金、親子ローン、出資、増資、証券、投資等）の目的での送金については、中国政府による事前認可が必要です。

　人民元建送金は、他の外貨建仕向送金と異なり、CNAPS（China National Advanced Payment System）という決済システムを経由します。CNAPSを利用する場合には、被仕向金融機関に割り当てられたCNAPSコードと、送金目的コードの入力が必要ですので、送金人に対して送金依頼書への記載を求めるなどして、これらを特定することが必要となります。また、受取人は、「企業信息状況表」を中国人民銀行に提出して登録を受けている必要があります。

　こうした当局の規制や受取人の取引金融機関の業務や準備の状況等によっては、送金ができない場合や着金まで時間がかかる場合がありますので、送金人に対してはその旨を説明しておく必要があります。

　なお、2017年1月現在、中国政府による規制との関係で、個人による人民元建てのクロスボーダーの決済は全面的には開放されておらず、日本国内の多くの金融機関においては法人による人民元建ての仕向外国送金のみを受け付けています。

8　台湾向け仕向外国送金に係る制限

　新台湾ドルについては、当局の規制により、オフショア市場において自由

に為替の交換を行うことはできません。したがって、台湾に対して新台湾ドル建送金を行う場合には、送金通貨は円や米国ドルとし、いったん当該金融機関の台湾拠点で為替交換をしてから地場金融機関に取り次ぐなど、台湾国内において為替交換を行う仕組みにする必要があります。

　また、台湾の外国為替取引規制として、新台湾ドル建てか否かを問わず、50万新台湾ドル相当額以上の台湾向け仕向外国送金にあたっては、受取人から被仕向金融機関を通じて中央銀行に対する申告書の提出が必要です（台湾外為管理条例6条の1）。さらに、法人や商人からの1回あたり100万米国ドル以上の送金については、受取人は、上記申告書に加えて契約書やインボイス等のエビデンスを提出し、被仕向金融機関において申告書との記載が一致するかどうかを確認する必要があります（台湾外為収支または取引申告弁法5条）。加えて、直接投資等の目的での送金については、受取人は、申告書やエビデンスの提出のほか、台湾当局から事前の承認を得てその承認書を提出する必要があります（同5条）。

Q 38　中国・台湾からの被仕向外国送金

中国・台湾からの被仕向外国送金について金融機関が特に注意すべき点はありますか

ポイント

　中国・台湾からの被仕向外国送金があった場合も、他の被仕向外国送金の場合と同様、取引時確認義務・本人確認義務、適法性確認義務、「支払又は支払の受領に関する報告書」の提出義務、国外送金等調書の提出義務、疑わしい取引の届出義務を履行する必要があります。

1　取引時確認義務・本人確認義務

　犯収法は、マネー・ローンダリングやテロ資金供与を防止するため、金融機関に対し、10万円相当額を超える被仕向外国送金のうち、受取人口座への振込みがなされず現金の受払いをする為替取引に際して、顧客（受取人）の取引時確認を行う義務を課しています（同法4条、同法施行令7条1項1号タ）。

　また、外為法は、資産凍結等の経済制裁措置の効果的な実施を図るため、金融機関に対し、10万円相当額を超える非居住者からの被仕向外国送金（現金の受払いをするものに限られない）に際して、顧客（受取人）の本人確認を行う義務を課しています（同法18条、外国為替令7条の2）。

　さらに、国外送金等調書法は、納税義務者の対外取引や海外にある財産・債務の国税当局による把握を目的として、金融機関に対し、国外からの送金等の受領を行うに際して、顧客（受取人）の本人確認を義務づけています（同法3条1項）。

　中国・台湾からの被仕向外国送金があった場合も、他の国からの被仕向外国送金の場合と同様、これらの義務を履行する必要があります（Q33～Q35参照）。

2 適法性確認義務

　外為法は、同法に基づく規制の実効性を確保するため、金融機関に対し、その顧客の支払の受領が同法に基づく規制対象に該当するか否か、該当する場合には必要な許可等を受けているか否かについて確認する義務（適法性確認義務）を課しています（同法17条）。

　中国・台湾からの被仕向外国送金があった場合も、金融機関としては、他の国からの被仕向外国送金の場合と同様、外為法に従い適法性確認義務を果たす必要があります。具体的には、財務省の定める外国為替検査マニュアルに規定する確認事務の実施手続に従い、仕向金融機関および送金目的その他の情報をもとに資金使途規制（北朝鮮の核関連計画等に貢献しうる活動に寄与する目的で行う取引または行為に係る支払等のように、特定の目的で行われる支払等に係る規制）に抵触する送金でないことを確認するなどします。

3 「支払又は支払の受領に関する報告書」の提出義務

　外為法は、国際収支統計の作成や対外取引の実態把握を目的として、居住者に対し、3,000万円相当額を超える被仕向外国送金の受領を行った場合（貨物の輸出入に直接伴ってするものを除く）において、その氏名・名称、住居所・所在地、取引の相手方の氏名・名称、所在国、支払の受領の目的・金額等を記載した「支払又は支払の受領に関する報告書」を、財務大臣宛てに提出する義務を課しています（同法55条1項、外国為替令18条の4、外国為替の取引等の報告に関する省令1条1項）。そして、金融機関は、報告者から当該報告書を受理した場合には、日本銀行を経由して財務大臣に提出する義務があります（外為法55条2項）。

　居住者宛てに中国・台湾からの被仕向外国送金があった場合も、他の国からの被仕向外国送金の場合と同様、外為法に従い報告書の提出義務を履行する必要があります。

4 国外送金等調書の提出義務

　国外送金等調書法は、納税義務者による対外取引や海外にある財産・債務

の国税当局による把握を目的として、金融機関に対し、顧客が国外からの送金等を受領するに際して、国外送金等調書を税務署長に提出する義務を課しています。すなわち、顧客が国外からの送金等を受領する場合には、金融機関は、顧客から告知書の提出を受け、所定の本人確認（Q33～35参照）を行ったうえで、当該送金の金額が100万円相当額を超える場合には、①氏名・名称・個人番号・法人番号、②住所（送金の受領がその者の本人口座においてされた場合には、住所または当該本人口座が開設されている金融機関の営業所等の名称・所在地、当該本人口座の種類・番号）、③送金等の受領の金額、④送金等の受領の年月日、⑤送金の相手方の氏名・名称、⑥相手国金融機関の営業所・事務所の名称、⑦相手国名、⑧取次等に係る金融機関の営業所等の名称等を記載した調書を、当該為替取引を行った日の属する月の翌月末日までに、税務署長に提出する必要があります（同法3条、4条、同法施行規則10条2項）。

中国・台湾からの被仕向外国送金があった場合も、他の国からの被仕向外国送金の場合と同様、国外送金等調書法に従い調書の提出義務を履行する必要があります。

5　疑わしい取引の届出義務

犯収法は、金融機関に対し、顧客が犯罪収益等の隠匿を行っている疑いがあると認められる場合等において、行政庁に対する疑わしい取引の届出を行う義務を課しています（同法8条）。

中国・台湾からの被仕向外国送金があった場合も、他の国からの被仕向外国送金の場合と同様、疑わしい取引であると認められた場合には、犯収法に従い届出義務を履行する必要があります。

第 7 章

預　　金

Q 39　預金の取扱い

中国人・台湾人の預金と日本人の預金とで、法律上扱いが異なるところはありますか

ポイント

　日本において、中国人・台湾人による預金の預入れそのものを制限する法令はありません。また、日本国内における預金については、日本法が準拠法となり、その法的性質も日本人の預金と特に異なるところはありません。もっとも、預金者が税法上の「非居住者」に当たる場合には、預金の利子所得に対する税法上の取扱いが「居住者」の場合と異なります。また、預金者が外為法上の「非居住者」に当たる場合には、同法に基づく各種の規制が及ぶため、非居住者預金口座としての管理が必要です。

1　預金契約の取扱い

　日本において、中国人・台湾人による預金の預入れそのものを制限する法令はなく、中国人・台湾人であっても、預金契約に関しては日本人と同様に権利能力を有し、契約の主体および預金債権の帰属主体となることができます（Q27参照）。

　また、中国人・台湾人との預金契約であっても、日本の金融機関が日本国内で受け入れる預金については、預金規定に日本法を準拠法とする旨の定めがある場合はもちろん、そうでなくとも、預金契約は金融機関のみが預金の払戻しという特徴的な給付を行うものですので、日本法が準拠法になるものと解されます（Q1参照）。そして、中国人・台湾人との預金契約であれ日本人との預金契約であれ、金銭消費寄託の性質を有するものであり、その法的性質において特に異なるところはありません。

　ただし、中国人・台湾人である預金者に相続が発生した場合には、その相続については被相続人の本国法である中国法・台湾法が準拠法となることから、その相続人の範囲や法定相続分等の点において、日本人である預金者に

相続が発生した場合と異なる結論となりえます（Q41〜Q48参照）。

2 税法上の取扱い

預金の利子に対しては、利子所得として課税がなされるところ、預金者である中国人・台湾人が税法上の「非居住者」に該当する場合には、その利子所得に対し、「居住者」の場合とは異なる課税方法や源泉徴収税率が適用されます（Q40参照）。

3 外為法上の取扱い

(1) 「居住者」と「非居住者」の区別

外為法では、「居住者」と「非居住者」とを区別して、各種の規制を定めています。

外為法にいう「居住者」とは、本邦内に住所または居所を有する自然人および本邦内に主たる事務所を有する法人をいい（同法6条1項5号）、「非居住者」とは、「居住者」以外の自然人および法人をいいます（同項6号）。この定義から明らかなように、中国人・台湾人であるからといって必ずしも「非居住者」に該当するとは限らず、「居住者」に該当することもありえます。より具体的な判定基準については、大蔵省（当時）の通達「外国為替法令の解釈及び運用について」（昭和55年11月29日蔵国第4672号）で示されており、「外国人の場合」についていえば次のとおりです。なお、前記2の税法上の「非居住者」「居住者」の区別とは必ずしも一致しません。

> イ　外国人は、原則として、その住所または居所を本邦内に有しないものと推定し、非居住者として取り扱うが、次に掲げる者については、その住所または居所を本邦内に有するものと推定し、居住者として取り扱う。
> 　(イ)　本邦内にある事務所に勤務する者
> 　(ロ)　本邦に入国後6月以上経過するに至った者
> ロ　イにかかわらず、次に掲げる者は、非居住者として取り扱う。
> 　(イ)　外国政府または国際機関の公務を帯びる者

> (ロ) 外交官または領事官およびこれらの随員または使用人。ただし、外国において任命または雇用された者に限る

(2) 非居住者預金口座の管理

　財務省の定める外国為替検査マニュアルの別添「資産凍結等経済制裁に関する外為法令の遵守状況に係るチェックリスト」Ⅱ・2によれば、金融機関は、資産凍結等経済制裁に関する外為法令を遵守するための体制として、①非居住者預金口座を居住者預金口座と区分して居住国別に管理すること、②非居住者預金口座および外国人名の居住者預金口座について、本人確認書類をもとに仮名名に加えてアルファベット名についても情報システム等に登録することが求められます。

(3) 資本取引に対する規制

　居住者である国内金融機関と非居住者との間の預金契約に係る取引は「資本取引」に該当します（外為法20条1号）。

　外為法では、財務大臣は、政令で定めるところにより、資本取引を行うことについて許可を受ける義務を課すことができるものと定められていますが（同法21条1項・2項）、2017年1月現在、中国・台湾に直接に関係して許可対象取引とされているものはありません。

　また、外為法では、資本取引の当事者となった場合には財務大臣に報告する義務が定められていますが、2017年1月現在、居住者と非居住者との間の預金契約に係る取引については報告の対象から外されています（同法55条の3第1項、外国為替令18条の5第1項3号、外国為替の取引等の報告に関する省令5条2項1号）。

　なお、金融機関は、資本取引に係る契約締結等行為を行うに際して本人確認を行う義務がありますので、非居住者に該当する中国人・台湾人との間で預金契約に係る取引を行うに際しては、外為法に基づく本人確認を行う義務があります（同法22条の2。Q33・Q34参照）。

Q 40　預金に対する利子所得課税

中国人・台湾人、中国法人・台湾法人の預金の利子に対しては、どのように課税されますか

ポイント

　預金の利子に対しては、利子所得として課税がなされます。金融機関は、利子を支払うに際して、預金者が居住者・非居住者または内国法人・外国法人の別に応じて、所定の税率により源泉徴収を行う必要があります。なお、租税条約等により、中国人・台湾人である非居住者および中国・台湾に本店等を有する外国法人の利子所得に対しては、税率が軽減されています。

1　預金の利子に対する課税の概要

　預金者が受け取る預金（ここでは円建預金を想定しています）の利子に対しては、利子所得として課税がなされます（所得税法23条）。
　日本の税法は、非居住者や外国法人の所得であっても日本国内に源泉のあるもの（国内源泉所得）に対しては課税を行うこととしており、金融機関の国内営業所に預け入れられた非居住者や外国法人の預金の利子も課税対象となります。
　もっとも、その課税方法や税率は、居住者・非居住者の別および内国法人・外国法人の別によって異なります。この点、居住者・非居住者の別は、国籍とは関係がなく、中国人・台湾人であるからといって必ずしも「非居住者」に該当するとは限りません。また、中国・台湾の資本による法人であるからといって必ずしも「外国法人」に該当するとも限りません。そこで、以下では、その類型ごとに、定義を述べたうえで、課税方法や税率等について概説します。
　なお、外国との間で租税条約が締結され、非居住者や外国法人の利子所得に対する課税の限度税率の取決めがなされている場合には、当該限度税率まで税率が軽減されますので（租税条約等の実施に伴う所得税法、法人税法及び

第7章　預　　金　121

地方税法の特例等に関する法律3条の2)、中国・台湾との間の租税条約による軽減措置の有無についても述べます。

2 自然人の預金者に対する利子所得課税

(1) 居住者に対する利子所得課税

a 「居住者」の定義

税法上の「居住者」とは、日本国内に住所を有し、または現在まで引き続いて1年以上居所を有する個人をいいます(所得税法2条1項3号)。住所とは、個人の生活の本拠をいい、生活の本拠かどうかは客観的事実によって判定されます。居所とは、その人の生活の本拠ではないが、その人が現実に居住している場所をいいます。

b 課税方法

居住者の利子所得に対する所得税は、源泉分離課税の対象とされています(租税特別措置法3条1項、所得税法181条)。すなわち、金融機関は、利子を支払うに際し、支払われるべき利子の金額に対する所得税を源泉徴収し、これを国に納付する義務があります。そして、当該課税は他の所得とは分離してなされるものであるため、源泉徴収により利子所得に対する所得税の課税は完結し、預金者はあらためて確定申告を行う必要はありません。

また、居住者の利子所得に対する住民税(利子割)も、特別徴収の対象とされています(地方税法71条の9)。

c 徴収税率

徴収税率は、所得税が15％(所得税法182条1号)、復興特別所得税が0.315％(東日本大震災からの復興のための施策を実施するために必要な財源の確保に関する特別措置法(以下「復興財源確保法」といいます)9条1項、28条2項)、住民税(利子割)が5％(地方税法71条の6第1項)であり、合計すると20.315％です。

d 非課税措置

日本に居住する外国の大使、公使および外交官である大公使館員ならびにこれらの者の配偶者については、租税を免除されます(外交関係に関するウィーン条約34条、所得税基本通達9－11)。

(2) 非居住者に対する利子所得課税
　a　「非居住者」の定義
　税法上の「非居住者」とは、居住者以外の個人をいいます（所得税法2条1項5号）。
　b　課税方法
　前記1のとおり、金融機関の国内営業所に預け入れられた非居住者の預金の利子所得に対しても、国内源泉所得として所得税が課されます（所得税法161条1項8号ハ）。
　非居住者の利子所得に対する所得税も、源泉分離課税の対象となります（同法212条1項、164条2項）。
　ただし、日本国内に支店、出張所、事業所等の「恒久的施設」（PE：Permanent Establishment）を有する非居住者が「恒久的施設に帰せられるべき所得」として支払を受ける利子所得については、源泉徴収の対象ではあるものの、原則として、分離課税ではなく総合課税とされていますので（同法212条1項、164条1項1号イ、161条1項、租税特別措置法3条2項）、預金者において確定申告が必要となります。
　これに対して、非居住者の利子所得に対しては、住民税（利子割）は課されません（地方税法25条の2）。
　c　徴収税率
　法律が定める徴収税率は、所得税が15％（所得税法213条1項3号）、復興特別所得税が0.315％（復興財源確保法9条1項、28条2項）であり、合計すると15.315％です。もっとも、後記dのとおり、租税条約等により税率の軽減が図られています。
　d　租税条約等による軽減
　日本は、中国との間で、租税条約として「所得に対する租税に関する二重課税の回避及び脱税の防止のための日本国政府と中華人民共和国政府との間の協定」（以下「日中租税協定」といいます）を締結し、中国人の非居住者の利子所得に対する課税の限度税率は10％とするものとしています（同協定11条2項）。したがって、中国人の非居住者の預金について、租税条約に関する届出書2通が提出されれば、前記cにかかわらず、結局、10％の税率で源

泉徴収を行うことになります。なお、金融機関は、提出を受けた届出書のうち1通を税務署長に提出します（租税条約等の実施に伴う所得税法、法人税法及び地方税法の特例等に関する法律の施行に関する省令2条1項）。

　これに対して、日本は、台湾を国家として承認しておらず、正式な租税条約は締結していません。もっとも、2015年11月に日台の民間窓口機関である公益財団法人交流協会（日本）と亜東関係協会（台湾）との間で「所得に対する租税に関する二重課税の回避及び脱税の防止のための公益財団法人交流協会と亜東関係協会との間の取決め」（日台租税協定）が締結されたことを受けて、平成28年度税制改正により、同取決めを実施するための国内法として、「外国人等の国際運輸業に係る所得に対する相互主義による所得税等の非課税に関する法律」が「外国居住者等の所得に対する相互主義による所得税等の非課税等に関する法律」（以下「外国居住者等所得相互免除法」といいます）に改正されました。これにより、2017年1月1日以降に台湾人の非居住者に対して支払う利子に対しては、税率が10％に軽減され、当該軽減税率により源泉徴収を行うことになりました（同法15条、同法施行令2条）。

3　法人の預金者に対する利子所得課税

(1)　内国法人に対する利子所得課税

　a　「内国法人」の定義

　税法上の「内国法人」とは、国内に本店または主たる事務所を有する法人をいいます（所得税法2条1項6号）。

　b　課税方法

　内国法人の利子所得に対する所得税は、源泉徴収の対象とされています（所得税法212条3項）。源泉徴収された所得税は、法人税の確定申告の際に納めるべき法人税の額から控除することができます（法人税法68条、復興財源確保法33条2項）。なお、金融機関には、法人に対して支払った預金の利子の明細を支払調書として税務署長に提出する義務が課されています（所得税法225条1項1号、租税特別措置法3条の2）。

　これに対して、法人の利子所得に対する住民税（利子割）の特別徴収制度は、平成25年度税制改正により、2016年1月1日以降に支払を受ける分から

廃止されました。

　　c　徴収税率

　徴収税率は、所得税が15％（所得税法213条2項1号）、復興特別所得税が0.315％（復興財源確保法9条2項、28条2項）であり、合計すると15.315％です。

　　d　非課税措置

　所得税法別表第一に列挙された内国法人については、利子所得の非課税措置がとられています（同法11条1項）。

(2)　外国法人に対する利子所得課税

　　a　「外国法人」の定義

　税法上の「外国法人」とは、内国法人以外の法人をいいます（所得税法2条1項7号）。

　　b　課税方法

　前記1のとおり、金融機関の国内営業所に預け入れられた外国法人の預金の利子所得に対しても、国内源泉所得として所得税が課されます（所得税法161条1項8号ハ）。

　外国法人の利子所得に対する所得税も源泉徴収の対象となります（所得税法212条1項）。そして、日本国内に「恒久的施設」を有する外国法人が「恒久的施設に帰せられるべき所得」として支払を受ける利子については、法人税の課税対象となる国内源泉所得となりますが（法人税法141条1号イ、138条1項1号）、源泉徴収された所得税は、法人税の確定申告の際に納めるべき法人税の額から控除することができます（同法144条）。なお、金融機関には、法人に対して支払った預金の利子の明細を支払調書として税務署長に提出する義務が課されています（所得税法225条1項8号、租税特別措置法3条の2）。

　これに対して、法人の利子所得に対する住民税（利子割）の特例徴収制度は、平成25年度税制改正により、2016年1月1日以降に支払を受ける分から廃止されました。

　　c　徴収税率

　法律が定める徴収税率は、所得税が15％（所得税法213条1項3号）、復興

特別所得税が0.315％（復興財源確保法9条2項、28条2項）であり、合計すると15.315％です。もっとも、後記dのとおり、租税条約により税率の軽減が図られています。

 d 租税条約による軽減

 日中租税協定によれば、中国に本店または主たる事務所を有する外国法人の利子所得に対する課税についても、限度税率を10％とするものとされています（同協定11条2項。同協定にいう「居住者」には、締結国に本店または主たる事務所を有する法人も含まれます）。したがって、中国に本店または主たる事務所を有する外国法人の預金について、租税条約に関する届出書2通が提出されれば、前記cにかかわらず、結局、10％の税率で源泉徴収を行うことになります。

 また、外国居住者等所得相互免除法により、2017年1月1日以降に台湾に本店または主たる事務所を有する外国法人に対して支払う利子に対しては、税率が10％に軽減され、当該軽減税率により源泉徴収を行うことになりました（同法15条、同法施行令2条）。

Q 41 中国人の預金者の相続に係る法定相続分

中国人の預金者が死亡した際、その預金についてはだれがいくらの法定相続分を有することになりますか

ポイント

被相続人が死亡時に日本を常居所としていた場合には、相続人の範囲および法定相続分は日本の民法に従って定まります。これに対して、被相続人が死亡時に中国を常居所としていた場合には、相続人の範囲および法定相続分は中国相続法に従って定まります。

1 相続の準拠法

相続の準拠法については、通則法36条により「相続は、被相続人の本国法による」とされています。また、同法41条により「当事者の本国法によるべき場合において、その国の法に従えば日本法によるべきときは、日本法による」とされています（これを「反致」といいます）。

したがって、中国人の預金者が死亡した場合に、その預金をだれがどれだけ相続することになるのかについては、その本国法である中国の法律を参照することになります。そして、中国渉外法適用法31条によれば、不動産以外の財産の相続については、被相続人が死亡した時の常居所地法を適用するものとされています。したがって、預金の相続に関しては、①死亡時に被相続人が長年にわたり日本に在住していたなど日本を常居所としていた場合には、結局、反致によって日本法が準拠法となり、②死亡時に被相続人が中国を常居所としていた場合には、中国法が準拠法となります（なお、中国渉外法適用法の施行日である2011年4月1日より前に開始した相続については、被相続人の住所地の法が準拠法となります）。

2 死亡時に被相続人が日本を常居所としていた場合

前記1①のとおり、常居所地法である日本法が準拠法となり、日本の民法

が適用されます。したがって、相続人の範囲およびその法定相続分については、日本人の預金者が死亡した場合と同様に考えればよいことになります。

3 死亡時に被相続人が中国を常居所としていた場合

前記1②のとおり、預金の相続に関しては、常居所地法である中国法が準拠法となり、中国相続法が適用されます。

(1) 遺産の範囲

預金は遺産として遺産分割の対象となります。

中国相続法では、夫婦が婚姻関係の存続期間中に得た共同財産は、夫婦財産契約のある場合を除き、遺産分割に際して、まずその半分を配偶者の所有とし、残る半分を被相続人の遺産としなければなりません（同法26条1項）。すなわち、被相続人名義の預金のうち、婚姻関係の存続期間中に得た部分については、半分は配偶者の所有としたうえで、残る半分が相続財産として相続人に相続されることになります。後述のとおり、配偶者も相続人の範囲に含まれますので、配偶者は、まず婚姻関係の存続期間中の共同財産の半分を手に入れたうえで、さらに残る遺産について相続人として相続するということになります。

(2) 相続人の範囲

中国相続法によれば、相続人の範囲は次のとおりであり、第2順位の相続人は第1順位の相続人が不存在の場合に相続することができます（同法10条）。

　　第1順位　・配偶者
　　　　　　・子（嫡出子、非嫡出子、養子、扶養関係のある継子を含む）
　　　　　　・父母（実父母、養父母、扶養関係のある継父母を含む）
　　第2順位　・兄弟姉妹（同父母、同父異母または同母異父の兄弟姉妹、義兄弟姉妹、扶養関係のある継兄弟姉妹を含む）
　　　　　　・祖父母

中国相続法では扶養の事実が重視される点に特徴があり、血縁関係がない継子・継父母であっても、被相続人との間で扶養関係があれば相続人に含まれます。また、義兄弟姉妹（配偶者の兄弟姉妹）や扶養関係のある継兄弟姉

妹も相続人に含まれます。

　以上のほか、亡配偶者の父母に対して主たる扶養義務を尽くした者は、当該父母の相続において第1順位の相続人となるものとされています（中国相続法12条）。たとえば、妻に先立たれた夫が亡妻の父母（義父母）に対し、経済援助や生活援助を他の相続人より多く行っていたような場合には、当該夫は、亡妻の父母（義父母）の相続において第1順位の相続人となります。

　いわゆる代襲相続も認められており、被相続人の子が被相続人より先に死亡していた場合には、当該子の直系卑属である孫が子にかわって相続人となります（中国相続法11条。ただし、被相続人の子の相続権の喪失・放棄によっては代襲は生じません）。

　なお、胎児については、日本法とは異なり、相続権が認められるわけではありませんが、遺産分割の際には胎児の相続分を留保しなければならないとされており（中国相続法28条）、胎児が出生して権利能力を取得すれば、留保されていた遺産を取得することになります（胎児が出生しなかった場合には、ほかの相続人が留保された遺産を取得します。他方、胎児が出生後に死亡した場合には、当該胎児の相続人が留保されていた遺産を相続します）。

(3)　**法定相続分**

　中国相続法によれば、同順位の相続人間における法定相続分は均等であるとされています（同法13条1項）。

　ただし、これは絶対的・画一的な均等ではなく、生活や扶養等の状況に応じて増減されます。すなわち、生活に特別困難があり、労働能力を欠く相続人に対しては、遺産分配の際に配慮しなければなりません（中国相続法13条2項）。また、被相続人に対して主要な扶養義務を尽くし、または被相続人と共同生活をしていた相続人に対しては、遺産分配において、多くを分けることができます（同条3項）。他方、扶養能力があり、かつ扶養条件のある相続人が扶養義務を尽くさなかった場合には、遺産分割において、分配しないか、または少なく分配しなければなりません（同条4項）。これらの定めは、相続人間で遺産分割協議を行う際の参考になるとともに、協議が調わなかった場合に行われる調停や訴訟において調停委員会や裁判所の判断指針となります。

なお、相続人全員が同意すれば、相続分を以上の定めと異なる割合にすることも認められています（中国相続法13条5項）。

4　具体例

以下の各ケースにおいて、相続人の範囲および法定相続分は、原則として、次のとおりです（前記のとおり、自活能力・労働能力や扶養の状況によっては相続分が増減することがありえます）。

【ケース①】

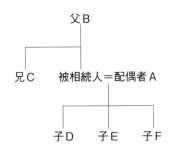

被相続人の死亡時の常居所	日本	中国
法定相続分	A：2分の1 D：6分の1 E：6分の1 F：6分の1	A：5分の1 B：5分の1 D：5分の1 E：5分の1 F：5分の1

【ケース②】

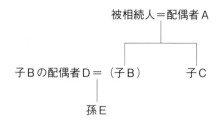

被相続人の死亡時の常居所	日本	中国
法定相続分	A：2分の1 C：4分の1 E：4分の1（代襲相続）	A：4分の1 C：4分の1 D：4分の1（中国相続法12条） E：4分の1（代襲相続。中国相続法11条）

（注）子Bの死亡後、その配偶者Dが被相続人に対して主たる扶養義務を尽くしていた。

【ケース③】

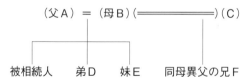

被相続人の死亡時の常居所	日本	中国
法定相続分	D：5分の2 E：5分の2 F：5分の1	D：3分の1 E：3分の1 F：3分の1

（注）中国相続法では、兄弟姉妹の法定相続分につき、全血・半血の違いはない。

Q42 中国人の預金者の相続発生時の相続人の確認方法

中国人の預金者が死亡した際、どのような方法で死亡の事実および相続人の範囲を確認すればよいですか

ポイント

死亡の事実については、死亡届受理証明書や住民票（除票）等によって確認することができます。

相続人の範囲については、中国の公証処が発行した「親族関係公証書」によって確認するのが一般的です。

1 被相続人の死亡の事実を確認する方法

被相続人が死亡時に日本に居住していた場合には、日本の市町村長が発行した「死亡届受理証明書」によって死亡の事実を確認することができます。また、住民基本台帳法の改正により2012年7月9日以降は「外国人住民」についても住民票が編成されることになったことから、外国人住民であった被相続人については、日本の市町村長が発行した「住民票」（除票）によっても死亡の事実を確認することができます（なお、2012年7月9日より前に死亡している者については、法務省が発行する「外国人登録原票の写し」によって死亡の事実を確認することができます）。

被相続人が死亡時に中国に居住していた場合には、中国の公証処が発行する「死亡公証書」によって死亡の事実を確認することができます。

以上のほか、後述する「親族関係公証書」において死亡の事実が公証されていることもあります。

2 相続人の範囲を確認する方法

中国では、公安部において、戸を単位として、構成員の姓名、生年月日、性別、住所、婚姻状況等を記載した戸口登記簿を作成・保管するとともに、

【書式例：親族関係公証書（邦訳文）】

公証書（和訳文）

（2017）阪領公字第○○○○○○号

○○○○（男、○○年○月○日生まれ）○○年○月○日日本国において死亡、生前の住所は日本国○○県○○市○○区○○

　妻：○○○○、○○年○月○日生まれ、現住所は日本国○○県○○市○○区○○

　子：○○○○、○○年○月○日生まれ、現住所は日本国○○県○○市○○区○○

中華人民共和国駐大阪総領事館
領事　　○○○
2017年○月○日

（公印）

文責者（和訳文）
大阪華僑総会：○○○○　㊞

各戸に1冊の「居民戸口簿」を発給するものとされています。これは、日本における戸籍・住民票の制度に類するものですが、民政部門における婚姻、離婚、養子縁組等の申告内容が自動的に反映される制度になっておらず、他方で公安部に対する自己申告は十分になされていないことなどから、身分関

係を証明する機能としての正確性は低いと指摘されています。被相続人が日本で出生した者である場合には、そもそも戸口登記簿に登記されていないことも多いようです。

　そこで、中国人の相続人の範囲については、中国の公証処が発行した「親族関係公証書」によって確認することが一般的です。親族関係公証書とは、被相続人の親族関係について、公的機関である公証処が公証したものであり、被相続人の姓名・性別・生年月日・生前の住所、およびその両親・配偶者・子等の姓名・生年月日・現住所が記載されます。相続人が日本に在住の場合には、各地の華僑総会を経由して申請することが可能であり、その場合には公証書の邦訳文が添付されるのが通常です。親族関係公証書は、申請者からの申告および申請者から提出された出生証明書や結婚証明書などの資料に基づき作成されるものであり、厳密にいえば、必ずしもすべての相続人が網羅されているとは限りませんが、中国人の相続人の範囲を確認する資料としての有用性は比較的高いものといえます。

Q 43　中国人の預金者の遺言

中国人の預金者が遺言を残していた場合、その遺言は有効ですか

ポイント

　遺言の方式の有効性、成立および効力の有効性、実質的内容それぞれについて、準拠法とされる法律に適合しているかどうかが問題となります。

1　渉外遺言の有効性

(1)　総　　論

　外国人である被相続人が行った遺言の有効性に関しては、方式の有効性の問題、成立および効力の有効性の問題、実質的内容の問題を分けて考える必要があります。

(2)　遺言の方式の有効性

　遺言の方式の有効性とは、遺言が有効と認められるためには、どのような方式で行われる必要があるのかという問題です。たとえば、遺言は書面により行う必要があるのか、書面による遺言の場合にはどのような形式（公正証書、自筆証書等）で行わなければならないのか、どのような要件のもとであれば口述による遺言も有効なものと認められるのか等が問題となります。また、遺言者の年齢、国籍その他の人的資格による方式上の制限や、遺言が有効であるために必要とされる証人に関する資格についても方式の有効性の問題に含まれます（遺言方式準拠法5条参照）。仮に遺言がその方式において有効ではないとなれば、遺言の成立および効力の有効性の問題に立ち入るまでもなく、当該遺言は無効なものとして取り扱うべきことになります。

　遺言の方式の有効性については、ハーグ条約の1つである「遺言の方式に関する法律の抵触に関する条約」（昭和39年条約第9号）およびこれを受けて制定された遺言方式準拠法により、次のいずれかの法が定める要件に適合するときは、方式に関し有効とすると定められています（同法2条。なお、遺言を取り消す遺言の方式の有効性については、同法3条参照）。

第7章　預　　金　135

① 行為地法（遺言という意思表示をなした地の法）
② 遺言者が遺言の成立または死亡の当時国籍を有した国の法
③ 遺言者が遺言の成立または死亡の当時住所を有した地の法
④ 遺言者が遺言の成立または死亡の当時常居所を有した地の法
⑤ 不動産に関する遺言についてはその不動産の所在地法

　このように、遺言の方式に関しては、有効とされる余地が非常に広く認められていること（遺言保護主義）が特徴です。

(3) **遺言の成立および効力の有効性**

　遺言の成立および効力の有効性とは、どのような場合であれば遺言という意思表示が成立してその効力が認められるのか（逆にいえば、どのような場合であれば遺言の成立や効力が否定されるのか）という問題です。たとえば、未成年者や制限行為能力者は遺言ができるか（遺言能力）、詐欺・強迫・錯誤によりなされた遺言は有効か（意思表示の瑕疵）、遺言に条件や期限を付すことはできるのか（条件・期限）、いったん行った遺言を取り消すことは可能か（遺言の撤回可能性）などが問題となります。ここには後述する遺言の実質的内容の問題は含まれません。

　遺言の成立および効力については、通則法では、その成立の当時における遺言者の本国法によると定められています（同法37条1項。なお、遺言の取消しの成立および効力については、同条2項参照）。

(4) **遺言の実質的内容**

　遺言の実質的内容とは、遺言によって定めることのできる行為の問題であり、たとえば、遺言で遺贈や相続分の指定を行うことができるか（法定相続関係の変更の可否および範囲）、遺言で子の認知をすることができるか（親子関係の変更の可否）などが問題となります。

　通説によれば、遺言の実質的内容については、その内容である法律関係の準拠法によるべきであると解されています。たとえば、相続分の指定や遺贈について遺言で定めることができるか否かは、相続の準拠法（すなわち、被相続人の本国法。通則法36条参照）がこれを認めるか否かにより判断され、また、指定や遺贈の内容も相続の準拠法が認める範囲内でなければなりません。他方、子の認知について遺言で定めることができるか否かは、嫡出でな

い親子関係の成立の準拠法（すなわち、父との間の親子関係については子の出生の当時における父の本国法、母との間の親子関係についてはその当時における母の本国法。同法29条参照）がこれを認めるか否かにより判断されます。

2 中国人による遺言の有効性

中国人の預金者が遺言を残して死亡した場合も、前記1(1)〜(4)で述べたところに従い、その有効性が判断されます。

(1) 遺言の方式の有効性

a 日本法が準拠法となる場合

遺言者が日本で遺言を行った場合、遺言者が遺言の成立時もしくは死亡時に日本に住所を有していた場合、または遺言者が遺言の成立時もしくは死亡時に日本を常居所としていた場合には、当該遺言は、日本の民法（第5編第7章第2節）の定める遺言の方式に適合していれば、方式において有効です。したがって、日本人の預金者が遺言を残していた場合と同様、普通方式の遺言（自筆証書遺言（同法968条）、公正証書遺言（同法969条、969条の2）、秘密証書遺言（同法970条〜972条））または特別方式の遺言（死亡危急者遺言（同法976条）、伝染病隔離者遺言（同法977条）、在船者遺言（同法978条）、船舶遭難者遺言（同法979条））としての要件が満たされているか、成年被後見人による遺言の要件が満たされているか（同法973条）、共同遺言となっていないか（同法975条）等が問題となります。

b 中国法が準拠法となる場合

これに対して、遺言が中国で行われ、遺言者は遺言成立時にも死亡時にも中国を常居所ないし住所地としていたという場合には、中国相続法の定める遺言の方式に適合しているかどうかが問題となります。

中国相続法によれば、遺言の方式としては、【表】に記載のあるものが認められています。

なお、証人の資格に関し、行為無能力者・制限行為能力者、相続人・受遺者、相続人・受遺者の利害関係人は、証人となることができないものとされています（中国相続法18条）。また、日本法とは異なり、共同遺言は明確に禁止されておらず、これを有効と解する見解が多数説のようです。

【表】 中国相続法で認められる遺言の方式

普通方式の遺言	①	公証遺言	公証機関（公証処）を通して行うものです（中国相続法17条1項）。遺言者は、公証人2人の面前で、遺言内容および年月日を自署し署名押印する必要があります（証人の立会いは不要です）。
	②	自筆遺言	遺言者が自筆で記載し、署名し、年月日を明記するものです（同法17条2項）。
	③	代筆遺言	遺言者が病気等により自署できない場合に、2人以上の証人が立ち会い、そのなかの1人が代筆し、年月日を明記するとともに、代筆者、その他の証人および遺言者が署名するものです（同法17条3項）。
	④	録音遺言	録音テープを用いて口述で遺言を行うものであり、2人以上の証人が立ち会う必要があります（同法17条4項）。
特別方式の遺言	⑤	口頭遺言	遺言者が危急の状況下にあるときに、2人以上の証人の立会いのもと、口頭で遺言するものです。危急事態が解除され、普通方式の遺言をすることができる状況になれば、当該口頭遺言は無効となります（同法17条5項）。

(2) 遺言の成立および効力の有効性

　a　準 拠 法

　遺言の成立および効力については、遺言成立時における遺言者の本国法である中国法を参照することになります。そして、中国渉外法適用法33条は、遺言の効力については、遺言者が遺言をした時もしくは死亡した時の常居所地法または国籍国法を適用するものと定めています。これによれば、①遺言者が遺言をした時の常居所地法、②遺言者が死亡した時の常居所地法、③遺言者が遺言をした時の国籍国法、④遺言者が死亡した時の国籍国法のいずれかが準拠法になることになりますが、常居所地と国籍国が一致しないような場合にいずれの法が準拠法になるのかは明確ではありません（遺言の成立に最も有利な法律が適用されるという考え方や、遺言者が選択することができるという考え方などがあります）。

b　日本法が準拠法となる場合

　日本法が準拠法となる場合には、民法に適合しているかどうかが問題となりますので、遺言の成立および効力については、日本人の預金者が死亡した場合と同様に考えればよいことになります。ここでは詳論しませんが、たとえば、未成年者であっても15歳に達した者は単独で遺言を行うことができ（同法961条）、被保佐人の遺言には保佐人の同意は必要ありませんが（同法962条）、意思能力のない状態でなされた遺言は無効であり、詐欺・強迫・錯誤による遺言は取消しまたは無効の対象となります。遺言に停止条件を付すことも可能です（同法985条2項）。遺言者は、いつでも、遺言の方式に従って、その遺言の全部または一部を撤回することができます（同法1022条）。

　c　中国法が準拠法となる場合

　中国相続法は、遺言の成立および効力の有効性の問題のうち遺言能力に関し、行為無能力者または制限行為能力者が行った遺言は無効であると定めています（同法22条1項）。また、同法は、意思表示の瑕疵に関し、強迫・欺罔によって行った遺言は無効であると定めています（同条2項）。なお、偽造された遺言や変造された遺言の変造部分は無効であるとされています（同条3項・4項）。さらに、同法は、遺言の撤回可能性に関し、原則として遺言の撤回・変更を認めており（同法20条1項）、数個の遺言がありその内容が相互に抵触するときは最後の遺言に従うものとしていますが（同条2項）、公証遺言については、自筆遺言・代筆遺言・録音遺言・口頭遺言によって撤回・変更することはできないものとしています（同条3項）。

(3)　遺言の実質的内容

　a　準　拠　法

　前記1(4)のとおり、遺贈や相続分の指定など法定相続関係を変更する内容が遺言に記載されている場合、それが有効か否かは相続の準拠法により定まります。したがって、①死亡時に被相続人が日本を常居所としていた場合には、結局、反致によって日本法が準拠法となり、②死亡時に被相続人が中国を常居所としていた場合には、中国法が準拠法となります（Q41参照）。

　b　日本法が準拠法となる場合

　日本法が準拠法となる場合には、民法に適合しているかどうかが問題とな

りますので、日本人の預金者が死亡した場合と同様に考えればよいことになります。たとえば、遺言で相続分の指定（民法902条）や遺産分割方法の指定（同法908条。特定の遺産を特定の相続人に「相続させる」趣旨の遺言は、原則として、相続分の指定を伴う遺産分割方法の指定であると解されます（最高裁判所平成3年4月19日判決・民集45巻4号477頁参照））を行って法定相続人の順位や相続分に変更を加えたり、遺贈（同法964条）を行って第三者に遺産を処分したりすることができますが、これらにより相続人の遺留分が侵害された場合には、遺留分減殺請求の対象となります（同法1031条、902条1項但書）。負担付遺贈を行うことも可能であり（同法1002条）、受遺者が負担を履行しない場合には、家庭裁判所によってその負担付遺贈に係る遺言が取り消されることがあります（同法1027条）。

　c　中国法が準拠法となる場合

　中国相続法によれば、遺言によって個人財産を法定相続人の1人または数人で相続するよう指定することができます（同法16条2項）。また、遺言によって個人財産を国家、団体または法定相続人以外の者に贈与することも認められています（同条3項）。もっとも、遺言では、労働能力を欠き生活源を有しない相続人に対し、必要な遺産配分額を留保しなければならないものとされています（同法19条）。

　また、遺言相続または遺贈に義務を付すことも可能であり、義務が付されている場合には、相続人または受遺者は、当該義務を履行しなければならず、正当な理由なく当該義務を履行しないときは、関係者の請求により、裁判所はその者の遺産を受ける権利を取り消すことができるものとされています（中国相続法21条）。

Q44 中国人の預金者の相続に係る払戻請求

中国人の預金者が死亡した際、死亡した預金者の相続人からの預金の払戻請求にはどの範囲で応じればよいですか

ポイント

相続の準拠法が中国法となる場合も、相続人の一部からの払戻請求には原則として応じるべきではなく、遺産分割協議の成立や共同相続人全員の同意を確認したうえで払戻しを行うべきです。

1 相続の準拠法の確認

中国人の預金者が死亡し、その相続人から預金の払戻請求があった場合には、まず、相続の準拠法を確認する必要があります。Q41にあるとおり、死亡時に被相続人が日本を常居所としていた場合には日本法が準拠法となり、死亡時に被相続人が中国を常居所としていた場合には中国法が準拠法となりますので、相続人に事情を伺うなどして被相続人の死亡時の常居所を確認し、準拠法を判断します。

2 相続人の範囲および法定相続分の確認

相続人から親族関係公証書などの提出を受け（Q43参照）、準拠法となる法律に従い、相続人の範囲および法定相続分を確認します（Q42参照）。

3 相続の準拠法が日本法となる場合の対応方針

基本的には、日本人の預金者が死亡した場合と同様の対応を行えばよいものと考えられます。

従来、日本法のもとでは、可分債権である預金債権については、法律上当然に分割され、各共同相続人がその法定相続分に応じて承継すると解されてきましたが（最高裁判所昭和29年4月8日判決・民集8巻4号819頁参照）、近時の最高裁は、これを改め、共同相続された普通預金債権、通常貯金債権およ

び定期貯金債権は、いずれも、相続開始と同時に当然に相続分に応じて分割されることはなく、遺産分割の対象となるとの解釈を示しました（最高裁判所平成28年12月19日大法廷決定・金融法務事情2058号6頁）。最高裁は、定期預金債権については解釈を示しておりませんが、同様に、相続開始と同時に当然に相続分に応じて分割されることはないものと考えておくべきでしょう。

したがって、金融機関としては、共同相続人の一部から被相続人の預金の払戻請求があったとしても、原則として、これに応じるべきではなく、共同相続人間での遺産分割協議の成立や払戻しに対する共同相続人全員の同意を確認したうえで、その内容に従って払戻しを行うべきであると考えられます。

4 相続の準拠法が中国法となる場合の対応方針

Q41で述べたとおり、被相続人名義の預金のうち婚姻関係の存続期間中に得た部分については、半分は配偶者の所有としたうえで、残る半分が相続財産として法定相続人に相続されることになります。そして、中国法では、相続財産中の預金債権については、相続の開始によっても法律上当然に分割されることはなく、各共同相続人がその法定相続分に応じてこれを承継するものではないと解されています。

したがって、金融機関としては、共同相続人の一部から被相続人の預金の払戻請求があったとしても、原則として、これに応じるべきではなく、共同相続人間での遺産分割協議の成立や払戻しに対する共同相続人全員の同意を確認したうえで、その内容に従って払戻しを行うべきであると考えられます。

5 遺言がある場合

Q43で述べたとおり、預金について遺言がある場合には、方式の有効性の問題、成立および効力の有効性の問題、実質的内容の問題を分けて、それぞれについて中国法と日本法のいずれが準拠法となるのか、準拠法となる法に照らして遺言は有効なのかを検討していくことになります。そして、検討の結果、遺言の有効性に特段の問題がなければ、その内容に従って払戻しを行

います。

　なお、遺言の成立および効力の有効性の問題については、いずれの法が準拠法となるのか明確ではない事態がありえます。このような場合には、念のため、中国法と日本法のいずれが適用されるとしても遺言の成立および効力の有効性に問題はないことを確認しておくことも考えられます。

Q 45　台湾人の預金者の相続に係る法定相続分

台湾人の預金者が死亡した際、その預金についてはだれがいくらの法定相続分を有することになりますか

ポイント

台湾人の相続については、台湾法が準拠法となりますので、相続人の範囲および法定相続分は台湾民法に従って定まります。

1　相続の準拠法

相続の準拠法については、通則法36条により「相続は、被相続人の本国法による」とされています。

この点、現在わが国は台湾を国家として承認していませんが、当該地域に現実に行われている法であれば準拠法たりうると解されますので、台湾人の預金者が死亡した場合に、その預金をだれがどれだけ相続することになるのかについては、その本国法である台湾の法律を参照することになります。そして、台湾渉外法適用法58条によれば、相続は被相続人死亡時の本国法によるものとされていますので、被相続人の常居所等にかかわらず、その相続に関しては台湾法が準拠法となります。

2　遺産の範囲

被相続人に配偶者がいる場合において、その夫婦財産制の準拠法が台湾法となるときは、相続の前提となる遺産の範囲に関して注意が必要となります。ここにいう夫婦財産制の準拠法が台湾法になる場合とは、夫婦の本国法がいずれも台湾法であるとき、夫婦の常居所地法がいずれも台湾法であるとき、または夫婦に最も密接な関係がある地の法が台湾法であるときをいいます（通則法26条）。

台湾民法は、夫婦の財産に関し、約定財産制と法定財産制という2つの制度を設けています。約定財産制には共同財産制と分別財産制とがあり、夫婦

は、結婚前または結婚後、夫婦財産契約を締結していずれかを選択することができます（同法1004条）。夫婦財産契約を締結していない場合には、法定財産制となります（同法1005条）。

　このうち共同財産制とは、夫婦の財産および所得は、特有財産を除いて夫婦の合有とするものです（台湾民法1031条）。この共同財産制をとっていた夫婦の一方が死亡した場合、共同財産の半分（ただし、夫婦財産契約で異なる割合を定めていた場合には、当該割合分。以下同じ）は配偶者に帰属し、残りが被相続人の遺産になるものとされています（同法1039条）。したがって、共同財産に属する被相続人の預金については、その半分は配偶者に帰属し、残る半分が相続財産として相続人に相続されることになります。

　これに対して、分別財産制とは、夫婦が各々その財産の所有権を保有するものですので（台湾民法1044条）、配偶者への帰属を考える必要はありません。

　法定財産制の場合には、原則として夫婦各自が財産を所有することになります。もっとも、台湾民法1030条の1は、法定財産制関係が消滅したときは、現存する婚後財産から婚姻関係存続中に負担した債務を控除した後の余剰財産を夫婦間で均等に分配する請求権を認めており、離婚の場合のみならず、夫婦の一方の死亡時にも当該規定は適用されると解されています。したがって、配偶者が当該剰余財産分配請求権を行使すれば、まずは配偶者が婚後財産の均等分配を受け、残る財産が相続財産として相続人に相続されることになります。

3　相続人の範囲

　台湾民法では、日本法と同様、配偶者は常に相続人となります（同法1144条）。そして、直系卑属が第1順位の、父母が第2順位の、兄弟姉妹が第3順位の、祖父母が第4順位の相続人となります（同法1138条）。

　このうち第1順位の相続人（直系卑属）については、親等が近い者を優先するものとされていますので（台湾民法1139条）、たとえば、被相続人に子と孫がいる場合には子のみが第1順位の相続人となります。第1順位の相続人については、いわゆる代襲相続が認められていますので、被相続人の子が被相続人より先に死亡していた場合または相続権を喪失していた場合には、当

該子の直系卑属である孫が子に代位して相続人となります（同法1140条。その他の順位の相続人については、代襲相続は認められていません）。

　直系卑属には、婚生子（婚姻関係にある父母から出生した子）、非婚生子（ただし、父との関係では父母の婚姻または父による認知が必要。台湾民法1064条、1065条）、および養子が含まれる一方、継親子関係には相続権は認められません。

　なお、日本法と同様、胎児も相続についてはすでに生まれたものとみなされます（台湾民法7条）。

4　法定相続分

　台湾民法によれば、同順位の相続人が数人いる場合の当該相続人間の法定相続分は、人数に応じて均等であるとされています（同法1141条）。

　また、配偶者の法定相続分については、次のとおり定められています（台湾民法1144条）。

・第1順位の相続人（直系卑属）と同時に相続するときは、配偶者の相続分は他の相続人と相等しい。
・第2順位の相続人（父母）または第3順位の相続人（兄弟姉妹）と同時に相続するときは、配偶者の相続分は2分の1。
・第4順位の相続人（祖父母）と同時に相続するときは、配偶者の相続分は3分の2。
・第1から第4順位の相続人がいないときは、配偶者の相続分は遺産の全部。

5　具体例

　以下の各ケースにおいて、相続人の範囲および法定相続分は、原則として、次のとおりです。

【ケース①】

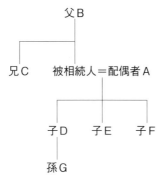

被相続人の国籍	日本	台湾
法定相続分	A：2分の1 D：6分の1 E：6分の1 F：6分の1	A：4分の1 D：4分の1 E：4分の1 F：4分の1

（注）孫Gも直系卑属であるが、親等の近い子D・E・Fが優先するため、相続人とはならない（台湾民法1139条）。

【ケース②】

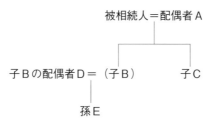

被相続人の国籍	日本	台湾
法定相続分	A：2分の1 C：4分の1 E：4分の1（代襲相続）	A：3分の1 C：3分の1 E：3分の1（代襲相続。台湾民法1140条）

【ケース③】

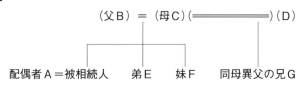

被相続人の国籍	日本	台湾
法定相続分	A：4分の3 E：20分の2 F：20分の2 G：20分の1	A：2分の1 E：6分の1 F：6分の1 G：6分の1

（注）台湾民法では、兄弟姉妹の法定相続分につき、全血・半血の違いはない。

Q 46 台湾人の預金者の相続発生時の相続人の確認方法

台湾人の預金者が死亡した際、どのような方法で死亡の事実および相続人の範囲を確認すればよいですか

ポイント

　死亡の事実については、死亡届受理証明書や住民票（除票）のほか、台湾の戸政事務所が発行した「戸籍謄本」によって確認することもできます。
　相続人の範囲についても、台湾の戸政事務所が発行した「戸籍謄本」によって確認することができます。

1　被相続人の死亡の事実を確認する方法

　被相続人が死亡時に日本に居住していた場合には、日本の市町村長が発行した「死亡届受理証明書」によって死亡の事実を確認することができます。また、住民基本台帳法の改正により2012年7月9日以降は「外国人住民」についても住民票が編成されることになったことから、外国人住民であった被相続人については、日本の市町村長が発行した「住民票」（除票）によっても死亡の事実を確認することができます（なお、2012年7月9日より前に死亡している者については、法務省が発行する「外国人登録原票の写し」によって死亡の事実を確認することができます）。また、後述のとおり、台湾には戸籍制度がありますので、「戸籍謄本」によって死亡の事実を確認することもできます。

2　相続人の範囲を確認する方法

　台湾においては、日本と同様、戸籍が編製されていますので、戸政事務所が発行する「戸籍謄本」により相続人の範囲を確認することが可能です。
　台湾戸籍法によれば、利害関係人は戸籍謄本の交付を申請することが可能とされていますので、相続人であれば、被相続人の戸籍をさかのぼって調べ

ることが可能です。相続人が日本に居住する場合には、台北駐日経済文化代表処を通じて台湾にいる代理人に授権し、自らにかわって戸籍謄本を集めてもらうことになります。

　なお、台湾の戸籍は、共同生活または共同事業を営む者を一戸として編製されており、日本のように身分関係を基準としていませんので、戸籍に記載された者が親族関係にあるとは限りません。それゆえ、戸政事務所の判断により、利害関係のある部分に限って戸籍抄本が発行されることもあるようです。

Q 47　台湾人の預金者の遺言

台湾人の預金者が遺言を残していた場合、その遺言は有効ですか

ポイント

遺言の方式の有効性、成立および効力の有効性、実質的内容それぞれについて、準拠法とされる法律に適合しているかどうかが問題となります。

1　渉外遺言の有効性

外国人である被相続人が行った遺言の有効性に関しては、方式の有効性の問題、成立および効力の有効性の問題、実質的内容の問題を分けて考える必要があります。詳しくはＱ43をご参照ください。

2　台湾人による遺言の有効性

(1)　遺言の方式の有効性

　a　日本法が準拠法となる場合

遺言者が日本で遺言を行った場合、遺言者が遺言の成立時もしくは死亡時に日本に住所を有していた場合、または遺言者が遺言の成立時もしくは死亡時に日本を常居所としていた場合には、当該遺言は、日本の民法（第5編第7章第2節）の定める遺言の方式に適合していれば、方式において有効です。したがって、日本人の預金者が遺言を残していた場合と同様、普通方式の遺言（自筆証書遺言（同法968条）、公正証書遺言（同法969条、969条の2）、秘密証書遺言（同法970条～972条））または特別方式の遺言（死亡危急者遺言（同法976条）、伝染病隔離者遺言（同法977条）、在船者遺言（同法978条）、船舶遭難者遺言（同法979条））としての要件が満たされているか、成年被後見人による遺言の要件が満たされているか（同法973条）、共同遺言となっていないか（同法975条）等が問題となります。

　b　台湾法が準拠法となる場合

これに対して、遺言が台湾で行われ、遺言者は遺言成立時にも死亡時にも

第7章　預　金　151

台湾を常居所ないし住所地としていたという場合には、台湾民法の定める遺言の方式に適合しているかどうかが問題となります。

台湾民法によれば、遺言の方式としては、【表】に記載のあるものが認められています（同法1189条）。

なお、証人の資格に関し、①未成年者、②後見または補助の宣告を受けた者、③相続人およびその配偶者またはその直系血族、④受遺者およびその配偶者またはその直系血族、⑤公証人または公証職務代行者の同居人、その補助者またはその雇人は、証人となることはできないものとされています（台湾民法1198条）。

(2) **遺言の成立および効力の有効性**

遺言の成立および効力については、遺言成立時における遺言者の本国法である台湾法を参照することになります。そして、台湾渉外法適用法60条によれば、遺言の成立および効力については、遺言成立時の遺言者の本国法によるものとされていますので、台湾人の預金者が遺言を残していた場合、その常居所等にかかわらず、台湾法が準拠法となります。

台湾民法は、遺言の成立および効力の有効性の問題のうち遺言能力に関し、行為無能力者は遺言をすることができないものと定めています（同法1186条1項）。他方、未成年者などの制限行為能力者については、16歳以上であれば法定代理人の許可を経ることなく遺言をすることができるものとされています（同法1186条2項）。

また、台湾民法によれば、遺言は、遺言者の死亡の時から効力が生じますが（同法1199条）、遺贈に停止条件を付すことも可能であり、その場合には条件成就時に効力が生じます（同法1200条）。受遺者が遺言の効力発生前に死亡したときは、遺贈は効力を生じません（同法1201条）。

さらに、台湾民法は、遺言の撤回可能性に関し、遺言者は、いつでも、遺言の方式によって遺言の全部または一部を撤回することができ（同法1219条）、前後の遺言の内容が抵触する場合には、その抵触する部分については、前の遺言は撤回されたものとみなすものと定めています（同法1220条）。また、遺言者の遺言後の行為と遺言とが抵触する場合には、その抵触する部分については、遺言は撤回されたものとみなされます（同法1221条）。さらに、

【表】 台湾民法で認められる遺言の方式

普通方式の遺言	①	自署遺言	遺言書の全文を自書し、年月日を記載し、自ら署名するものです（台湾民法1190条）。
	②	公証遺言	2人以上の証人の立会いのもと、公証人の面前で遺言の趣旨を口述し、公証人が筆記・朗読・解説し、遺言者の承認を経たうえで、年月日を記載し、公証人、証人および遺言者が署名するものです（同法1191条1項）。なお、公証人のない地においては裁判所の書記官が公証人の職務を行うことができます（同法1191条2項）。
	③	密封遺言	遺言書に署名した後、これを密封し、封じた場所に署名したうえで、2名以上の証人を指定して公証人に提出して自己の遺言であることを陳述するものです（同法1192条1項）。本人の自書でない場合には、代筆者の姓名、住所もあわせて陳述し、公証人において封面に遺言書の提出年月日および自己の遺言である旨の陳述を明記し、遺言者および証人がともに署名することを要します。やはり公証人のない地においては裁判所の書記官が公証人の職務を行うことができます（同法1192条2項、1191条2項）。
	④	代筆遺言	遺言者において3名以上の証人を指定し、遺言の趣旨を口述して証人のうちの1名に筆記・朗読・解説させ、遺言者の承認を経たうえで、年月日および代筆者の姓名を明記し、全証人および遺言者がともに署名するものです（同法1194条）。遺言者が署名することができないときは、拇印により代えることを要します。
特別方式の遺言	⑤	口授遺言	生命の危急またはその他特殊な事情によって、その他の方式で遺言をすることができない場合に、①2名以上の証人を指定して遺言の趣旨を口授し、証人のうちの1名がその趣旨を正確に筆記し、年月日を明記した後、他の証人とともに署名するもの、あるいは、②2名以上の証人が、遺言の趣旨、遺言者の姓名、遺言の年月日を口述してこれを録音し、さらに証人全員が、遺言が真正であることおよびその姓名を口述してこれを録音した後、録音テープをその場で密封して年月日を明記し、証人全員が封じた箇所に署名するものです（同法1195条）。ほかの方式によって遺言をなしうるようになってから3カ月を経過すると、口授遺言は効力を失います（同法1196条）。また、証人のうちの1名または利害関係人が、死亡後3カ月以内に親族会に提出してその真偽の認定を経ることを要します（同法1197条）。

第7章　預　　金　153

遺言者が故意に遺言書を破棄・塗抹し、または遺言書上に廃棄の意思を明記したときは、遺言は撤回されたものとみなされます（同法1222条）。

(3) 遺言の実質的内容

　遺言の実質的内容が有効か否かは相続の準拠法により定まります。したがって、遺言者の常居所等にかかわらず、台湾法が準拠法となります（Q45参照）。

　台湾民法では、遺言者は、遺留分に関する規定に反しない範囲内において、遺言により自由に遺産を処分することができるものとされています（同法1187条）。そして、ここにいう「遺産の処分」の1つとして、法定相続人または法定相続人以外の第三者に対して遺贈を行い財産を処分することが認められています（同法1200条以下参照）。

　また、台湾民法には明文の規定はありませんが、遺言で相続分の指定を行い、法定相続割合を変更することも可能であると解されています。ただし、相続分の指定がなされただけでは、相続人は特定の遺産を確定的に取得することはできず、遺産分割手続を経る必要があるものと解されています。

　さらに、台湾民法では、遺言によって遺産分割方法の指定・指定の委託、遺産分割の禁止を定めることもできます（同法1165条）。このうち特定の財産を特定の相続人に取得させるという内容の遺産分割方法の指定の場合には、当該指定の内容どおり、指定された相続人が直ちに指定された財産を取得する（すなわち、指定された財産は遺産から離脱し直接に指定された相続人に帰属する）と解されています。

　ただし、前記のとおり、これらの「遺産の処分」は、遺留分に関する規定に反しない範囲である必要があります。台湾民法によれば、遺留分権利者は、すべての法定相続人です。遺留分率は、直系卑属、父母および配偶者については相続分の2分の1、兄弟姉妹、祖父母については相続分の3分の1です（同法1223条）。日本法と同様、遺留分を侵害する遺言も当然に無効となるわけではなく、遺留分減殺請求権（同法1225条）が行使されてはじめて物権的効果が生じると解されています。

Q 48　台湾人の預金者の相続に係る払戻請求

台湾人の預金者が死亡した際、死亡した預金者の相続人からの預金の払戻請求にはどの範囲で応じればよいですか

ポイント

相続人の一部からの払戻請求には原則として応じるべきではなく、遺産分割協議の成立や共同相続人全員の同意を確認したうえで払戻しを行うべきです。

1　相続の準拠法の確認

台湾人の預金者が死亡した場合、Q45で述べたとおり、その相続の準拠法は常に台湾法となります。

2　相続人の範囲および法定相続分の確認

相続人から台湾の戸政事務所が発行した「戸籍謄本」の提出を受けるなどしたうえで（Q46参照）、台湾民法に従い、相続人の範囲および法定相続分を確認します（Q45参照）。

3　払戻請求に対する対応

Q45で述べたとおり、約定財産制のうち共同財産制が選択されている場合には、共同財産に属する預金の半分は配偶者に帰属し、残る半分が相続財産として相続人に相続されることになります。また、法定財産制の場合も、配偶者が剰余財産分配請求権を行使したときは、まずは配偶者が婚後財産の均等分配を受け、残る財産が相続財産として相続人に相続されることになります。

そして、台湾法では、相続財産中の預金債権については、相続の開始によっても法律上当然に分割されることはなく、各共同相続人がその法定相続分に応じてこれを承継するものではないと解されています。

したがって、金融機関としては、共同相続人の一部から被相続人の預金の払戻請求があったとしても、原則として、これに応じるべきではなく、共同相続人間での遺産分割協議の成立や払戻しに対する共同相続人全員の同意を確認したうえで、その内容に従って払戻しを行うべきであると考えられます。

4　遺言がある場合

Q43で述べたとおり、預金について遺言がある場合には、方式の有効性の問題、成立および効力の有効性の問題、実質的内容の問題を分けて考える必要がありますが、台湾人の預金者の相続においては、成立および効力の有効性の問題と実質的内容の問題については台湾法が準拠法となります。そこで、台湾法のもとで当該遺言の有効性を検討し、遺言の有効性に特段の問題がなければ、その内容に従って払戻しを行います。

第 8 章

融　　資

Q 49 中国人・台湾人との融資取引

中国・台湾に居住する個人の顧客に対して融資を行う際に、特に注意すべき点はありますか

ポイント

中国に居住する個人の顧客に関しては、中国個人外貨管理弁法等の規定を根拠とする外債借入れや担保提供についての弁法(取扱規定)が制定されておらず、その登記ができないため、融資や担保徴求が無効となるリスクが高く、その実施が事実上困難となっています。

台湾に居住する個人の顧客に対しては、融資を行うことに法令上の障害はありませんが、準拠法の設定、消費者契約法の適用の有無、本人確認等、担保等の取得、回収等について、注意すべき事項があります。

以下では、中国・台湾に居住する個人の顧客に対する融資を、日本円建てで行うことを前提としています。

1 中国に居住する個人の顧客に対する融資

中国個人外貨管理弁法21条は、中国国内の個人の外債借入れ(同法には特段「外債」の定義が設けられておりませんが、国内債務者が国外債権者に対して負担する債務と理解してさしつかえないと考えられます)および担保提供について、関係規定への適合および必要な登記手続を行うことを求めています。これを受けた中国個人外貨管理弁法実施細則23条は、人民元取引の進展に応じ、中国国内の個人の外債借入れおよび担保提供についての管理を開放することとしているものの、具体的な弁法(取扱規定)は別途制定することとしており、かかる弁法は、2017年1月現在、制定されておりません。

したがって、中国に居住する個人の顧客に対しては、融資または担保徴求を行っても登記ができず、無効となるリスクが高いと考えられるため、その実施が事実上困難となっています。

なお、第10章においては、中国に所在する目的物を担保とするための方法

等についてご紹介しておりますが、中国に居住する個人の顧客からは、これらの方法によっても、上記の各規定により担保徴求が事実上できないことにご注意ください。

2 台湾に居住する個人の顧客に対する融資

(1) 台湾法上の注意点

台湾に居住する個人の顧客に対する融資については、上記の中国のような法令上の障害はありませんが、為替管理制度（Q51参照）にご注意ください。

(2) 日本法上の注意点

台湾に居住する個人の顧客に融資をするにあたっては、日本法上、次の各事項に注意する必要があります。

a 融資契約の準拠法

融資契約の準拠法も、契約書において明確に準拠法の合意があればその地の法律となり（通則法7条）、明確な合意がない場合は、金融機関の常居所地法（日本の金融機関であれば日本法）が適用されると考えられます。また、台湾の国際私法においても、当事者が契約において準拠法を定めた場合は、その法律によることとなります（Q1参照）。

したがって、日本の金融機関が台湾に居住する個人の顧客に融資を行うにあたっては、顧客との間で、準拠法を日本法と合意しておくべきです。具体的には、当該顧客との間で、①銀行取引約定書の締結がある場合は、当該銀行取引約定書に準拠法を日本法とする旨の定めがあることおよび融資契約がこの適用を受けるものであることを確認すれば足りますし、②銀行取引約定書の締結がない場合は、融資契約自体に準拠法を日本法とする旨を定めることとなります。

b 台湾の消費者契約法の適用について

上記のとおり、融資契約の準拠法が当事者により日本法と合意されたとしても、台湾に居住する個人の顧客の意思によっては、この顧客との取引に台湾の消費者契約法が適用されうること、およびその消費者契約法の概要は、すでに述べたとおりです（Q6・Q8参照）。

他方、消費者が事業者の所在地等に赴いて消費者契約を締結した場合（い

わゆるアクティブコンシューマーである場合）等、一定の要件を満たす場合には、台湾の消費者契約法は適用されないこととなりますが（通則法11条6項）、具体的事案において、これらの要件を満たすか否かを一義的に判断することはむずかしい場合も多いと考えられますので、上記の消費者契約法の内容およびこれに応じた対処を確認しておく必要があると考えられます。

　c　本人確認等

　金融機関は、台湾に居住する個人の顧客（外為法上、基本的に「非居住者」（同法6条6号）となります）との融資契約の締結にあたり、犯収法および外為法に基づく本人確認を行う必要があります（犯収法4条1項、同法施行令7条1項1号カ、外為法22条の2、外国為替令11条の5第1項4号）。具体的な本人確認の方法は、Q34をご参照ください。

　また、金融機関は、当該顧客の預金口座への融資の入金やこれに係る返済について、外為法上の適法性の確認を行う必要があります（同法17条）。なお、融資契約書が本人の意思に基づいて作成されたことの確認は、融資契約書に台湾で登録された印章により押印を受けることおよび印鑑証明書等で確認すること等によって、行うこととなります（Q36参照）。

　d　担保の取得

　融資契約の担保を徴求する場合には、日本に所在する目的物であること、担保の管理、担保価値の把握および換価が容易なものであること（自行預金、有価証券等）を優先して、担保を徴求すべきと考えられます。日本に所在する目的物を担保とするための必要書類等については、Q78をご参照ください。

　他方、台湾に所在する目的物については、基本的にその目的物に担保権を設定する契約の準拠法が台湾の法律となってしまうこと（通則法13条1項）、担保管理や担保価値の把握、さらにはその換価がむずかしいものも多いこと等から、担保として徴求する場合には慎重に検討する必要があります。台湾に所在する目的物を担保とすることの可否および具体的方法等については、第10章をご参照ください。

　e　保証の取得

　保証契約も1つの独立した債権契約であることから、主たる債務と別に準

拠法が定まることとなり、明示の準拠法指定があれば当該指定された法が準拠法となること、明示の準拠法指定がなければ、保証人の常居所地が準拠法となることは、すでに述べたとおりです（通則法7条、8条1項・2項。Q10参照）。

そのため、台湾に居住する個人の顧客との融資契約にあたって、保証を徴求する場合には、まずは保証契約の準拠法を明示的に日本法と指定し、これができない場合には、日本に常居所地を有する者から優先して保証を取得すべきであり、台湾に常居所地を有する者から保証を受ける場合は、この準拠法が海外の法律となってしまうことから、慎重に検討する必要があります。台湾で保証を取得するにあたっての具体的注意点については、Q57をご参照ください。

f　回　　収

顧客から融資の返済が滞り、期限の利益を喪失した状態にある場合に、自行預金がある場合は、融資契約における準拠法は基本的に日本法であり、預金契約における準拠法も基本的には日本法であると考えられることから、自働債権および受働債権の準拠法がいずれも日本法となり、累積適用説によっても、相殺により回収することが可能と考えられます（Q83参照）。

Q 50 中国法人・台湾法人との融資取引と法人の意思決定

中国法人・台湾法人に対して融資を行う際には、法人内部の意思決定手続を確認すべきですか

> **ポイント**
>
> 融資の内容等の具体的事情によっては、所定の機関決定が必要であると評価され、当該機関決定を経ていないことが取引の有効性に影響を与える可能性が考えられますから、法人に対し、法人内部の意思決定手続の確認を求めたうえで、ケースによっては、当該法人が会社であれば、たとえば董事会の決議を得るなどの対応を求めることも検討すべきでしょう。

1 機関決定の確認の必要性

中国法人・台湾法人と取引を行う際には、当該法人の代表者を確認する必要がありますが(Q29参照)、当該法人の設立にあたって準拠された法が、特定の取引をするにあたり所定の機関決定(意思決定手続)を必要とする旨を定めている場合には、当該取引をするに際し、当該機関決定が実施されているかを当該法人に確認すべきと考えられます。なぜなら、法が求める所定の機関決定を経ずに代表者が取引を行った場合には、当該取引の有効性に疑義が生じうるからです。

上記のようなケースでは、機関決定の要否に関して参照すべき法、および必要な機関決定を経ずに代表者が取引を行った場合の当該取引の有効性に関して参照すべき法が、それぞれいずれの国の法であるかが問題となります。機関決定の要否に関しては、一般に、当該法人の設立にあたって準拠された法が参照されると考えられているようですが、取引の有効性に関しては、通則法4条2項を類推適用する見解、取引の準拠法によるとする見解、取引行為地の法によるとする見解等があり、いまだ特に有力といえる見解はないようです。

2　融資を受けるに際して経るべき機関決定

　日本の民法が認許する外国法人のうち、外国会社以外の外国法人は例が少ないため、以下では中国・台湾の会社形態の企業のうち代表的なものについてご説明します（外国会社一般については、Q28・Q29参照）。

(1) **中国の会社**

　中国における会社形態をとる企業のうち、（中国からみて）外国（香港等を含む）の法人または外国人の出資が入っている会社は、「外商投資企業」と呼ばれ、その種別ごとに、内部組織機構に関し、純粋な中国資本であり「内資企業」と呼ばれる会社とは異なる特別の定めが設けられていることがありますが、外商投資企業についても、その多くは、内資企業である有限会社や株式会社に適用される中国会社法が適用されることになっています。

　そして、中国会社法上、融資を受ける取引（以下「借財取引」といいます）については、その額が多額であるか否かを問わず、同取引に係る意思決定を会社の最高機関である株主、株主会や株主総会（以下、まとめて「株主総会等」といいます）または日本でいう取締役会に相当する董事会の決議事項とする定めはありません。

　したがって、借財取引に際しては、法定代表者の意思表示のほかに特段の機関決定を要しないとも考えられますが、株主総会等が会社の経営方針等の会社の根本に関する事項を決定・決議するものとされ、また、董事会がそれらの決定・決議を実行し、会社の経営計画を作成することなどの責任および権限を有するとされていることからすると、取引額等によっては、借財取引を行うについて董事会の決議が必要と評価される可能性も否定できず、注意が必要です。

(2) **台湾の会社**

　台湾における会社形態をとる企業としては、有限会社および株式会社をあげることができます。

　そして、中国の会社とおおむね同様に、各社の機関として、株主総会等や董事会が設置されることがありますが、台湾会社法上、借財取引について、同取引に係る意思決定を株主総会等または董事会の決議事項とする定めはあ

りません。

しかし、台湾会社法202条は、「会社の業務執行は、本法または定款の規定により株主総会の決議によらなければならない事項を除き、董事会の決議により行われなければならない」と規定していますから、取引額等による個別判断になるとは考えられるところですが、借財取引を行うにあたり董事会の決議が必要と評価される場合が相応にあるものと考えられます。

3 取引の有効性に関する各国法の考え方

日本の判例は、会社の代表取締役が必要な取締役会の決議を経ないで取引行為をした事案について、取引行為は原則として有効であるが、会社と取引をした相手方が取締役会の決議を経ていないことを知りまたは知りうべかりしときに限って無効となるとしています（最高裁判所昭和40年9月22日判決・民集19巻6号1656頁）。

また、中国では、中国契約法50条が「法人またはその他の組織の法定代表者、責任者が権限を超えて締結した契約は、相手方がその権限踰越を知りまたは当然に知りうべき場合を除き、当該代表行為は有効である」と定めています。そして、台湾においても、同様の解釈がとられています（台湾会社法208条5項、58条参照）。

このように、必要な機関決定を経ずに代表者が取引を行った場合の当該取引の有効性に関しては、日本・中国・台湾いずれもほぼ同様の規律によっており、いずれの法が参照されたとしても、検討過程や結論が大きく左右されることはないと考えられます。

したがって、借財取引について仮に法人内部で法が求める機関決定がされていないと評価されたとしても、代表者との間で行った取引は原則として有効とされることになると考えられます。しかし、当該機関決定がされていなかったことを知らなかったことについて過失があるとされ、取引が無効と解されるリスクもなお存在しますから、借財取引に際しては、法人に対し、法人内部の意思決定手続の確認を求めたうえで、ケースによっては、当該法人が会社であれば、たとえば董事会の決議を得るなどの対応を求めることも検討すべきでしょう。

Q 51　中国法人・台湾法人との融資取引に係る規制

中国法人・台湾法人に対する融資に関連して、どのような規制がありますか

ポイント

中国の会社に対する中国国外からの融資に関しては、当該中国の会社が一定以上の外国資本の参加がある会社（外商投資企業としての取扱いを受ける会社）であるか否かの分類に応じ、多様な外貨管理上の規制が存在します。

台湾の会社に対する台湾国外からの融資に関しては、中国におけるもののような各種外貨規制は存在せず、一定の為替管理上の規制があるのみです。

1　中国における規制

中国法人（日本法にいう外国会社に該当する会社形態の企業を前提とします）に対する融資を検討するに際しては、前提として、中国法人は、中国国外から融資を受ける場合、主として外貨管理上の規制を受けることに注意する必要があります。

まず、内資企業（純粋な中国資本の会社）を債務者とする中長期国際商業貸付については、国家発展改革委員会の認可が必要とされます（中国外債管理暫行弁法15条）。また、内資企業は、国外からの外貨建借入金を人民元に両替して使用することは原則として禁止されており、両替には外貨管理局の認可が必要です（中国外債登記管理弁法14条2項、「外債登記管理操作手引」六.「注意事項」1.）。

他方、外商投資企業（外国（香港等を含む）の法人または外国人の出資が入っている会社）のうち、外国人投資者の出資比率の合計が25％以上であるもの（「外債登記管理操作手引」一.「審査確認原則」7. 参照）は、内資企業と比較して規制が緩和されています。

そこで、以下では、外商投資企業（上記外国人投資者の出資比率の要件を満

たしているもの）に対する代表的な外貨管理規制の概要についてご説明します。

(1) 投注差

外商投資企業は、短期外債（１年以内）の残高と過去における中長期外債（１年超）の累積額との合計が「投注差」（当該企業の「投資総額」と「登録資本」との差額をいいます。なお、「投資総額」および「登録資本」は、外商投資企業の批准証書に記載されている数字であり、会社設立時および増減資の際に法定の範囲内で出資者が定めて申請するものです）の範囲内で、外債に係る借入れが可能です（中国外債管理暫行弁法18条）。ここで、外債とは、中国国外の会社や自然人等からの借入れ等に係る債務をいいます（同５条）。

この点、法律上は外貨建ての債務が対象となっていますが（中国外債管理暫行弁法２条）、人民元建ての債務にも上記規制の適用があると考えられています。

なお、外商投資企業は、一定の規則に沿った銀行の審査のみで、外貨建借入金を人民元へ両替することが可能となっています（「外債登記管理操作手引」三.「注意事項」５.）。

(2) 外債登記

外債に係る借入れを行った場合、外商投資企業は、外貨管理局で登記（外債登記）をしなければならず、登記が完了しない限り当該借入れは無効であるとされています（中国外債管理暫行弁法22条、40条）。

(3) 借入金の使途

外債に係る借入金は、主に経常項目で使用することができ、資本項目での使用には各種の制限が設けられています（「外債登記管理操作手引」三.「注意事項」５.）。

そのほか、外貨建借入金は、人民元に両替した後、中国国内の金融機関による人民元建ローンの返済のために用いることはできない（「外債登記管理操作手引」六.「審査確認原則」３.）、短期外債に係る借入金は、原則として流動資金としてのみ使用することができ、固定資産投資等の中長期用途に用いることができない（中国外債管理暫行弁法27条、中国外債登記管理弁法16条２項、「外債登記管理操作手引」三.「注意事項」６.）等の規制が存在します。

2　台湾における規制

　台湾法人に対する融資を検討するに際しては、上記中国におけるもののような各種外貨規制は存在しませんので、以下の為替管理制度に注意すれば足ります。

　まず、50万新台湾ドル以上に相当する外国為替取引を行う場合、中央銀行に申告する必要があります（台湾外為管理条例6条の1）。

　そして、台湾の会社に対する送金の場合、1回につき100万米国ドル以上の額の送金に該当するときは、これに先がけて、銀行に契約書等の証明文書を提出し、申告書との記載が一致することを確認してもらわなければなりません（台湾外為収支または取引申告弁法5条）。

　また、年間（暦年ベース）で累計5,000万米国ドルを超えない額の送金については、上記申告のみで行うことができますが、これを超える場合には、必要性があることを前提として銀行を通じ中央銀行の許可を得ることが必要となります（台湾外為収支または取引申告弁法4条、6条）。

Q 52　債務者死亡時の対応
中国人・台湾人の債務者が死亡した場合、どう対応すべきですか

ポイント

　債務者が日本人であるときと同様に、債務者が死亡した事実および債務者の相続人を確認することが重要です。
　中国人の相続の準拠法は、債務者が日本を常居所としていた場合には日本法となり、中国を常居所としていた場合には中国法となります。これに対し、台湾人の相続の準拠法は、常に台湾法となります。
　また、中国法・台湾法においては、相続は常に限定承認となり、債務者は遺産の実際価値の範囲内でのみ弁済を受けることになりますので、相続債権者にとって遺産の実際価値を調査することが重要になります。

1　外国人が死亡した場合の相続の原則

　通則法36条は、「相続は、被相続人の本国法による」と定めています。ここで、本国法とは、被相続人が国籍を有する国の法令を指します。したがって、外国人の債務者が死亡した場合には、死亡した本人の国籍地の法令に従って相続の効力が発生するのが原則です。ただし、同法41条により、当該国籍地の法令によって日本法によるべきとされている場合（反致）には、日本法によることになります（Q14参照）。

2　中国人の場合の対応

　中国渉外法適用法31条は、「法定相続については、被相続人の死亡時の常居所地の法律を適用する。ただし、不動産の法定相続については、不動産の所在地の法律を適用する」としています（Q41参照）。
　したがって、中国人の債務者が死亡した場合には、①死亡時に債務者が長年にわたり日本に在住していたなど日本を常居所としていた場合には、結局、反致によって日本法が準拠法となり、②死亡時に債務者が中国を常居所

としていた場合には、中国法が準拠法となります。そこで、まずは死亡した債務者が日本を常居所としていたといえるのかを確認する必要があります。

また、中国法下の相続においては、相続は当然に限定承認となりますので、相続人から弁済を受けることができるのは、遺産の実際価値が限度となります（Q55参照）。そのため、相続債権者にとって、遺産の実際価値を調査することが重要になります。

さらに、相続について日本法が適用されるのか中国法が適用されるのかを問わず、債務者が死亡した事実および相続人を確認する必要があることは、日本人の顧客が死亡した場合と変わるところはありません。その確認方法については、Q42をご参照ください。

3　台湾人の場合の対応

台湾渉外法適用法58条は、相続は被相続人死亡時の本国法を適用するとしているので、台湾人の債務者が死亡した場合、台湾法に基づき相続の効果が発生することになります（Q45参照）。

台湾法下の相続においても、中国法下と同様に、相続は当然に限定承認となりますので、相続人から弁済を受けることができるのは、遺産の実際価値が限度となります（Q55参照）。そのため、相続債権者にとって遺産の実際価値を調査することが重要になります。

また、債務者が死亡した事実および相続人を確認する必要があることも、中国人の債務者が死亡した場合と同様です。その確認方法については、Q46をご参照ください。

Q 53　債務者に相続人が不存在である場合の対応

中国人・台湾人の債務者が死亡したが相続人が不存在である場合、どうしたらよいですか

ポイント

　中国人・台湾人が死亡し、相続人が不存在である場合、審判例の多くは、「相続人」に該当する者がだれであるのかといった相続人自体に関する事項は被相続人の本国法である中国法・台湾法によるとする一方、相続人の存否の確定手続や財産の管理清算については日本法によるとしています。したがって、金融機関としては、日本人が死亡した場合と同様に、相続財産管理人の選任の申立てを検討することになります。

1　相続の準拠法

　すでに説明しているとおり、日本に所在する外国人が死亡した場合、通則法36条に基づき、死亡した被相続人の本国法が準拠法になります。したがって、中国人・台湾人が死亡した場合の相続人の範囲や順位その他の相続人に関する事項は、中国法・台湾法によることになります（Q14参照）。

2　相続人の存否の確定手続の準拠法

　もっとも、相続人の存否を確定する手続について、日本の家庭裁判所における多くの審判例は、財産所在地の法によるとしています。こうした審判例の主流に従えば、相続人の遺産が日本に所在する場合には、日本の民法に規定された手続（相続人の捜索の公告（同法958条）等）に基づき相続人の存否を確定することになります（ただし、学説の多数説は、被相続人の本国法に従い相続人の存否を確定すべきであると解しており、かかる見解に立脚する審判例もあります）。

3 遺産の管理清算の準拠法

　相続人の存否が確定するまでの遺産の管理清算についても、多くの審判例は、相続財産の所在地法である日本法が適用されるとしています。日本の民法では、相続人がいることが明らかでないときは、家庭裁判所は利害関係人または検察官の請求によって、相続財産管理人を選任しなければならないと規定されているため（同法951条、952条）、多くの審判例は、外国人が死亡した場合についても、相続財産管理人を選任のうえ、日本の民法に従い清算手続を行うべきとしています。

　すなわち、相続人の捜索手続を経て、相続人が不存在であることが確定した後、相続債権者は、相続財産管理人による請求の申出の公告・催告に応じて請求の申出をすることになります。相続財産管理人は、かかる申出に基づき、請求の申出の公告期間の経過後に、相続債権者に対して相続財産から弁済します。

4　ま　と　め

　以上を要すれば、中国人・台湾人の債務者が死亡し、相続人が不存在である場合、「相続人」に該当する者がだれであるのかといった相続人自体に関する事項は被相続人の本国法である中国法・台湾法によることになりますが、相続人の存否の確定手続や遺産の管理清算についての準拠法は日本法であるとして、相続財産管理人の選任を申し立て、相続財産から債権回収を図ることも検討しえます。

　なお、中国人・台湾人の債務者の相続人の範囲を確認する方法についてはQ42・Q46をご参照ください。

Q 54　遺産分割と債務弁済

中国人・台湾人の債務は、相続人の合意により法定相続分とは異なる割合で自由に分割し、これを債権者に対抗することができますか

ポイント

　中国法・台湾法下の相続は、いずれも当然に限定承認となります。遺産分割と被相続人の債務の弁済の順序に関しては、①債務の弁済後に余剰の遺産を分割する方法と、②遺産分割の後に各相続人が債務を弁済する方法があります。①の場合には、そもそも債務の弁済が先行するため、被相続人の債務が相続人により分割されることは想定されません。②の場合には、中国法・台湾法のいずれにおいても、原則として、各相続人は遺産の実際価値の範囲内で被相続人の債務を連帯して弁済する責任を負います。よって、各相続人が、被相続人の債権者との関係で、自己の承継する債務の範囲を自由に画することはできないといえます。

1　中国人が死亡した場合

(1)　日本法が適用される場合

　被相続人が死亡時に日本を常居所としていた場合には、その相続については、日本法が準拠法となります（反致。Q41参照）。

　そして、日本の判例上、金銭債務は相続により当然に分割され、各相続人がその法定相続分に応じて承継するとされており、かつ、遺言や遺産分割によって法定相続分とは異なる債務の承継割合が定められたとしても、その効力は当然には債権者に及ばないとされています。

(2)　中国法が適用される場合

　中国相続法は、相続人は被相続人が法により納付すべき税額や債務を弁済しなければならないとする一方、その範囲を遺産の実際価値の限度としており、相続を当然に限定承認としています（Q55参照）。

　遺産分割と債務弁済の順序については、①被相続人の債務を弁済してなお

余剰がある場合に、それを各相続人間で遺産分割する方法と、②相続開始後、まず各相続人の相続分に応じて遺産分割を行い、その後、各相続人が債務を弁済する方法があります。

①の場合、遺産の実際価値の範囲での債務の弁済が実現した後に遺産分割が行われるので、そもそも被相続人の債務の分割という問題は生じないことになります。

②の場合、債権者は各相続人に対して全額の弁済を請求することができ、請求を受けた相続人は、遺産の一部しか相続していないことを理由として弁済を拒絶することができません。つまり、各相続人は、遺産の実際価値の範囲内で連帯責任を負うことになりますので、被相続人の債権者との関係で、相続人が自由に自己に承継される債務の範囲を決定できるものではないといえます。

なお、相続財産の一部について遺言により相続を指定された法定相続人（中国相続法16条2項）や遺言により贈与を受けた者（同条3項）がいる場合に②の方法が採用されると、まず、上記の相続財産を除く残余の財産から法定相続人が債務を弁済し、さらに残債務があるときは、上記の各人が取得した遺産の価値に比例して弁済するものとされています。

2　台湾人が死亡した場合

被相続人が台湾人の場合には、その相続の準拠法は台湾法になります（Q45参照）。そして、台湾民法は、相続を当然に限定承認としています（Q55参照）。

この点、台湾民法は、相続人はいつでも遺産分割を請求できるとしていますので（同法1164条）、遺産分割と債務弁済の順序については、やはり、①被相続人の債務を弁済してなお余剰がある場合に、それを各相続人間で遺産分割する方法と、②相続開始後、まず各相続人の相続分に応じて遺産分割を行い、その後、各相続人が債務を弁済する方法が考えられます。

①の場合、被相続人の債務の分割という問題は生じないことになります。

②の場合、各相続人は、被相続人の債務について遺産の範囲内で連帯責任を負うものとされていますので（台湾民法1153条1項）、被相続人の債権者と

の関係で、相続人が自由に自己に承継される債務の範囲を決定できるものではないといえます。もっとも、かかる連帯責任は、被相続人の債権者の同意を得た場合（台湾民法1171条1項）および遺産分割の時点（ただし、遺産分割の時点で弁済期が未到来の場合には、弁済期の到来時点）から5年を経過した場合（同条2項）には免除されます。

Q 55　相続放棄・限定承認

中国・台湾には相続放棄・限定承認の制度はありますか

ポイント

　中国・台湾にも相続放棄の制度はあります。したがって、中国人・台湾人の債務者が死亡した場合、その相続人が相続放棄をしたときは、当該相続人から弁済を受けることはできません。
　また、中国法・台湾法下の相続は、いずれも当然に限定承認となります。したがって、債務者の相続人から弁済を受けることができる範囲は、遺産の実際価値の限度となります。

1　外国人が死亡した場合の相続放棄・限定承認

　通則法36条は、相続の準拠法は本国法であるとしているので、①相続人が相続放棄・限定承認をできるのか、②いかなる場合に相続放棄・限定承認があったとみなされるのか、③相続放棄・限定承認の撤回や取消しができるのか、④相続放棄・限定承認にいかなる効果が認められるのかは、いずれも相続の準拠法たる本国法によって決せられます。
　また、外国人が日本で死亡した場合、日本の家庭裁判所が外国人の相続放棄や限定承認の申述について裁判管轄を有するかが議論されていますが、被相続人の最後の住所もしくは相続人の住所または遺産もしくは相続債務が日本にあれば、これを肯定する見解が有力とされています。

2　中国人が死亡した場合

(1)　日本法が適用される場合

　被相続人が死亡時に日本を常居所としていた場合、その相続については、日本法が準拠法となります（反致。Q41参照）。この場合、相続により相続人が被相続人の債務を法定相続分に応じて承継することになりますが、相続人は、日本の民法の規定に従い、相続放棄・限定承認をすることが可能です。

(2) 中国法が適用される場合
　　a　相続放棄
　(a) 法律の規定
　被相続人が死亡時に中国を常居所としていた場合、その相続については、中国法が準拠法となります。この点、中国相続法25条1項は、「相続開始後、相続放棄する相続人は、遺産処理の前に相続放棄の意思表示をしなければならない。意思表示がない場合は、相続を承認するものとみなす」と規定しています。したがって、相続人は、自らの意思に基づいて相続放棄をすることができます。
　(b) 相続放棄の時期・方法
　相続放棄ができるのは、相続開始後から遺産処理までの期間になります。相続開始前に行った相続放棄の意思表示は、法的効力を有しません。また、上記(a)のとおり、意思表示がない場合には相続を承認するものとみなされるので、遺産処理後に相続放棄をすることはできません。
　なお、相続放棄の意思表示は、原則として他の相続人に対して書面をもって行う必要があります（中国相続法意見47条）。
　(c) 相続放棄の効果
　相続放棄の効果は相続開始時にさかのぼって生じるとされています。相続放棄によって、相続人は、被相続人の遺産を承継できなくなる一方、税金やその他の債務について弁済する必要がなくなります（中国相続法33条2項）。
　法定相続人が相続放棄をすると、放棄された遺産は、その他の相続人が相続することになります。他の相続人がいない場合には、放棄された遺産は相続人が不存在の遺産となります。
　なお、相続放棄は、遺産処理前であれば、裁判所の承認を得ることにより撤回可能ですが、遺産処理後は撤回することができません（中国相続法意見50条）。
　　b　限定承認
　中国相続法33条1項は、「遺産相続にあたっては、被相続人が法により納付すべき税金および債務を完済しなければならない。税金の納付および債務返済は、その遺産の実際価値を限度とする。相続人が遺産の実際価額を超え

る部分を自由意思で返済する場合はこの限りでない」と規定しています。すなわち、中国においては、相続は当然に限定承認となります。もっとも、相続人が自らの意思で、遺産の実際価値を超える部分の債務を弁済することが妨げられるわけではありません。

3　台湾人が死亡した場合

(1)　相続放棄

a　法律の規定

台湾民法1174条は、同条1項において、相続人が相続放棄をすることができる旨を定めたうえ、同条3項において、相続放棄は「自己のために相続があったことを知った時から、3カ月以内に書面をもって裁判所に対して通知し、かつ書面をもってその放棄によって相続人となるべき者に対してこれを通知しなければならない。ただし、通知不能の場合はこの限りではない」と規定しています。

b　相続放棄の時期・方法

上記aのとおり、台湾民法1174条2項の規定により、相続放棄は相続開始を知った時から3カ月以内に行う必要があります。

また、相続放棄の意思表示は、裁判所に対して書面をもって行う必要があります。なお、前記1に記載のとおり、一定の場合には、相続人による相続放棄について日本の家庭裁判所が管轄を有し、台湾法に規定された方式により相続放棄の申述を受理します。

c　相続放棄の効果

相続放棄の効果は相続開始時にさかのぼって生じるとされています（台湾民法1175条）。相続放棄によって、相続人は、被相続人の遺産を承継できなくなる一方、被相続人の債務について弁済する必要がなくなります。

相続人が相続放棄をした場合その相続分は法の規定に従い他の相続人に帰属します（台湾民法1176条）。また、相続放棄の結果、相続人がいなくなる場合には、相続人不存在の規定が準用されます。

なお、明文の規定はありませんが、台湾において、相続放棄の意思表示は撤回不能であると解されています。ただし、相続放棄が詐欺や脅迫によるも

のである場合には、書面により取り消すことを許すべきであるとする見解もみられます。

(2) 限定承認

台湾民法の限定承認の制度は、2009年に大幅に改正されました。同改正前の台湾民法は、単純承認を原則としており、相続人が限定承認や相続放棄をしない限りは、単純承認をしたものとみなされましたが、同改正後の台湾民法1148条2項は、「相続人が承継する被相続人の債務は、相続によって取得した財産を限度とする」と規定しました。その結果、台湾における相続は、当然に限定承認となります。

第 9 章

保　　　証

Q 56　中国における保証の取得

中国で保証を取得するにあたって、特に注意すべき点はありますか

> ポイント
>
> 中国法上の保証は、日本法上の保証と類似の法的構造および種類を有しています。ただし、保証期間等について、一定の制約がある点に注意が必要です。

1　中国法上の保証

中国法上の保証は、日本の保証と類似の法的構造を有しています。保証人の責任財産からの回収を可能にし、債権者の引当財産を強化するものであり、中国でも頻繁に利用されています。

保証契約の締結は、書面の形式をとらなければなりません（中国担保法13条）。

2　中国における保証の種類

(1)　一般保証と連帯保証

中国法上の保証は、日本法と同様に、一般保証と連帯保証の2種類に分かれます。

一般保証の場合には、保証人は、債権者から債務の履行を請求されたときに、まず主債務者の財産について強制執行をするよう求める権利（「先訴の抗弁権」。日本と同様に、「検索の抗弁権」ということもあります）を有しています（中国担保法17条）。

また、複数の保証人が同一の債務を保証した場合、保証人は債権者に対しては各自平等の割合をもって分割された額についてのみ保証債務を負担する（分別の利益）というのが日本の民法の規定ですが、中国法では、複数の保証人が同一の債務を保証した場合（「共同保証」）、各保証人は約定の割合に従い保証責任を負うが、特段の約定がなかった場合、原則として各保証人は分別

の利益を有さず、相互に連帯的保証責任を負わなければならないとされています（中国担保法12条）。

　他方、中国での連帯保証の場合、連帯保証人は検索の抗弁権を有しません。つまり、債権者は、他の保証人の有無にかかわらず、主債務者と連帯保証人のいずれにも、履行期にある債権を直ちに全額請求できます（中国担保法18条）。なお、一般保証であるか連帯保証であるかの定めが不明確な場合、連帯保証の方式でその責任を負うものとされています（同法19条）。

(2) **特定債務保証と根保証**

　特定の債務を主債務とする保証を特定債務保証といい、一定の範囲に一定期間中連続発生する不特定の債務を主債務とする保証を根保証といいます（中国では「最高額」保証といいます）。根保証は、中国担保法上で定められた保証類型の1つです（同法14条）。

3　保証期間

　保証期間は、原則として当事者間の約定に従い、約定がなかった場合、主債務履行期限満了の日から6カ月間とされています（中国担保法25条、26条）。

　また、根保証の保証期間について、当事者間の約定がなかった場合、保証人は随時債権者への書面通知により根保証契約を解約することができます。この場合、保証人は通知が到達した前に生じた債務を限度にその保証責任を負うことになります（中国担保法27条）。

4　保証人の選定および能力

　保証人の要否・選定は、主債務者自身による返済の確実性の程度、保証人の返済資力の大小、主債務者との関係性等を考慮して決める必要があります。

　また、中国においては、中国担保法等により、国家機関、公益目的の事業・社会団体（学校、幼稚園および病院等）または企業法人の分支機構・職能部門は原則として保証人になることができないとの制限があることに注意しなければなりません（中国担保法8条、9条、10条）。

Q 57　台湾における保証の取得

台湾で保証を取得するにあたって、特に注意すべき点はありますか

ポイント

　台湾法上の保証は、日本法上の保証と類似の法的構造および種類を有しています。ただし、保証人の選定にあたっては、会社の役員の保証責任が限定されている点や、会社が保証人となることについて一定の制約がある点に注意が必要です。

1　台湾法上の保証

　台湾法上の保証は、日本の保証と類似の法的構造を有しています。保証人の責任財産からの回収を可能にし、債権者の引当財産を強化するものであり、台湾でも頻繁に利用されています。

　保証契約は、保証人と債権者との間の契約ですが、台湾法上、単なる口頭での合意だけでも契約として有効に成立します。

2　台湾における保証の種類

(1)　一般保証と連帯保証

　台湾法上の保証は、日本法と同様に、一般保証と連帯保証の2種類に分かれます。

　一般保証の場合には、保証人は、債権者から債務の履行を請求されたときに、まず主債務者の財産について強制執行をするよう求める権利（「先訴の抗弁権」。日本と同様に「検索の抗弁権」ということもあります）を有しています（台湾民法745条）。

　また、複数の保証人が同一の債務を保証した場合、保証人は債権者に対しては各自平等の割合をもって分割された額についてのみ保証債務を負担する（分別の利益）というのが日本の民法の規定ですが、台湾法では、複数の保証人が同一の債務を保証した場合（「共同保証」）、契約上特段の定めがない限

り、原則として各保証人は分別の利益を有さず、相互に連帯的保証責任を負わなければならないとされています（台湾民法748条）。

他方、台湾での連帯保証の場合、連帯保証人は検索の抗弁権を有しません。つまり、債権者は、他の保証人の有無にかかわらず、主債務者と連帯保証人のいずれにも、履行期にある債権を直ちに全額請求できます（台湾民法746条1号）。

(2) **特定債務保証と根保証**

特定の債務を主債務とする保証を特定債務保証といい、一定の範囲に属する不特定の債務を主債務とする保証を根保証といいます。

根保証については、台湾の法律が定める保証の類型ではありませんが、実務上頻繁に利用され、判例によりその有効性が認められています（台湾最高法院77年（1988年）台上字第943号判例）。ただし、極度額の限定のない包括根保証は認められていません。なお、保証期限を定めない根保証について、保証人はいつでも債権者に通知することにより保証契約を解約できます（台湾民法754条）。

3　保証人の選定および能力

保証人の要否・選定は、主債務者自身による返済の確実性の程度、保証人の返済資力の大小、主債務者との関係性等を考慮して決める必要があります。

会社の役員等が保証人となる場合について、台湾法では、董事、監察人（日本の取締役と監査役に相当）またはその他代表権を有する者で当該法人の保証人になった者は、任期内に生ずる債務のみについて保証責任を負うとされています（台湾民法753条の1）。これは、役員等の保証責任を緩和する趣旨で、2010年の民法改正により規定されたものです。

また、企業に与信を行う際、親会社やグループ企業から保証の提供を受けることも台湾ではよくみられます。ただし、台湾法上、会社の保証人としての能力に一定の制約があるので、注意しなければなりません。

すなわち、台湾会社法によると、法律または会社の定款において特段の規定がない限り、台湾の会社は原則として他人の債務を保証してはならないと

されており（同法16条1項）、上記の規定に違反して他人のために保証人になった会社に対しては保証の効力が発生せず、当該会社の代表者が当該保証の責任を負うこととされています（同条2項）。ただし、公開発行会社（上場会社および上場準備段階の会社）について、保証人の要件を緩和し、原則として取引関係のある会社および直接または間接に議決権の過半数を有する関係にある子会社または親会社については、保証人となることが認められています（台湾証券取引法36条の1、台湾公開発行会社資金貸付・裏書保証処理原則5条）。

第10章

不動産担保
（海外所在）

Q 58　中国・台湾における不動産の所有権

中国・台湾に所有権の概念はありますか。中国・台湾における不動産の所有権について特に注意すべき点はありますか

ポイント

　所有権とは、人が物を自由に使用・収益・処分できる物権を意味し、中国・台湾においても所有権の概念が認められています。

　もっとも、社会主義国である中国においては、すべての土地は国家所有または農民の集団所有のものであるとされており、私人または私企業による土地の所有は認められていません。そのため、土地を使用したい場合は、土地の使用権を取得する必要があります。また、中国では、土地使用権と建物を別々に処分することはできず、譲渡する場合や抵当権を設定する場合には、土地使用権と建物を同時にその対象としなければなりません。

　これに対し、台湾では、台湾籍以外の者が土地の所有権を取得することに一定の制約があるものの、日本と同様、土地および建物のいずれも所有権の対象になり、いずれか一方のみの譲渡や抵当権の設定が可能です。

1　所有権とは

　所有権とは、人が物を自由に使用・収益・処分できる物権を意味し、日本において、土地や建物といった不動産は所有権の対象となります。日本において、不動産の所有権を有している者は、公共の福祉等の制約はあるものの、原則として、自由にその不動産を使用し、不動産を賃貸するなどの収益の目的に供し、さらに、売却等の処分をすることができます。

2　中国における所有権

(1)　土　　地

　社会主義国である中国においては、憲法上すべての土地は国家所有または農民の集団所有のものであるとされており（都市の中心区域の土地は国が所有

し、農村の土地と都市の郊外区域の土地は農民が集団で所有しています)、私人または私企業による土地の所有は認められていません(中国憲法10条1項・2項)。

そのため、土地を使用したい場合は、土地の使用権を取得する必要があります。たとえば、国家所有の土地を使用する制度としては、①国家が土地使用権を有償で払い下げ、期間を定めて(最長期間は、居住用地70年、工場用地50年、教育、科学技術、文化、衛生、スポーツ用地50年、商業、観光、娯楽用地40年、総合またはその他の用地50年です)、土地の使用を認める制度(有償土地使用制度)、②県の人民政府が土地使用者に国有地を割り当て、期間の定めなく、無償で土地の使用を認める制度(無償土地使用制度)があります。

土地使用権者は、有償土地使用権を譲渡・賃貸することや有償土地使用権に抵当権を設定することができます。他方、無償土地使用権については、特定の者に無償使用を認めているものであるため、土地使用者は無償土地使用権を譲渡したり、処分したりすることはできません。

(2) 建　物

中国においても日本と同様、建物は所有権の対象となります。

(3) 処分についての注意点

日本では、土地と建物を別々に処分することが認められますが、中国では土地と建物の同時処分が義務づけられています。すなわち、建物を譲渡する場合や建物に抵当権を設定する場合、当事者間で約定がなくても、当該建物が占有する範囲内の土地使用権があわせて譲渡や抵当権設定の対象となります。また、土地使用権を譲渡する場合または土地使用権に抵当権を設定する場合、当該土地上に存在する建物があわせて譲渡や抵当権の対象となります(中国物権法146条、147条、182条、中国都市不動産管理法32条)。

3　台湾における所有権

台湾においては、日本と同様、土地および建物の双方とも所有権の対象となります。

もっとも、台湾籍以外の者の土地の所有権の取得に関しては、「外国人が台湾において取得または設定できる土地の権利は、条約または当該外国法に

基づき台湾人が当該外国法において享受できる権利と同様なものに限る。」とされており（台湾土地法18条）、相互主義が採用されています。台湾籍の者（台湾人、台湾企業等）は日本の土地を取得できるので、日本人および日本企業は、原則として台湾において土地を取得できることになります。

　他方、建物の所有権については、土地のような制限はなく、原則としてだれでも所有権を取得することができます。

　また、中国とは異なり、土地または建物のいずれか一方についてのみの譲渡や抵当権の設定を行うことも可能です。

Q 59 中国所在不動産の担保取得

中国に所在する不動産の担保取得はどのような方法で行えばよいですか

ポイント

　中国に所在する不動産を担保にとる方法としては、土地使用権または建物に対する抵当権の設定が一般的です。もっとも、有償土地使用権とその対象土地上の建物に抵当権を設定する場合には、土地使用権と建物を同時に抵当権の対象としなければなりません。

　中国においては、建物に対して工事代金法定優先権という公示のない担保権が認められているため、建物に抵当権を設定するときには、あらかじめ当該建物の工事代金の支払状況を調査する必要があります。

　抵当権を設定するときには書面により契約を締結しなければならず、抵当権設定契約には必要的記載事項を記載する必要があります。

　中国では、土地使用権および建物に対する抵当権については、登記が効力発生要件とされています。

1　不動産を担保にとる方法

　中国に所在する不動産を担保にとる方法としては、日本と同様、土地使用権または建物に対する抵当権の設定が一般的に利用されています。

　なお、中国に居住する個人が、その所有する中国所在不動産を国外債権者のために担保提供することについては、必要な登記手続を定める弁法がいまだ制定されていないことから、事実上困難となっています（Q49参照）。したがって、本章において中国所在不動産の担保取得につき述べる箇所は、基本的には法人所有の不動産を念頭に置いています。

2　土地と建物の同時処分原則

　日本では、土地と建物を別々に処分することが認められますが、中国では、有償土地使用権とその対象土地上の建物に抵当権を設定する場合、土地

使用権と建物を同時に抵当権の対象としなければならないとされています（中国物権法182条、中国都市不動産管理法32条）。すなわち、抵当権設定者は、土地使用権に抵当権を設定する場合、その対象土地上の建物および付着物にも抵当権を設定しなければならず、逆に地上建物と付着物に抵当権を設定するときも、その使用範囲の土地使用権にも抵当権を設定しなければなりません。

もっとも、土地上に建物や付着物がない場合は、有償土地使用権だけに対し抵当権を設定することが可能です。土地使用権に抵当権を設定した後に抵当権設定者が当該土地上に新しい建物を建てた場合、新築建物は土地と建物の同時処分の制限を受けません。また、抵当権の効力は新築建物に及びませんが、後に土地使用権に対する抵当権を実行しようとする際に一括処分することができます（優先弁済権は新築建物分の対価には及びません。中国物権法200条）。

また、従前、中国では土地と建物の同時処分が義務づけられながらも、土地と建物の政府管理部門が異なるため、土地または建物に対する抵当権を取得する際には、土地と建物の両方の抵当権設定状況を確認する必要があるという問題点がありました。

しかし、2015年3月1日から中国不動産登記暫行条例が施行されました。同条例は、中国国内における不動産登記の統一的な制度を定めることにより非効率性を解消することを目指しています。中国政府の発表によると、同条例により、登記機関が一本化されることになりつつあります。

3　工事代金法定優先権

中国においては、建物に対する工事代金法定優先権という特殊な担保物権制度が定められています。これは日本の先取特権と同様に公示のない担保権であるため、建物に抵当権を設定する際には注意する必要があります。

工事代金法定優先権とは、建築工事の請負人が当該建物の抵当権者より優先して弁済を受けることができる権利のことであり、建築工事代金が全額支払われていない場合、建物の強制執行により得られた金員は優先して建設会社の工事代金債権への弁済に充当され、残金がある場合に初めて抵当権者に

弁済されることになります（中国契約法286条）。

したがって、建物に抵当権を設定するときには、あらかじめ当該建物の工事代金の支払状況を調査する必要があります。具体的には、建物所有者に工事請負契約や工事代金の支払に係る証拠を提出してもらうことや、さらに建設会社に工事代金の金額および支払状況に関する説明書をあわせて提出してもらうこと等が考えられます。

4　抵当権設定契約

中国においては、抵当権を設定するときには書面により契約を締結しなければならないとされています（中国物権法185条）。また、抵当権設定契約は一種の要式契約とされています。必要的記載事項を欠く抵当権設定契約が直ちに無効になるわけではありませんが、登記機関が登記を認めないリスクがあります。

抵当権設定契約の必要的記載事項は、①担保される主たる債権の種類および金額、②債務者の債務履行期限、③抵当目的物の名称、数量、品質、状況、所在地、所有権帰属または使用権帰属、④抵当権の担保する範囲です（中国物権法185条）。

また、必要的記載事項ではありませんが、中国では、法定の実行要件だけでなく、当事者間で約定する抵当権の実行要件が満たされた場合にも抵当権を実行することができます（中国物権法195条1項）。したがって、抵当権の実行要件をできる限り多く定めることが債権者の立場からは望ましいといえます。

5　登記が効力発生要件

中国では、土地使用権および建物に対する抵当権については、登記が効力発生要件とされています（中国物権法187条）。

そのため、完全な抵当権を取得するためには、抵当権設定契約締結後、すみやかに抵当権設定の登記を行う必要があります。その際、従前は中国の土地と建物の政府管理部門が異なることが原因で土地使用権および建物の抵当権に対する登記を異なる2つの政府管理部門で行う必要がありましたが、前

記2のとおり、不動産登記暫行条例により、登記機関が一本化されることになりつつあります。

Q 60　台湾所在不動産の担保取得

台湾に所在する不動産の担保取得はどのような方法で行えばよいですか

▶ポイント

　台湾に所在する不動産を担保にとる方法としては、土地または建物に対する抵当権の設定が一般的です。

　台湾において抵当権を設定する際に締結する抵当権設定契約は、登記の際に必要な添付書類であり、定型的な文書として一定の必要的記載事項の記載が要求されています。

　台湾では、土地および建物に対する抵当権については、登記が効力発生要件とされています。

1　不動産を担保にとる方法

　台湾に所在する不動産を担保にとる方法としては、日本と同様、土地または建物に対する抵当権の設定が一般的に利用されています。

2　抵当権設定契約

　台湾における抵当権設定契約については、概念上、債権的契約と物権的契約の2種類が存在すると考えられます。

　前者の債権的契約の形式は自由であるものの、物権的効力を有しないとされています。後者の物権的契約は、実務上、抵当権設定の登記手続を行う際の添付書類の1つとされており、定型的な記載が要求されています。物権的契約における必要的記載事項としては、担保債権の総金額、被担保債権の種類、根抵当の場合の被担保債権の範囲、複数の債権者が存在する場合の債権額の割合、複数の債務者が存在する場合の債務額の割合などがあります。

　また、台湾の抵当権においては、抵当不動産からの回収の方法として、競売を行い第三者に抵当不動産を売却する方法だけでなく、抵当権者が抵当不動産の所有権を取得するいわゆる流抵当が認められています（台湾民法873条

の1)。もっとも、かかる流抵当の効力が認められるためには、登記が第三者対抗要件とされており、登記申請の際に添付する抵当権設定契約に、流抵当に関する条項を記載しておくことが必要です(同条1項)。

3　登記が効力発生要件

　台湾では、土地および建物に対する抵当権については、登記が効力発生要件とされています(台湾民法758条)。

　そのため、完全な抵当権を取得するためには、抵当権設定契約締結後、すみやかに抵当権設定の登記を行う必要があります。

Q 61　中国所在不動産への根抵当権設定

中国に所在する不動産に根抵当権を設定することはできますか

ポイント

中国に所在する不動産について、一定の期間内に継続して発生する債権を被担保債権とする根抵当権を設定することは可能です。根抵当権においては、抵当権の付従性および随伴性が緩和ないし否定されています。被担保債権の元本が確定すると、不特定の債権を担保するという根抵当権の基本的性格は失われ、普通抵当権と同様に扱われるようになります。

1　根抵当権

中国においては、「債務の履行を担保するため、債務者または第三者が、将来の一定期間内に継続して発生する債権に対して担保財産を提供する場合において、債務者が期限の到来した債務を履行しないとき、または当事者が約定する抵当権の実行事由が生じたときは、抵当権者は、債権の極度額の限度において、当該担保財産について優先的に弁済を受ける権利を有する」とされており（中国物権法203条）、中国に所在する不動産について、継続的な取引から生じる債権を最大限の一定の額（極度額）まで担保することを内容とする根抵当権を設定することが可能です。

中国においても、日本と同様、特定の取引先との間で継続して取引を行うケースで根抵当権は頻繁に利用されています。

2　付従性

普通抵当権の場合は、その被担保債権が成立していなければ抵当権は成立せず、また、その被担保債権が消滅すれば抵当権も消滅します（抵当権の付従性）。

これに対し、根抵当権の場合は、中国物権法203条において、「将来の一定期間内に継続して発生する債権に対して」とされていることから明らかなと

おり、被担保債権が発生していなくても有効に根抵当権は成立します。また、被担保債権が弁済等により消滅したとしても、根抵当権は極度額という一定の枠内で引き続き効力を有します。このように、根抵当権は、成立および消滅の両局面において付従性が否定されています。

3　随伴性

普通抵当権の場合は、被担保債権が譲渡されれば、抵当権もこれに伴って移転します（抵当権の随伴性。中国物権法192条）。

これに対し、根抵当権の被担保債権の元本確定前に、被担保債権の一部を譲渡しても、根抵当権は移転しません。ただし、当事者に別段の約定がある場合は、この限りではないとされています（中国物権法204条）。

4　被担保債権の範囲、極度額および元本確定期日の変更

根抵当権の被担保債権の元本確定前に、根抵当権者および根抵当権設定者は、協議により、その範囲、極度額および元本確定期日を変更することができます。ただし、変更の内容は、その他の抵当権者に対して不利な影響を及ぼすことができないとされています（中国物権法205条）。

たとえば、極度額を増額するような場合を想定すると、優先弁済の限度が変更され、後順位の抵当権者が不測の不利益を被ることになります。もっとも、この規定はその他の抵当権者の利益を保護することを目的としているものであるため、その他の抵当権者の同意があれば、その他の抵当権者に不利益を及ぼす変更も可能であると考えられています。

5　被担保債権の元本確定事由

上記のとおり、根抵当権は将来の一定の期間内に継続して発生する債権を担保するものですが、以下の事由が生じると元本が確定し、その後に発生する債権は担保されないことになります。その結果、不特定の債権を担保するという根抵当権の基本的性格は失われ、以後は普通抵当権と同様に扱われることになります。

元本確定事由としては、①約定した被担保債権の元本確定期日の到来、②

被担保債権の元本確定期日について約定がない場合、または約定が不明確な場合において、根抵当権者または根抵当権設定者が根抵当権の設定の時から2年を経過した後に、被担保債権の元本の確定を請求したこと、③新たな被担保債権が発生する可能性がないこと、④抵当目的物の差押えまたは押収、⑤債務者または根抵当権設定者が破産宣告を受けたことまたは法人が営業許可を取り消されたこと、⑥法律の定めるその他の被担保債権の元本確定事由、が規定されています（中国物権法206条）。

Q 62 台湾所在不動産への根抵当権設定

台湾に所在する不動産に根抵当権を設定することはできますか

> ポイント

　台湾に所在する不動産について、一定の期間内に継続して発生する債権を被担保債権とする根抵当権を設定することは可能です。根抵当権においては、抵当権の付従性および随伴性が緩和ないし否定されています。被担保債権の元本が確定すると、不特定の債権を担保するという根抵当権の基本的性格は失われ、普通抵当権と同様に扱われるようになります。

1　根抵当権

　台湾に所在する不動産について、継続的な取引から生じる債権を最大限の一定の額（極度額）まで担保することを内容とする根抵当権を設定することは可能です（台湾民法881条の1）。

　台湾においても、日本と同様、特定の取引先との間で継続して取引を行うケースで根抵当権は頻繁に利用されています。

2　付従性

　普通抵当権の場合は、その被担保債権が成立していなければ抵当権は成立せず、また、その被担保債権が消滅すれば抵当権も消滅します（抵当権の付従性）。

　これに対し、根抵当権の場合は、台湾民法881条の1第1項において、「一定範囲内の不特定債権」とされていることから明らかなとおり、被担保債権が発生していなくても有効に根抵当権は成立します。また、債権が弁済等により消滅したとしても、根抵当権は極度額という一定の枠内で引き続き効力を有します。このように、根抵当権は、成立および消滅の両局面において付従性が否定されています。

3　随伴性

普通抵当権の場合は、被担保債権が譲渡されれば、抵当権もこれに伴って移転します（抵当権の随伴性。台湾民法870条）。

これに対し、根抵当権の被担保債権の元本確定前に、被担保債権の一部を譲渡しても、根抵当権は移転しません（台湾民法881条の6第1項）。

4　被担保債権の範囲、極度額および元本確定期日の変更

根抵当権の被担保債権の元本確定前に、根抵当権者および根抵当権設定者は、合意により、その範囲、債務者、元本確定期日を変更することができます（台湾民法881条の3、881条の4）。また、明文の規定はありませんが、極度額を変更することも可能であると解されています。ただし、変更の内容は、その他の抵当権者に対して不利な影響を及ぼすことができないとされています。

たとえば、極度額を増額するような場合を想定すると、後順位の抵当権者が不測の不利益を被ることになります。もっとも、その他の抵当権者の同意があれば、その他の抵当権者に不利益を及ぼす変更も可能であると考えられています。

5　被担保債権の元本確定事由

上記のとおり、根抵当権は将来の一定の期間内に継続して発生する債権を担保するものですが、以下の事由が生じると元本が確定し、その後に発生する債権は担保されないことになります。その結果、不特定の債権を担保するという根抵当権の基本的性格は失われ、以後は普通抵当権と同様に扱われることになります。

元本確定事由としては、①当事者が合意した被担保債権の元本確定期日が到来した場合（ただし元本確定期日は抵当権設定時から30年を超えてはならない）、②当事者が被担保債権の元本の確定を請求し、請求日から15日が経過した場合（元本確定期日を当事者が合意しなかった場合）、③根抵当権設定者または債務者が合併または会社分割をした場合、④根抵当権者、根抵当権設定

者または債務者の死亡を被担保債権の元本確定事由と合意しており当該事由が生じた場合、⑤被担保債権の範囲の変更その他の事由により被担保債権が継続して発生しないことになった場合、⑥根抵当権者が抵当物競売の決定を申し立てたとき、⑦抵当物が他の債権者による強制執行の申立てにより差押えを受け、根抵当権者が当該事実を知った場合、または執行裁判所の通知を受けた場合、⑧債務者または根抵当権設定者が破産宣告の決定を受けた場合、が規定されています（台湾民法881条の12第1項等）。

Q 63　中国所在不動産の現地調査

中国に所在する不動産を担保にとる場合、現地調査は必要ですか

> **ポイント**

　中国においては、不動産登記上の適法な権利者から抵当権の設定を受けたものの、実際は抵当権設定者が無権利者であった場合、抵当権設定者に処分権がないことについて、抵当権者が善意で、かつ重過失がない限り、抵当権を適法に取得することができます。したがって、権利関係の調査という観点からの現地調査の必要性は、日本におけるそれと比較して低くなると考えられます。

　もっとも、権利関係以外の観点、すなわち、実際の不動産の利用状況や法令による制限の有無を確認するという観点から、現地調査が必要であると考えられています。

1　現地調査の必要性

　日本に所在する不動産を担保にとる場合、不動産登記に公信力が認められていないことから、土地や建物の権利関係を確認するために、現地調査が必要であると考えられています。また、実際の不動産の利用状況や法令による制限の有無を確認するという観点からも、不動産の現地調査が必要であると考えられています。

　これに対し、中国においては、不動産登記上の適法な権利者から抵当権の設定を受けたものの、実際は抵当権設定者が無権利者であった場合、抵当権設定者に処分権がないことについて、抵当権者が善意で、かつ、重過失がない限り、抵当権を適法に取得することができます（中国物権法106条、中国物権法司法解釈15条。ただし、一定の場合には、権利取得者が悪意とみなされることとされています。同解釈16条1項）。

　このように、中国に所在する不動産を担保にとる場合、日本におけるそれと比較すると、権利関係の調査という観点からの現地調査の必要性は低くな

るといえます。もっとも、権利関係以外の観点、すなわち、実際の不動産の利用状況や法令による制限の有無を確認するという観点からは、現地調査が必要であると考えられています。

2　現地調査で確認すべき内容

　現地調査では、まず、登記簿上の処分権限者が真の処分権限者であることを確認する必要があります。たとえば、登記簿上の権利者とまったく異なる者が建物を占有しており、登記簿上の権利者から第三者の利用に関する話を聞いていなかったとすると、登記簿上の権利者が真の権利者でない可能性が高いといえます。このような基本的な調査を怠ると、抵当権設定者に処分権がないことについて重過失があったと判断される可能性があります。

　次に、物件の現実の利用状況を確認する必要があります。たとえば、建物の使用者が所有者本人であるか第三者であるか、仮に第三者である場合にはそれはどのような使用権限に基づくものかを確認する必要があります。第三者が不法占拠している場合は、目的物件の処分の速度や売却価格に大きな影響を与えるおそれがあり、結果として、担保としての適格性に欠けるケースがあるため十分に注意する必要があります。

　また、将来の処分を想定して、当該物件周辺の現状の市場環境や相場などを確認する必要もあります。このような確認を怠ると、将来の処分の際に容易に買主が現れない可能性や安く買い叩かれる可能性があり、結果として債権回収に悪影響を及ぼすことになりかねません。市場環境や相場の確認は、不動産業者へのヒアリング等により行うことになると考えられます。

　さらに、存在するはずの建物が取り壊されている、まったく別の建物が存在するなど、登記簿と実体との不一致がないか調査する必要があります。

　そのほか、不法投棄物の有無についても確認する必要があります。仮に不法投棄物が土地上にある場合、その撤去の必要が生じれば相応のコストがかかる可能性があります。

Q 64　台湾所在不動産の現地調査

台湾に所在する不動産を担保にとる場合、現地調査は必要ですか

> **ポイント**
>
> 　台湾においては、登記を経た不動産物権について、登記された権利者が適法に当該権利を有することを推定し、不動産登記を信頼する善意の第三者が法律行為により物権の変動をなした場合、登記が虚偽であったとしても当該変動の効力はその影響を受けないとされています。また、ここでいう「善意」は単に登記が虚偽であることを知らなかったことを指し、過失があるかどうかを問わないとしています。したがって、権利関係の調査という観点からの現地調査の必要性は、かなり低いといえます。
> 　もっとも、権利関係以外の観点、すなわち、実際の不動産の利用状況や法令による制限の有無を確認するという観点から、現地調査が必要であると考えられています。

1　現地調査の必要性

　日本に所在する不動産を担保にとる場合、不動産登記に公信力が認められていないことから、土地や建物の権利関係を確認するために、現地調査が必要であると考えられています。また、実際の不動産の利用状況や法令による制限の有無を確認するという観点からも、不動産の現地調査が必要であると考えられています。

　これに対し、台湾においては、登記を経た不動産物権について、登記された権利者が適法に当該権利を有することを推定し、不動産登記を信頼する善意の第三者が法律行為により物権の変動をなした場合、登記が虚偽であったとしても当該変動の効力はその影響を受けないとされています（台湾民法759条の1）。また、ここでいう「善意」は単に登記が虚偽であることを知らなかったことを指し、知らなかったことに過失があるかどうかを問わないとしています。したがって、台湾に所在する不動産を担保にとる場合、権利関係

の調査という観点からの現地調査の必要性は、かなり低いといえます。

　もっとも、権利関係以外の観点、すなわち、実際の不動産の利用状況や法令による制限の有無を確認するという観点からは、現地調査が必要であると考えられています。

2　現地調査で確認すべき内容

　現地調査では、物件の現実の利用状況を確認する必要があります。たとえば、建物の使用者が所有者本人であるか第三者であるか、仮に第三者である場合にはそれはどのような使用権限に基づくものかを確認する必要があります。第三者が不法占拠している場合は、目的物件の処分の速度や売却価格に大きな影響を与えるおそれがあり、結果として、担保としての適格性に欠けるケースがあるため十分に注意する必要があります。

　また、将来の処分を想定して、当該物件周辺の現状の市場環境や相場などを確認する必要もあります。このような確認を怠ると、将来の処分の際に容易に買主が現れない可能性や安く買い叩かれる可能性があり、結果として債権回収に悪影響を及ぼすことになりかねません。市場環境や相場の確認は、不動産業者へのヒアリング等により行うことになると考えられます。

　さらに、存在するはずの建物が取り壊されている、まったく別の建物が存在するなど、登記簿と実体との不一致がないか調査する必要があります。

　そのほか、不法投棄物の有無についても確認する必要があります。仮に不法投棄物が土地上にある場合、その撤去の必要が生じれば相応のコストがかかる可能性があります。

Q 65　中国所在不動産に関する真の所有者の調査

中国に所在する不動産の所有名義人が真の所有者かどうかを調査する必要はありますか

> **ポイント**
>
> 　中国においては、日本と異なり、不動産登記上の適法な権利者から抵当権の設定を受けたものの、実際は抵当権設定者が無権利者であった場合、抵当権設定者に処分権がないことについて、抵当権者が善意無重過失であれば、適法に抵当権を取得することができるとされています。したがって、抵当権を取得する際に、不動産の所有名義人が真の所有者かどうか調査する必要性は、日本と比べて低いといえます。
>
> 　もっとも、不動産の所有名義人が真の所有者かどうかをまったく調査しなかった場合、登記簿上の権利者が真の権利者であることを知らなかったことにつき重過失があるとされる可能性があるため、現地調査等を通じて不動産の所有名義人が真の所有者かどうか確認すべきであると考えられます。

1　不動産登記に対する信頼保護

　日本において不動産登記に対する公信力は認められておらず、不動産登記上の適法な権利者から抵当権の設定を受けたものの、実際は抵当権設定者が無権利者であった場合、民法94条2項のような例外規定に該当しない限り、適法に抵当権を取得することができません。

　これに対し、中国においては、不動産登記上の適法な権利者から抵当権の設定を受けたものの、実際は抵当権設定者が無権利者であった場合、抵当権設定者に処分権がないことについて、抵当権者が善意で、かつ、重過失がない場合は、抵当権を適法に取得することができます（中国物権法106条、中国物権法解釈15条）。ただし、①登記簿上有効な異議登記が存在している場合、②予告登記の有効期間内に予告登記の権利者の同意を得なかった場合、③登記簿上すでに司法または行政機関による差押えまたはその他不動産権利を制

第10章　不動産担保（海外所在）　205

限する事項が記載されている場合、④譲受人（抵当権者）が登記簿に記載された権利主体に錯誤があることを知った場合、⑤譲受人（抵当権者）が他人が適法に不動産物権を享有することを知った場合には、抵当権設定者に処分権限がないことについて抵当権者は悪意であるとみなされるとされています（同解釈16条１項）。

2　不動産の所有名義人が真の所有者かどうかを調査する必要性

　日本においては、不動産登記に公信力が認められていないことから、不動産に対する抵当権の設定を行う際には、現地調査等を通じて、登記簿上の権利者が真の権利者であるかを慎重に確認する必要があると考えられています。

　これに対し、中国においては、前記のとおり、登記簿上の権利者である者が無権利者であることにつき善意無重過失であった場合には、有効に抵当権を取得できるとされています。もっとも、権利関係についてまったく調査をしなかった場合には、登記簿上の権利者が真の権利者であることを知らなかったことにつき重過失があるとされる可能性があるため、現地調査等を通じて不動産の所有名義人が真の所有者かどうか確認すべきであると考えられます。

Q 66 台湾所在不動産に関する真の所有者の調査

台湾に所在する不動産の所有名義人が真の所有者かどうかを調査する必要はありますか

ポイント

　台湾においては、日本と異なり、不動産登記簿に対して公信力が認められており、不動産登記を信頼する善意の第三者が法律行為により物権の変動をなした場合、登記が虚偽であったとしても当該変動の効力はその影響を受けないとされています。したがって、抵当権を取得する際に、不動産の所有名義人が真の所有者かどうか調査する必要性は、かなり低いといえます。

　もっとも、悪意による抵当権の取得であるという主張をされないようにするため、実務上可能な範囲内で、不動産の所有名義人が真の所有者かどうか調査することが望ましいと考えられます。

1　不動産登記への公信力の付与

　日本において不動産登記に対する公信力は認められておらず、不動産登記上の適法な権利者から抵当権の設定を受けたものの、実際は抵当権設定者が無権利者であった場合、民法94条2項のような例外規定に該当しない限り、適法に抵当権を取得することができません。

　これに対し、台湾においては、登記を経た不動産物権について、登記された権利者が適法に当該権利を有することを推定し、不動産登記を信頼する善意の第三者が法律行為により物権の変動をなした場合、登記が虚偽であったとしても当該変動の効力はその影響を受けないとされています（台湾民法759条の1）。また、ここでいう「善意」は単に登記が虚偽であることを知らなかったことを指し、（重過失を含め）過失があるかどうかを問わないとしています。このように、台湾においては不動産登記に対する公信力が認められているため、抵当権者となろうとする者は、抵当権設定者が登記簿上の権利者かどうか確認し、その者が登記簿上の権利者である場合には、基本的には適

法に抵当権を取得することができます。

2　不動産の所有名義人が真の所有者かどうかを調査する必要性

　上記のとおり、台湾の不動産登記には公信力が認められていることから、抵当権設定者が登記簿上の権利者であり、かつ、それが虚偽であることを抵当権者となろうとする者が知らなかった場合は、たとえ抵当権設定者が無権利者であっても、適法に抵当権を取得することができます。したがって、不動産の登記に公信力が認められていない日本と異なり、台湾においては、不動産の所有名義人が真の所有者かどうか調査する必要性はかなり低いといえます。

　もっとも、登記簿上の名義人が真の所有者でなかった場合、真の所有者から抵当権設定が無効である旨の主張がなされるなどの紛争に巻き込まれる可能性がゼロではありません。したがって、実務上可能な範囲内で、登記簿上の所有者が真の所有者であることを確認することが望ましいと考えられます。

Q 67　建築中の建物の担保取得

中国・台湾において、建築中の建物を担保にとることはできますか

ポイント

　中国においては、一定の要件を満たした場合、不動産と呼べる段階に至る以前であっても、建築中の建物に対する抵当権の設定が可能です。建築中の建物に対する抵当権の設定の効力を完成後の建物に及ぼすためには、建物完成後、建物所有権の初回登記を行う際に、建築中建物の抵当権登記を一般建物の抵当権登記に変換しなければならないとされています。

　他方、台湾においては、日本と同様、原則として建築中の建物に対する抵当権の設定は認められていません。ただし、例外として、建築工事の請負人は、工事代金の支払を担保するために、予備的抵当権の設定を要求することが可能です。

1　中国において建築中の建物を担保にとることの可否

(1)　建築中の建物を担保にとることの可否

　日本においては、抵当権の設定は不動産に対してのみしか認められておらず、建築中の建物についても、不動産と認められる段階まで工事が進行していないと、抵当権の設定が認められていません。また、仮に建築中の建物が民法上の不動産と認められる段階になったとしても、登記事項が確定するまで工事が進行していないと、抵当権設定登記申請が受理されません。そのため、建築中の建物については、抵当権設定登記申請が受理される限度まで工事が進行してから抵当権の設定を行うことが一般的です。

　これに対し、中国においては、日本と異なり、一定の要件を満たした場合、不動産と呼べる段階に至る以前であっても、建築中の建物に対する抵当権の設定が可能です。

(2)　建築中の建物を担保にとる方法

　中国では、建築中の建物が所在する土地について、政府土地管理部門から

土地使用権証書を取得している場合、原則として当該建築中の建物に対する抵当権設定が認められています（中国物権法180条1項5号）。

この点、中国においては、土地は国有のものであるため、建物を建築するためには、土地使用権を取得することが前提となります。そこで、建築中の建物に対する抵当権の設定を行う際には、政府からの土地使用の証明書が必要になります。

また、建築予定の建物について、施工許可の前提として建設当局から発行される当該工事の設計・計画についての許可証である建築工事企画許可証を、抵当権設定登記申請の際に提出する必要があります（中国不動産登記暫行条例実施細則76条）。

さらに、抵当権設定に係る当事者らが当該抵当物件の位置や面積について相互に確認したことを証する書面も、建築中の建物に対する抵当権の設定に関する登記申請の際に必要となります。

(3) 建物完成後の手続

建築中の建物に対する抵当権の設定は、完成後の建物の価値を把握するために行われるものです。したがって、建物が完成した場合に、完成後の建物に対して有効に抵当権の効力を及ぼす必要があります。

建築中の建物に対する抵当権の効力を完成後の建物に及ぼすためには、建物完成後、建物所有権の初回登記を行う際に、建築中建物の抵当権登記を一般建物の抵当権登記に変換しなければならないとされています（中国不動産登記暫行条例実施細則77条2項）。このような登記を行ってはじめて、建築中の建物に対する抵当権の効力が完成後の建物に及ぶこととなります。

2　台湾において建築中の建物を担保にとることの可否

台湾においては、日本と同様、抵当権の設定は不動産に対してのみしか認められていないため、原則として建築中の建物に対して抵当権を設定することはできません。

ただし、例外として、建築工事の請負契約における請負人は、注文者による工事代金の支払を担保するために、当該建築中の建物に対し、予備的抵当権の設定を要求することが可能です（台湾民法513条）。予備的抵当権を設定

した場合、建物完成後に登記が行われる際、予備的抵当権から一般抵当権への変換手続が、当事者からの申出がなくとも、登記機関により行われます。

Q 68 未登記建物の担保取得

中国・台湾において、未登記の建物を担保にとることはできますか

ポイント

　中国・台湾においては、抵当権の設定につき登記が効力発生要件とされている関係上、建物の登記が行われていない建築物に対して抵当権の設定登記を行うことができないため、未登記の建物に抵当権を設定することはできません。
　もっとも、中国では、建築中の建物に対する抵当権の設定が認められています。建築中の建物に対して抵当権を設定することにより、完成登記以前の段階における抵当権の設定が可能になります。

1　日本における未登記の建物に対する抵当権設定

　日本においては、抵当権は不動産に対して設定でき、当該不動産が登記済みであることは抵当権設定のための要件とはされていません。したがって、たとえ未登記であったとしても、それが建物と呼ぶにふさわしい構造を有しているものであれば、抵当権の設定は可能です。ただし、対抗要件具備や抵当権実行の観点から、未登記の建物に対する抵当権の設定は避けるべきであるとされています。

2　中国における未登記の建物に対する抵当権設定

　中国においては、未登記の建物に抵当権を設定することはできません。これは、抵当権の設定につき登記が効力発生要件とされているところ、登記が行われていない建物に対しては、抵当権の設定登記を行うことができないためです。
　もっとも、中国では、建築中の建物に対する抵当権の設定が認められています。建築中の建物に対して抵当権を設定することにより、完成登記以前の段階における抵当権の設定が可能になります。ただし、建築中の建物に対す

る抵当権の効力を完成後の建物に及ぼすためには、建築中建物の抵当権登記を一般建物の抵当権登記に変換しなければならないとされています（Q67参照）。

3 台湾における未登記の建物に対する抵当権設定

　台湾においても、未登記の建物に抵当権を設定することはできません。これは、中国と同様、台湾でも抵当権の設定につき登記が効力発生要件とされているところ、登記が行われていない建物に対しては、抵当権の設定登記を行うことができないためです。

　ただし、例外として、建築工事の請負人は、注文者による工事代金の支払を担保するために、建築中の建物に対し、予備的抵当権の設定を要求することが可能です（Q67参照）。

Q 69 不動産の共有持分の担保取得

中国・台湾において、不動産の共有持分を担保にとることはできますか

ポイント

中国・台湾において、不動産の共有持分に対し担保権を設定することは可能ですが、持分共有者であることの証明が困難であることや、担保権の実行の際に買い手が見つかりにくいこと等の理由により、実務上、共有持分に抵当権を設定する例はそれほど多くありません。したがって、実務上は、共有者全員の持分全部に抵当権を設定することを検討するべきであるといえます。

1 中国において共有持分を担保にとる場合

(1) 不動産の共有

中国においては、不動産を2つ以上の単位または個人で共有することができます。かかる共有には、持分共有と共同共有があります。

持分共有者は、共有不動産について、自らの持分に応じて所有権を有するとされています（中国物権法94条）。すなわち、持分共有は、持分に応じて所有権を有する共同所有形態で、持分を観念でき、いつでも持分の譲渡および分割請求ができる等の点で、日本でいう「（狭義の）共有」にほぼ相当するものと考えられます。

これに対し、共同共有者は、共有不動産について、共同で所有権を有するとされています（中国物権法95条）。すなわち、共同共有は、共同で所有権を有する共同所有形態で、持分譲渡が予定されていないことからすると、日本でいう「合有」に近い概念ということができます。

中国においては、抵当権設定により、不動産の共有持分を担保にとることができます（中国担保法解釈54条1項）。

(2) 共有持分を担保にとる際の注意点

建物の共有持分に抵当権を設定するためには、登記の際に権利証や登記簿

から明確に共有持分と認定できることが要求され、その内容が持分共有か共同共有かあいまいであるときは、共同共有と扱われることになり、有効に抵当権を設定することができないおそれがあります。

また、抵当権の実行の段階で目的不動産を処分するとなると、買受希望者が容易には現れず結果として売却がむずかしくなることや、持分のみの担保評価がむずかしくなることが考えられます。

上記のような理由もあり、中国における実務上、共有持分に抵当権を設定する例はそれほど多くありません。したがって、実務上は、共有者全員の持分全部に抵当権を設定することを検討すべきであるといえます。

2 台湾において共有持分を担保にとる場合

台湾においても、中国と同様、不動産の共有持分に対する抵当権の設定が可能です。

もっとも、これも中国と同様、抵当権の実行の段階で目的不動産を処分するとなると、買受希望者が容易には現れず結果として売却がむずかしくなることや、持分のみの担保評価がむずかしくなることが考えられます。

上記のような理由もあり、台湾における実務上、共有持分に抵当権を設定する例はそれほど多くありません。したがって、実務上は、共有者全員の持分全部に抵当権を設定することを検討すべきであるといえます。

Q 70 中国における抵当権の効力が及ぶ範囲

中国において、抵当権の効力はどの範囲で及びますか

ポイント

　中国では、不動産に対する抵当権の効力は、当該不動産と一体をなす附合物等にも及び、仮に当該附合物等が分離された場合であっても、不動産に対する抵当権の効力は当該不動産の所有者（抵当権設定者）が取得する補償金に対して及びます。

　また、債務者が期限の到来した債務を履行しない場合、または当事者が約定する抵当権の実行事由が生じた場合において、抵当目的物が法律の定めにより差し押さえられたときは、抵当権者は、差押えの日から、抵当目的物の天然果実または法定果実を収取する権利を有するとされています。

　なお、抵当権設定者は、土地使用権を抵当権の対象とするとき、その地上の建物およびその他の付着物とともに抵当権を設定しなければならず、逆に地上建物とその他の付着物に抵当権を設定するときも、その使用範囲の土地使用権に抵当権を設定しなければなりません。

1　抵当権の効力が及ぶ範囲

　中国では、不動産に抵当権を設定した場合、抵当権設定者が当該不動産の附合物、混和物または加工物の所有者になったときは、抵当権の効力は当該附合物等に及ぶとされています（中国担保法解釈62条中段）。また、抵当不動産の一部を構成していた附合物等が第三者の所有物になった場合、抵当権の効力はその補償金に及ぶとされています（同条前段）。

　このように、抵当権の効力は、当該不動産と一体をなすものに対して及び、また、一体を解消したものについては補償金に対しその効力が及ぶとされています。

2　抵当目的物の果実

　債務者が期限の到来した債務を履行しない場合、または当事者が約定する抵当権の実行事由が生じた場合において、抵当目的物が法律の定めにより差し押さえられたときは、抵当権者は、差押えの日から、抵当目的物の天然果実または法定果実を収取する権利を有するとされています（中国物権法197条）。ここに、天然果実とは、物の経済的用途に従って直接収取される収益物（リンゴの木とリンゴの関係でいえば、リンゴ）を意味します。これに対して、法定果実とは、物の使用の対価として受け取る金銭その他の物であり、典型的には、賃貸不動産から発生する賃料があげられます。

　上記の定めによれば、抵当不動産の使用収益はもっぱら土地使用権者および建物の所有者に委ねられる、すなわち、抵当権者は差押えに至るまで抵当不動産の使用収益にいっさい関与できないとされつつも、差押え後においては、抵当権者には抵当不動産から生じる天然果実および法定果実を収取する権利が認められることになります。

3　土地と建物の同時処分原則

　抵当権設定者は、土地使用権を抵当権の対象とするとき、その地上の建物およびその他の付着物とともに抵当権を設定しなければならず、逆に地上建物とその他の付着物に抵当権を設定するときも、その使用範囲の土地使用権に抵当権を設定しなければなりません。ただし、有償土地使用権を抵当権の対象とするとき、建物とその他の付着物がない場合は、土地使用権だけに対し抵当権を設定することも可能です。なお、土地使用権に抵当権を設定した後に、抵当権設定者が当該土地に新しい建物を建てた場合、新築建物は土地と建物の同時処分の制限を受けません（Q59参照）。

　これは、直接的には抵当権の効力が及ぶ範囲に関するルールではありませんが、中国において不動産担保を取得する場合に注意しなければならない重要な点です。

Q 71　台湾における抵当権の効力が及ぶ範囲

台湾において、抵当権の効力はどの範囲で及びますか

ポイント

　台湾では、不動産に対する抵当権の効力は、当該不動産の従物や従たる権利、独立性を有していない附属物、価値代替物に対して及ぶとされています。
　また、差押え後は、当該不動産から生ずる天然果実および法定果実にも抵当権の効力が及ぶとされています。

1　抵当権の効力が及ぶ範囲

　台湾では、不動産に抵当権を設定した場合、抵当権の効力は、当該不動産の従物や従たる権利に及ぶとされています（台湾民法862条1項）。また、建物の場合は、当該建物に附属されたもので独立性を有していないものに対しても抵当権の効力が及ぶとされています（同条3項）。さらに、不動産に対する抵当権の効力は、当該不動産の価値代替物に対しても及ぶとされています（同法881条1項）。価値代替物としては、不動産に付していた保険に係る保険金請求権などが考えられます。

2　抵当目的物の果実

　不動産に対して抵当権を設定した場合、差押え後に抵当目的物から分離された天然果実に対しても抵当権の効力が及びます。天然果実とは、物の経済的用途に従って直接収取される収益物（リンゴの木とリンゴの関係でいえば、リンゴ）を意味します。
　また、不動産に抵当権を設定した場合、第三債務者への通知をすることにより、差押え後は抵当目的物から生じる法定果実に対しても抵当権の効力が及ぶとされています（台湾民法864条）。法定果実とは、物の使用の対価として受け取る金銭その他の物であり、典型的には、賃貸不動産から発生する賃

料があげられます。

　上記の定めによれば、抵当不動産の使用収益はもっぱら土地および建物の所有者に委ねられる、すなわち、抵当権者は差押えに至るまで抵当不動産の使用収益にいっさい関与できないとされつつも、差押え後においては、抵当権者に抵当不動産から生じる天然果実および法定果実を収取する権利が認められることになります。

Q 72 中国・台湾所在不動産に係る譲渡と抵当権取得との優劣

中国・台湾に所在する不動産に関し、譲渡と抵当権取得との優劣はどのように判断されますか

> **ポイント**
>
> 中国・台湾では、不動産の譲渡や不動産に対する抵当権の設定は、登記を行ってはじめてその効力が発生します。したがって、中国・台湾に所在する不動産については、譲渡と抵当権取得との優劣は、それぞれの登記の先後によって判断されます。

1 登記が効力発生要件

中国・台湾では、不動産（建物および土地（中国では土地の私有が禁じられているため、正確には土地使用権ということになります））の物権変動（設定、変更、譲渡および消滅）は、法律の定めに従い登記を行ってはじめてその効力が発生するとされています（中国物権法187条、台湾民法758条）。

よって、中国・台湾においては、不動産についての譲渡と抵当権取得との優劣は、登記の先後によって判断することになります。すなわち、先に抵当権設定登記が行われ、後から不動産の移転登記が行われたときには、不動産売買契約と抵当権設定契約の締結の前後にかかわらず、不動産の買主は抵当権の負担付きで不動産を取得することになります。他方、先に不動産の移転登記が行われた場合は、たとえ不動産売買契約の締結よりも前に抵当権設定契約が締結されていても、抵当権設定契約の効力発生前に設定者は不動産の所有権を失っていますので、もはや当該不動産に抵当権を設定することはできないということになります。

2 実務上の注意点

上記のとおり、中国・台湾においては、不動産の譲渡や抵当権設定は登記

が効力発生要件とされているため、登記を調査し、不動産を譲り受ける場合は抵当権設定の有無を、抵当権を設定する場合は所有権の有無を確認することが重要となります。

　特に、中国に所在する不動産を譲り受ける場合、中国では、不動産抵当権は土地使用権と建物の両方に設定する必要があり、片方にのみ設定した場合でも両方に設定したものとみなされることから（Q59参照）、土地使用権と建物の両方の登記を調査しておかなければ、気づかない間に、抵当権の負担付きで不動産を取得していたということになりかねないので注意が必要です。

Q 73 中国所在建物に係る法定地上権の成否

中国の土地(土地使用権)に抵当権を設定したとき、地主の所有に係る地上建物がすでに存在していた場合、法定地上権は成立しますか

> **ポイント**
>
> 中国では、土地と建物の同時処分原則から、土地(正確には土地使用権)およびその上の建物は同時に競売にかけられることから、抵当権の実行によって土地とその上の建物の権利者が分離するという事態が生じないため、法定地上権の制度はその必要がなく設けられていません。したがって、法定地上権は成立しません。

1 土地と建物の同時処分原則

中国では、都市の土地は国の所有、農村の土地は農民集団の所有とされており、企業または個人は、土地の所有権を取得することはできない一方、土地の使用権(土地使用権)が認められています(Q58参照)。そして、中国においても、土地(土地使用権)と地上建物はそれぞれ独立した不動産とされていますが、土地と建物の同時処分が義務づけられています。

具体的には、建物を処分(譲渡、交換、出資、贈与)しまたは建物に抵当権を設定するときには、当該建物が占有する土地(の使用権)も同時に処分されまたは抵当権の対象となります。また、土地使用権を処分(譲渡、変換、出資、贈与)しまたは土地使用権に抵当権を設定するときには、当該土地上の建物も同時に処分されまたは抵当権の対象となります(中国物権法146条、147条、182条、中国都市不動産管理法32条)。そして、抵当権を実行する際も、土地および建物に対する抵当権の両方を同時に実行するのが原則です。

2 法定地上権の不成立

以上のとおり、中国において抵当権が実行される場合は、土地と建物の両方について同時に実行されるため、抵当権実行の結果、土地と建物の所有者

が異なることになるという事態は生じません。

　法定地上権の制度は、抵当権実行の結果、土地と建物が別人所有となる状況が生じる場合に初めて機能する制度ですので、中国においては制度が機能する余地はなく、そのような制度も設けられていないことから、法定地上権が成立する余地はありません。

Q 74　台湾所在建物に係る法定地上権の成否

台湾の土地に抵当権を設定したとき、地主の所有に係る地上建物がすでに存在していた場合、法定地上権は成立しますか

ポイント

　法定地上権制度とは、土地または地上建物のいずれか一方にのみ設定された抵当権が実行され、競売によって土地と建物が別人所有となってしまう場合に、法律上当然に地上権が成立するとする制度のことです。台湾の土地には法定地上権が成立しうるため、注意が必要です。

1　台湾における法定地上権

　台湾法のもとでは、土地と建物は別個の不動産として扱われるので、土地と地上建物が同一人所有の場合でも、いずれか一方にのみ抵当権を設定することが可能です。この抵当権の実行としての競売が行われると、土地と地上建物が異なる所有者に属することになります。

　このとき、なんらの手当もなければ、建物は取り壊されなければならないことになります。建物所有者は他人の土地の上にその建物を所有しているところ、元はといえば土地と建物の所有者は同じだったため、建物のための土地利用権は設定されておらず、建物所有者は土地を不法占拠していることになるからです。しかし、これでは建物所有者の利益が損なわれるだけでなく、社会経済的にも大きな損失となります。

　そこで、このような不都合を避けるために、建物のための土地利用権として、法律上当然に地上権が成立することとしたのが、法定地上権の制度です。

2　法定地上権成立の要件

　台湾における法定地上権成立の要件は、以下のとおりです（台湾民法876条）。

① 抵当権設定時に土地の上に建物が存在したこと：抵当権を設定する時点で土地の上に建物が存在していない場合、抵当権者はその土地の担保価値を更地として評価しています。それにもかかわらず、後で建物が建てられたからといって、その建物のために法定地上権が成立するとなると、抵当権者は思わぬ損害を被ることになります。

　そこで、抵当権設定時点で、すでに土地上の建物が存在していることが要件とされています。

② 抵当権設定時に土地と建物が同一人の所有に属すること：抵当権の設定時点で土地と建物の所有者が異なるときには、所有者間で建物のために土地の利用権が設定されているはずです。ここで、抵当権の実行により建物が競売にかけられる場合、建物のために設定された土地の利用権とともに一括して競売にかけられることから（台湾民法877条の1）、競落人は、当該土地の利用権に基づいて建物のために土地を利用することができます。また、抵当権の実行により土地が競売にかけられる場合、建物所有者の競落人との関係での土地利用の可否は、建物のための土地利用権と土地に設定された抵当権の優劣によって決すべきことです。したがって、抵当権設定時に土地と建物の所有者が異なるときには、法定地上権を観念する必要はなく、法定地上権の成立には、抵当権設定時に土地と建物が同一人に属することが要件とされています。この要件は、抵当権設定時に満たされていればよく、抵当権設定後に土地と建物の所有者が異なることになっても法定地上権は成立します。

　なお、建物については、裁判実務上、抵当権設定時において一定の経済価値を有することが必要であるものの、保存登記がなされているかどうかは問わないとされています（台湾最高法院57年（1968年）台上字第1303号判例）。

③ 土地または建物の一方または双方に抵当権が設定されたこと：抵当権が設定されるのは、土地と建物の一方でも双方でもかまわないとされています。

④ 競売の結果、土地と建物の所有者が異なることになったこと：競売後も土地と建物の所有者が同一であれば、建物のための土地利用権がないとい

う問題は生じないわけで、当然、競売の結果、土地と建物の所有者が異なることになったことが必要です。

3　実務上の注意点

実務上は、特に土地に抵当権を設定しようとする場合、法定地上権が成立すると土地の利用が大きく制限され担保価値評価にとってマイナスとなってしまいますので、土地上に同一人所有の建物がないか十分注意すべきでしょう。

Q 75 中国・台湾所在不動産に係る賃貸借と抵当権取得との優劣

中国・台湾に所在する不動産に関し、賃貸借と抵当権取得との優劣はどのように判断されますか

ポイント

中国・台湾では、賃貸借と抵当権取得との優劣は、賃貸借契約と抵当権設定（登記が効力発生要件）の先後で決まります。抵当権設定より前に目的物が賃貸されている場合、賃借人が有する賃借権は、抵当権の実行により新所有者となった買受人との関係でも有効であり、買受人は賃借権の制限がついた不動産を取得することになります。他方、抵当権設定より後に目的物が賃貸された場合は、抵当権が優先します。すなわち、賃借人は賃借権の存在を買受人に主張することはできず、買受人は賃借権の制限を受けない不動産を取得することになります。

1 中国所在の不動産について

(1) 「売買は賃貸借を破らない」

中国法においては、「売買は賃貸借を破らない」という原則が確立しており、賃貸されている不動産の所有権が移転しても、賃借人は新所有者に対し、従前の賃貸借契約の効力を対抗できます。中国契約法229条でも、「賃貸借期間において賃貸物件に所有権の変動が発生しても、賃貸借契約の効力に影響を与えないものとする」と定められています。

この原則は、抵当権の実行により賃貸物件が売却される場合にも反映され、抵当権設定登記日より前に賃貸借契約が締結されている場合、その賃借権は抵当権に優先します。すなわち、抵当権が実行されたとき、賃借人が有する賃借権は買受人（新所有者）との関係でも有効であり、買受人は賃借権の制限がついた不動産を取得することになります（中国物権法190条前段）。

他方、抵当権設定登記日より後に賃貸借契約が締結された場合は、抵当権

が優先します。すなわち、賃借人が賃貸物件の買受人（新所有者）に、従前の賃貸借契約を継続履行するように請求しても、それは認められず、買受人は賃借権の制限を受けない不動産を取得するとされています（中国物権法190条後段）。

(2) **実務上の注意点**

　以上のことから、不動産に対する抵当権を取得しようとする際には、その不動産が賃貸されているかどうかを事前によく確認すべきであるといえるでしょう。

　この確認方法ですが、中国では、賃貸借契約を締結したら、その契約当事者（賃貸人または賃借人）は30日以内（この期間は地方によって異なることがあります）に賃貸物件所在地の不動産管理部門で登記手続を行わなければならないとされていますので、まずはこの登記の有無を確認することになるでしょう。もっとも、賃貸借の登記は、不動産市場を管理するために求められているものであり、期限内に登記を行わなかったからといって賃貸借契約が無効になるわけではありません。実際、未登記の賃貸借契約は数多く存在します。したがって、実務上は、登記がないという場合でも、関係者からの聴取等の調査を行うことが必要です。どうしても賃借人がいては困るというような場合には、抵当権設定者に賃貸借契約が存在しないことを表明する書面を提出してもらうことも考えられます。

　なお、中国では、抵当権を設定しようとするときに、その目的物がすでに賃貸されている場合、抵当権設定者は、債権者（抵当権者）に対し、賃貸状況の告知をしなければならず（中国都市不動産抵当管理弁法21条）、この告知をしないことにより債権者（抵当権者）が損害を被ったときは、抵当権設定者が損害賠償責任を負うと解されています。また、抵当権設定者は、賃借人に対し、抵当権設定の事実を告知しなければなりません（同条、中国担保法48条）。

2　台湾所在の不動産について

　台湾では、不動産の賃貸借と抵当権取得との優劣が法律の明文で定められています。

(1) 賃貸借が先の場合

　賃貸人が賃貸借契約に基づき目的物を賃借人に引き渡した後、当該目的物に抵当権が設定された場合、賃貸借契約は抵当権実行後の買受人（新所有者）との関係でも継続して存在するとされており（台湾民法426条、425条1項）、賃借人は買受人に対し、従前の賃貸借契約の効力を対抗できることが定められています（つまり、中国と同様、「売買は賃貸借を破らない」という原則があります）。

　もっとも、台湾民法425条2項において、公証を受けない不動産賃貸借契約については、契約期間が5年を超える場合または定められなかった場合は、前項の規定を適用しないとされています。ここで「公証」とは、日本における公正証書と類似の制度で、賃貸借契約書の日付をさかのぼらせること等による執行妨害を防止するためにこの規定が設けられています。

　したがって、賃貸借期間が5年を超えるまたは期間の定めのない不動産賃貸借契約については、公証を受けなければ賃貸物件の買受人に対抗することができないということになります。

(2) 抵当権設定が先の場合

　台湾民法では、不動産に抵当権を設定した後でも当該不動産について賃貸借契約を成立させることができるものの、抵当権はその賃借権の影響を受けない旨が規定されています（同法866条1項）。また、かかる場合において、抵当権者による抵当権の実行に影響がある場合、裁判所は当該賃貸借契約を除去して競売することができるとされています（同条2項）。

　したがって、抵当権設定後の不動産の借主は、当該抵当権が実行された場合、当該不動産の買受人（新所有者）に対抗できないということになります。

(3) 実務上の注意点

　以上のとおり、台湾においては、賃貸借契約に基づく引渡しと抵当権設定登記の先後によって優劣が決まるとされていますので、抵当権を設定する際には現地を十分に調査し、賃借人がいるかどうかをよく確認すべきであるといえるでしょう。

Q76 中国・台湾所在不動産上の抵当権に優先する権利

中国・台湾に所在する不動産に関し、抵当権と競合する権利で、登記がなくても対抗要件を備える権利はありますか

> **ポイント**
>
> 　中国では、建物に対する工事代金法定優先権があり、抵当権より優先されるため、注意する必要があります。また、各地方によって異なりますが、抵当権に優先する債権が認められていることがあります。
> 　台湾では、債務者に廃業、清算、破産宣告があった場合、債務者に対する一定の労働債権が抵当権者と同順位で配当（弁済）を受けられるとされています。

1　中国の場合

(1)　建物に対する工事代金法定優先権

　中国においては、建築工事の請負人は、注文者が期限に工事代金を支払わない場合、支払を催告し相当期間を経た後には、原則として注文者と協議のうえ、建築物を売却しまたは裁判手続による競売にかけて、その代金から優先弁済を受けることができるという特殊な法定担保権制度があります（建物に対する工事代金法定優先権。Q59参照）。これは、日本の先取特権と同様に公示のない担保権であるため、債権保全のために建物に抵当権を設定する場合には、注意が必要です。

　建物に対する工事代金法定優先権は日本にはない制度で、特に不動産開発会社から建物に対する抵当権を取得する場合、当該建物の建築工事代金が全額支払われたかどうかの確認が必須です。なぜなら、当該建物の建築工事代金が全額支払われていない場合、当該建物の抵当権者が抵当権を実行した場合の売却代金は、優先して工事代金の弁済に回され、それでもなお残金がある場合に初めて抵当権者に弁済されることになってしまうからです。

実務では、工事代金が残っているために、抵当権を実行しても想定した弁済が受けられなかったり、抵当権設定者が抵当権者の審査不備を利用し、工事代金法定優先権を悪用して債務の支払を免れたりするケースが多くあります。

このため、建物に抵当権の設定を受ける場合には、あらかじめ当該建物の建築工事代金の支払状況を調査する必要があります。具体的には、建物所有者に工事請負契約や関連する支払の証憑を提出してもらうことが考えられますが、万全を期するためには、建設会社に工事代金全額の支払状況に関する説明書を提出してもらうことも考えられます。

(2) **その他の債権**

以上のほか、租税債権については、抵当権に優先するものがあります（Q82参照）。

また、各地方の裁判所の運用は必ずしも一致していないものの、抵当権に優先する債権が認められていることがあります。たとえば、北京市の裁判所では、消費者の住宅購入代金の返還請求債権について、①消費目的で住宅を購入したこと、および、②購入代金の半分以上を支払済みであること、という条件を満たせば、上記の建築工事代金債権よりも優先して弁済を受ける地位にあるとの解釈がなされており、抵当権に優先する債権として認められています。また、労働賃金債権についても、前年度の北京市平均賃金（労働報酬のほか、健康保険・失業保険・社会保険金等を含む）の範囲内で、上記建築工事代金債権と同様の優先弁済権を有するとして、抵当権に優先する債権として認められているものがあります。したがって、中国においては、各地方の裁判所の運用についても注意すべきといえるでしょう。

2 台湾の場合

台湾では、租税債権を除いては（Q82参照）、以下の債権が、抵当権の被担保債権と同順位で弁済を受けられるとされています。

すなわち、台湾においては、雇用者に廃業、清算または破産宣告があった場合、①6カ月分を限度とする労働契約に基づく未払賃金、②未払退職金、および、③未払解雇手当の弁済は、第一順位の抵当権、質権または留置権の

担保を受ける債権と同順位で、それぞれ債権額に比例して弁済を受けるとされています（台湾労働基準法28条1項）。

　したがって、台湾において債務者が廃業、清算または破産した場合には、これらの労働債権と按分して、抵当物件の換価代金から被担保債権の弁済を受けることになります。その結果、抵当権者は、想定している額の弁済が受けられない可能性がありますので、注意が必要です。

Q77　中国・台湾所在不動産の共同抵当

中国・台湾に所在する不動産に関し、共同抵当の場合に抵当権者間の利害調整はなされますか

ポイント

　中国に所在する不動産については、共同抵当、すなわち同一債権を担保するために複数の不動産に抵当権を設定することができますが、共同抵当の場合に、抵当権者間の利害を調整する制度はありません。
　台湾に所在する不動産についても、共同抵当を設定することができます。台湾で共同抵当が設定された場合の各不動産からの代価の配当方法については、細部に違いはありますが、考え方において、日本の共同抵当の制度と大きく異なるものではないと考えられます。

1　共同抵当とは（日本の場合）

　共同抵当とは、同一債権を担保するために複数の目的物に抵当権を設定することをいいます。
　日本における共同抵当の趣旨は、共同抵当権者は共同抵当を設定したどの不動産からでも優先弁済を受けることができるようにすることにあり、それゆえに日本の民法においては、以下に述べるような後順位抵当権者の代位権が規定されています。
　すなわち、共同抵当権者が、同時に複数の不動産に対する抵当権を実行した場合、当該抵当権者は、各不動産の価額に応じて、それぞれの不動産の代価から被担保債権額の弁済を受けることとなります（いわゆる同時配当。民法392条1項）。
　また、共同抵当権者が、特定の不動産に対する抵当権のみをまず実行した場合、当該共同抵当権者は、当該不動産の代価から被担保債権の全額の弁済を受けることができます（いわゆる異時配当。民法392条2項前段）。この場合、後順位の抵当権者は、当該共同抵当権者が、同時配当の場合に当該不動

第10章　不動産担保（海外所在）　233

産以外の不動産から弁済を受けるべき代価を上限として、当該不動産以外の不動産の代価から弁済を受けることができます（いわゆる後順位抵当権者の代位権。同項後段）。

2　中国の場合

中国でも、同一債権を担保するために複数の目的物に抵当権を設定することが可能です（中国担保法34条2項、中国物権法180条2項、中国担保法解釈75条）。

このうち、中国担保法解釈75条によれば、

① 同一債権に2つ以上の抵当権設定がなされている場合、債権者が債務者から設定を受けた抵当権を放棄したとき、その他の抵当権設定者は、裁判所に対して自ら負担すべき担保責任を軽減または免除するよう請求することができる

② 同一債権に2つ以上の抵当権設定がなされている場合、当該抵当目的物の担保を受ける債権金額および順序について当事者が約定しなかったときまたは約定が不明なとき、抵当権者は、そのうちのいずれの財産に対しても、全部の財産に対しても、抵当権を行使することができる

とされています。

もっとも、中国では、上記②のとおり、当事者間に約定がない場合、共同抵当についての特則がないことから、抵当権を取得しようとする目的物に先順位抵当権者がいる場合、担保としての価値評価において注意が必要です。すなわち、先順位抵当権者がいる場合、たとえ当該先順位抵当権者が同一の被担保債権のために他の不動産等に抵当権を有している場合であっても、日本におけるような後順位抵当権者の代位権は認められないため、目的物の評価額が当該先順位担保権者の被担保債権の額を上回る部分しか確実な担保とはいえず、これを下回っている場合には、担保として無価値となる可能性があることに注意する必要があります。

3　台湾の場合

(1)　総　　論

台湾においても、共同抵当、すなわち同一債権を担保するために複数の不動産に抵当権を設定することができます。

共同抵当を設定するためには、具体的には、抵当権設定契約（ここでは物権的契約であることを前提とします）において、通常の抵当権を設定するための必要的記載事項のほか（Q60参照）、同一の債権の担保として複数の不動産に抵当権を設定すること、対象となる不動産の情報、および各不動産から配当されるべき金額を定める場合はその金額等の各事項を記載する必要があります。

そのうえで、通常の抵当権を設定するときと同様に、登記を行います。登記簿には、共同抵当であることおよび配当されるべき金額を指定する場合はその金額等が記載されることになります。

したがって、台湾に所在する不動産に対して抵当権の設定を受けようとする場合に、先順位の抵当権が共同抵当か否か、共同抵当の場合に配当されるべき金額が定められているか否か等は、登記をみれば確認できるということになります。

(2)　台湾の共同抵当における代価の配当

台湾民法においては、共同抵当が設定された不動産からの代価の配当等に関して日本の民法よりも詳細に規定が置かれています（台湾民法875条～875条の4）。細部に違いはありますが、考え方として日本の共同抵当の制度と大きく異なるものではないと考えられます。

a　基本的な考え方

共同抵当が設定された場合、各不動産から配当されるべき金額の定めがない場合は、共同抵当権者は一部の不動産または各不動産の代価から債権の弁済を受けることができます（台湾民法875条）。

ここで、不動産ごとに配当されるべき金額を定めることができる点は、日本の共同抵当にはない制度となっています。これにより、共同抵当が設定された不動産に対して後順位の抵当権の設定を受けようとする者は、配当され

るべき金額の定めがある場合、先順位抵当権者の被担保債権額ではなく、かかる金額を前提として当該不動産の担保余力を計算できることとなります。なお、配当されるべき金額の定めは、上記のとおり、登記簿において確認することができます。

b 債務者所有不動産からの優先的回収

共同抵当が設定された不動産の一部または全部が同時に競売された場合、共同抵当権者は、債務者所有の不動産から優先的に回収を行うこととされています（台湾民法875条の1）。

c 各不動産の分担金額

共同抵当が設定された場合の各不動産の分担金額は、以下のようにして決まります。すなわち、①共同抵当が設定された各不動産に配当されるべき金額の指定がないときは、配当額は、不動産の価額に応じて決まり、②共同抵当が設定された各不動産に配当されるべき金額の指定があるときは、配当額は、当該配当されるべき金額に応じて決まり、③共同抵当が設定された一部の不動産のみに配当されるべき金額の指定があるときは、配当額は、当該指定がある不動産については当該配当されるべき金額、当該指定がない不動産については当該不動産の価額に応じて行われることとなります（すなわち、当該配当されるべき金額と当該不動産の価額を各不動産にプロラタで割り付けて配当額が決まります）。また、配当されるべき金額がその不動産の価格を上回るときは、当該不動産の価格が計算上用いられます（台湾民法875条の2）。

d 共同抵当が設定された不動産の一部または全部が同時に競売の対象となる場合

共同抵当が設定された不動産の一部または全部が同時に競売され、かつ、売却による配当が共同抵当権者の被担保債権額を超える場合、上記cのようにして各不動産からの配当が債権の弁済に充てられます（台湾民法875条の3）。

e 共同抵当が設定された不動産が個別に競売の対象となる場合

競売の配当により共同抵当権者が弁済を受ける金額が当該競売された不動産の分担金額を超える場合、当該不動産の後順位抵当権者は、共同抵当権者の利益を害しない限り、その超過金額の範囲内で、当該不動産の所有者と同

一の者が担保として提供し、かつ競売がなされていない不動産に対する、共同抵当権者の権利を承継するとされています（台湾民法875条の4第2号）。

第11章

不動産担保
（日本所在）

Q78 中国人・台湾人所有の日本所在不動産への抵当権設定登記

中国人・台湾人が所有する日本に所在する不動産に抵当権設定登記をする場合、どのような書類が必要ですか

ポイント

　抵当不動産の所有者が中国人であっても、日本で住民登録されている場合は、①登記原因証明情報、②登記識別情報または登記済証（権利証）、③登記義務者の印鑑証明書（発行後3カ月以内のもの）、④登記委任状で足ります。日本で住民登録されていない中国人の場合は、中国で公証人の認証を受けた登記委任状で印鑑証明書に代替することができます。
　台湾人の場合は、日本で住民登録されていれば上記と同様ですが、日本に住民登録がない場合でも台湾における印鑑証明書を使用することができます。

1　抵当権設定登記に必要な書類

　日本に所在する不動産に抵当権設定登記をする場合に、申請情報（登記申請書）とあわせて提出しなければならない書類は、一般的には以下のとおりです。

① 　登記原因証明情報：契約当事者が登記申請のために作成した設定契約の内容を記載した書面のことをいいます。なお、抵当権設定契約書自体を登記原因証明情報として利用することもできます。
② 　登記識別情報または登記済証（権利証）：抵当権設定者すなわち不動産の所有権の登記名義人が、その所有権の取得（保存または移転）の登記を受けたときに通知された登記識別情報または交付された登記済証（権利証）を提出します。
③ 　登記義務者の印鑑証明書（発行後3カ月以内のもの）：登記義務者が個人の場合には、市区町村の作成に係る印鑑証明書を、登記義務者が法人の場

合には、当該法人の事務所の所在地を管轄する登記所が証明した当該法人の印鑑証明書を提出することになります。

④　登記委任状：司法書士等の代理人によって登記手続を申請する場合には、当該代理人の権限を証明する書類（委任状）も必要となります。

2　抵当不動産が中国人所有の場合

抵当不動産が中国人所有の場合であっても、登記原因証明情報や登記識別情報等については特段の問題は生じないと思われます。また、登記委任状も本人に作成してもらうことで準備することができます。

印鑑証明書については、そもそも中国では印鑑証明の制度がありません。このとき、不動産が個人所有で、当該個人が適法な在留資格を有しており、その在留期間が3カ月を超える場合には、日本における住所を定めた日から14日以内に、その地の市区町村に住居地を届け出なければならないとされ、日本人と同様に住民票に登録されます。したがって、当該中国人は、住民票がある市区町村において印鑑登録をすることができ、それに基づいて印鑑証明書を取得することができますので、それを提出することになります。

他方、所有者である中国人が日本で住民登録されていない場合、印鑑証明書は、中国国内の公証人が認証した公証書で代替できるとされていますが、登記委任状への署名または印鑑との同一性の識別の観点からは、事前に所有者が登記委任状に署名または押印して中国国内の公証人に認証してもらえば、これを印鑑証明書の代替とすることができるので便利です。なお、当該中国人が来日しているのであれば、在日中国大使館などの在日中国公館でこれらの認証を行ってもらうこともできます。

以上が一般的な取扱いですが、実際に登記手続を行う際には、管轄法務局によって取扱いが異なる場合もありえますので、事前に必要書類を十分確認しておくべきです。

3　抵当不動産が台湾人所有の場合

抵当不動産が台湾人所有の場合も、登記原因証明情報や登記識別情報等、登記委任状について特段の問題は生じないことは、中国人所有の場合と同じ

です。

　また、印鑑証明書についても、日本での住民登録がある場合に用意できることはもちろん、住民登録がない場合でも、台湾には印鑑証明の制度があるところ、2017年1月現在、少なくとも東京法務局は、戸政事務所発行文書（台湾の戸籍謄本および印鑑証明書）を登記官が審査し、他に偽造等を疑うべき特段の事情が存在しない限り、真正に作成されたものとして取り扱ってさしつかえない（ただし、訳文は必要です）としていますので、台湾の印鑑証明書をそのまま使用することができます。

　なお、実際に登記手続を行う際には、管轄法務局によって取扱いが異なる場合もありえますので、事前に必要書類を十分確認しておくべきです。

第12章

その他担保にかかわる論点

Q 79　中国・台湾に所在する有価証券の担保取得

中国・台湾に所在する有価証券の担保取得は、どのような方法で行えばよいですか

ポイント

　中国に所在する有価証券には、権利質を設定することができますが、書面による契約に加え、証券の交付や質権設定登記が必要になります。
　台湾に所在する有価証券にも、権利質を設定することができますが、書面による契約に加え、証券の交付や裏書、質権設定登記が必要になります。

1　中国における有価証券の担保取得

　中国に所在する有価証券には、権利質を設定することができます（中国物権法223条）。

　権利質を設定するには、書面で契約を締結することが必要とされ、また、証書がある場合はその証書を交付することにより、証書がない場合は質権設定登記をすることにより、質権が成立するものとされています（中国物権法224条、226条）。

　さらに、中国では、上場企業である株式会社の株券は、すべて電子化されたものになっており、2001年に設立された中国証券登記決算有限責任公司（CSDC）が、中国の上場企業である株式会社の株券の決済や登記事務を統一して管理しています。この電子化された株券に権利質を設定する場合は、中国証券登記決算有限責任公司が質権設定登記を行った日から、質権設定の効力が発生します（中国担保法解釈103条2項）。

　他方、非上場企業の株券すなわち電子化されていない株券に権利質を設定する場合、当該会社の株主名簿に質権設定登記を行った日から、質権設定の効力が発生します（中国担保法解釈103条3項）。

　なお、為替手形、小切手または約束手形に権利質を設定する場合に、質権設定をした旨の裏書は、質権設定の効力発生要件ではなく、善意の第三者へ

の対抗要件とされています（中国担保法解釈98条）。

2　台湾における有価証券の担保取得

台湾に所在する有価証券にも、権利質を設定することができます（台湾民法900条）。

権利質を設定するには、書面で契約を締結することが必要です（台湾民法904条）。無記名有価証券の場合、証券の交付が質権設定の効力発生要件となり、また、これ以外の有価証券の場合、証券の交付とともに質権設定をした旨の裏書も必要となります（同法908条）。有価証券のうち、株券に権利質を設定する場合は、株式を発行した株式会社の株主名簿に登記をしないと、その権利質を当該株式会社に対抗できません（台湾会社法165条1項）。

なお、台湾において、株式を公開発行している会社は、無実体発行株券という名称の電子株券の方式で株式を発行することができます（台湾会社法162条の2）。電子株券の振替え等に関する事務は、台湾集中保管結算所股份有限公司（TDCC）という機関により統一的に管理されています。電子株券に対する権利質の設定は、通帳振替えの方式をとり、台湾民法908条に定められた証券の交付や裏書に関する規定の適用を受けないものとされています（台湾証券取引法43条3項）。

Q 80　中国・台湾に所在する動産の担保取得

中国・台湾に所在する動産の担保取得は、どのような方法で行えばよいですか

ポイント

　中国において、約定による動産に対する担保権の取得方法としては、動産質権と動産抵当権があります。両者は、目的物をだれが占有するかという点で異なっていますが、効果には共通する点が多くあります。
　台湾においても、中国と同様、動産質権と動産抵当権があり、動産質権に関する法制度はおおむね中国と共通します。また、動産抵当権も、根拠法令が民法ではなく特別法である点は中国と異なりますが、成立要件・効果等の多くは、中国と同様になっています。

1　中国における動産に対する約定担保権

(1)　各担保権の対象および成立要件

　中国において、約定による動産に対する担保権の取得方法としては、動産質権と動産抵当権があります（譲渡担保については、Q81参照）。
　動産質権は、①書面による動産質権設定契約の締結（中国物権法210条）、②目的物の交付（同法212条）によって成立します。動産質権を設定することができる動産の範囲については、法令によって譲渡することができない動産（同法209条）を除いては、特に制限はありません。
　また、中国においては、日本と異なり、不動産だけでなく、動産に対する抵当権の設定が認められています。動産抵当権を設定することができる動産は、原則として、①生産設備、原材料、半製品および製品、②交通運輸器具、③建造中の船舶、航空機（中国物権法180条1項4号～6号）です。また、中国海商法や中国民用航空法等、船舶や飛行機等の特殊な動産についての抵当権を定めている法令もあります。
　さらに、動産抵当権には、特定の動産を目的物にする抵当権のほか、集合

的動産を目的物にするもの（中国語では「浮動抵当権」といいます。中国物権法181条）もあります。浮動抵当権を設定することができる集合的動産は、企業、個体戸（個人事業者）または農業生産経営者が有する現在または将来の生産設備、原材料、半製品、製品と定められています。

　以上の動産抵当権はいずれも、抵当権設定契約の締結のみで成立し、登記の設定はあくまで第三者対抗要件となります（中国物権法188条、189条）。この点で、不動産に対する抵当権が登記を効力発生要件とすること（Ｑ59参照）と異なります。

(2)　動産質権と動産抵当権の相違点・共通点

　動産質権と動産抵当権の差異として最も大きな点は、債権者が担保目的物を占有するか否かです。前者では、債権者に目的物の占有が移転するのに対し、後者では、債務者が目的物の占有を維持します。したがって、前者では、債権者が目的物を善管注意義務をもって管理しなければならないという負担を負うことになります（中国物権法215条）。

　他方、両担保権の効果については、共通する点が多くあります。たとえば、いずれについても流抵当権と流質権（債務者が弁済期に債務の弁済をしないときは、担保権者に目的物の所有権を取得させること）は禁止されており（中国物権法186条、211条）、また、担保権の実行方法としては、代物弁済、競売および任意売却の3つの方法が存在します（同法195条、219条）。さらに、根抵当権と根質権（一定の範囲内の不特定の債権を極度額の範囲内において担保するために設定される抵当権・質権）の設定は、いずれについても可能とされています（同法203条、222条）。

2　台湾における動産に対する約定担保権

(1)　動産質権

　基本的には、台湾における動産質権制度は、中国の場合と同様といえます。たとえば、台湾における動産質権の成立要件は、中国の場合と同様、①動産質権設定の合意、②目的物の交付です（台湾民法885条）。

　ただし、動産質権の実行方法としては、代物弁済、競売および任意売却に加えて流質があり（台湾民法893条、895条）、流質が認められている点が中国

との相違点としてあげられます。

(2) 動産抵当権

　中国の場合との大きな違いとして、台湾における動産抵当権は、民法ではなく、特別法である台湾動産担保交易法に定められている点があげられます。動産抵当権を設定することができる動産の範囲としては、機器、設備、原材料、半製品、製品、車両、農林水産品、家畜、ならびに20トン以下の動力船舶および50トン以下の非動力船舶に限定されています（同法4条）。なお、台湾海商法や台湾民用航空法等、船舶や飛行機等の特殊な動産についての抵当権を定めている法令があることも、中国と同様です。

　他方、動産抵当権の要件・効果については、中国の場合と似ている点が多数あります。たとえば、台湾においても、動産抵当権の成立要件は書面による契約の締結のみであり、登記の設定はあくまで第三者への対抗要件です（台湾動産担保交易法5条1項）。また、動産抵当権の実行方法として、代物弁済、競売および任意売却があること（同法21条、3条）も、中国と同様です。

Q 81 中国・台湾における譲渡担保

中国・台湾における譲渡担保について教えてください

ポイント

　中国・台湾には、譲渡担保に関する立法はいっさいなく、一部の学説や裁判例のなかには譲渡担保を認めるものはあるものの、明確なルールとして確立したものであるとはいえません。

　もっとも、中国においては、中国最高人民法院の裁判官が書いた論文において、譲渡担保に対して肯定的な意見が示されており、実務においても同論文が参照されることがあります。また、台湾においては、台湾最高法院の判例で、一般論として譲渡担保を認めたものがあります。

　とはいえ、譲渡担保は明確なルールとして確立したものではない以上、実務において利用しやすいものとはいえない点に注意が必要です。

1　中国・台湾における譲渡担保の概要

　中国・台湾いずれにおいても、譲渡担保に関する立法はいっさいなされていません。一部の学説・裁判例のなかには、日本における運用等を参考に譲渡担保を認めるものはありますが、その要件・効果を含め、明確なルールとして確立したものとは到底いえないのが現状です。したがって、基本的には、実務において譲渡担保を用いることは困難であるといってさしつかえありません。

2　中国における譲渡担保に対して肯定的な論説の例

　中国においても、譲渡担保に対して肯定的な態度を示す論説は存在します。その一例として、中国最高人民法院の裁判官である王闯氏が書いた、「譲渡担保に対する司法の態度および実務問題の解決」（2014年8月）と題する論文があります。その要旨は、以下のとおりです。
① 譲渡担保は、現行法上の典型的担保に対して補足的機能を有するもので

第12章　その他担保にかかわる論点　249

あるので、肯定的にとらえるべきものである。
② 契約自由の原則にのっとり、譲渡担保設定契約も、強行法規に違反しない限り、原則として有効と認めるべきである。
③ もっとも、担保権者の暴利行為を防ぐために、一定の調整や規制が必要であろう。たとえば、譲渡担保の実行にあたっては、担保権者に清算義務を課すべきである。

また、担保目的物が適正な価額で換価されることを確保することが重要である。適正価額による換価を確保するためには、たとえば、競売による実行を行う、資産評価機構に担保目的物の評価を依頼する、市場価額を参照するといった方法が考えられる。

3 台湾における譲渡担保に対して肯定的な論説の例

(1) 台湾における譲渡担保を認めた判例

台湾においても、譲渡担保を認めた判例として、台湾最高法院70年（1981年）台上字第104号判例があります。その要旨は次のとおりです。

「債務者が、債務の担保のために担保目的物の所有権を債権者に移転することを、信託的譲渡担保という。債務者が契約の定めのとおりに債務を弁済しなかった場合、債権者は当該担保物を売却または評価し、その代金をもって弁済を受けることができる」

この判例は、譲渡担保を認めたものとして、実務においてしばしば引用されます。もっとも、この判例も、譲渡担保を認める旨を一般的に述べたにとどまり、その詳細に立ち入ったものではありません。

(2) 台湾における有力学説

上記のとおり、判例も、譲渡担保の要件・効果について詳細に述べたものではありませんが、同判例を補足する有力学説として、謝在全著『民法物権論（下）』（2014年9月）597頁以下があります。その要旨は、以下のとおりです。

① 不動産の譲渡担保について
・登記は対抗要件ではなく、効力発生要件である。
・実行の方法としては、当事者の約定によって、処分清算および帰属清算

のいずれの方法をとることも可能だが、当事者間に実行方法についての定めがなかった場合は、原則として帰属清算の方法が優先される。上記のいずれの方法をとった場合にも、債権者には清算義務がある。
② 動産の譲渡担保について
・特定的動産だけでなく、集合的動産に対しても設定可能である。
・譲渡担保を設定するためには、目的物に対する占有の移転が必要だが、その方法としては、占有改定の方法をとることもできる。
③ 債権の譲渡担保について
・特定的債権だけでなく、集合的債権に対しても設定可能である。
・譲渡担保の設定は、債権譲渡の方法によって行うが、当事者間の合意のみによって有効であり、第三債務者への通知は、当該第三債務者への対抗要件である。
・実行方法としては、第三債務者に対して直接に債権を取り立てることも認められる。

4 ま と め

以上のとおり、中国・台湾において、譲渡担保を認める学説・判例は存在するものの、実務の運用が固まったものであるとは到底いえないのが現状ですので、金融取引において譲渡担保を利用することは事実上困難といえるでしょう。

Q 82　担保権と国税

中国・台湾に所在する不動産に対する抵当権と国税とは、どちらが優先しますか

ポイント

　中国に所在する不動産に対する抵当権と国税の優先関係については、抵当権設定前に発生した未納税金は、抵当権に優先することとされています。そのため、中国に所在する不動産に抵当権を設定するにあたっては、納税証明書や所管の税務局のウェブサイト等によって、未納税金の金額を確認し、担保余力から除外すべき具体的な金額等を確認すべきと考えられます。

　台湾に所在する不動産に対する抵当権と国税の優先関係については、土地増値税、地価税および房屋税の租税債権は常に抵当権に優先することとされています。そのため、台湾に所在する不動産に抵当権を設定するにあたっては、これらの租税債権について一定の金額を見積もって、かかる金額をあらかじめ担保余力から除外しておく必要があると考えられます。他方、これら以外の租税債権については、常に抵当権が優先します。

1　中国における抵当権と国税の優先関係

　抵当権と国税の優先関係について、中国法においては、抵当権設定前に発生した未納税金は抵当権に優先する旨が定められています（中国租税徴収管理法45条）。これを反対解釈すれば、抵当権設定後に発生した未納税金に対しては、抵当権が優先することとなります。

　抵当権設定前に発生した未納税金の有無は、所管の税務局が発行する納税証明（一般的に「無欠税証明」といわれます）や所管の税務局のウェブサイト等によって確認することが可能となっています。

　そのため、中国に所在する不動産に抵当権を設定するにあたっては、上記の納税証明や所管の税務局のウェブサイト等によって未納税金の有無および金額を確認し、未納税金があるか、あれば担保余力から除外すべき具体的な

金額はいくらか等を確認すべきと考えられます。

2　台湾における抵当権と国税の優先関係

　抵当権と国税の優先関係について、台湾法においては、税収の徴収は普通債権に優先する旨の一般的な優先権が認められていますが（台湾租税徴収法6条1項）、この普通債権に抵当権は含まれていないため、国税が抵当権に対して一般的に優先する制度にはなっていません。

　具体的には、土地増値税、地価税および房屋税の租税債権は抵当権に優先する旨が定められています（台湾租税徴収法6条2項）。これらの租税債権の発生時期または抵当権の設定時期によって優先関係を判断する旨は規定されていませんので、これらの租税債権は、その発生時期のいかんにかかわらず、常に抵当権に優先するものであることに注意が必要です。そのため、台湾に所在する不動産に抵当権を設定するにあたっては、土地増値税、地価税および房屋税の各租税債権について一定の金額を見積もって、かかる金額をあらかじめ担保余力から除外しておく必要があると考えられます。

　他方、土地増値税、地価税および房屋税以外の租税債権については、抵当権に対する一般的な優先権が認められず、常に抵当権が当該租税債権に優先することになります。

第13章

債権回収

Q 83 相殺の準拠法

日本の金融機関と中国人・台湾人との間の債権債務の相殺については、どの国の法律が適用されますか

ポイント

渉外的な相殺が行われる場合の準拠法については、通則法に規定が設けられておらず、解釈に委ねられています。

学説上は、受働債権の準拠法と自働債権の準拠法が累積的に適用されるという見解（累積適用説）が通説と考えられていますが、相殺の担保的機能に着目して受働債権の準拠法によるべきとする見解（受働債権準拠法説）もあり、対立がみられます。

1 相殺の準拠法

相殺の準拠法については、古くから国際私法上の論点として認識されていましたが、各国の制度において相殺という概念の性質が異なりうること、学説上および実務上の十分な議論が尽くされてきていないこと、さらには諸外国の立法例をみても相殺の準拠法に関して特段の規定を設けている立法例は少ないこと等から、通則法でも相殺の準拠法に関する規定は設けられておらず、解釈に委ねられています。

この点、相殺が2つの債権の消滅の問題であることから、自働債権の準拠法と受働債権の準拠法が累積的に適用され、双方の債権の準拠法上相殺の要件が充足されて債権が消滅する場合にのみ相殺が成立すると解する見解（累積適用説）が通説と考えられています。これに対して、相殺の意義は反対債権（自働債権）の利用による受働債権の債務者の免責行為であって、受働債権の債務消滅の1つの方法とみるべきこと、相殺の担保的機能に着目すべきであること等を根拠に、受働債権の準拠法によるべきとする見解（受働債権準拠法説）もあり、学説上争いがある状況です。

2 具体的ケースでの検討

たとえば、中国人であるAさんが、日本の金融機関であるX銀行(東京支店)に対して定期預金を預け入れており、かつ、X銀行との間で中国法準拠の金銭消費貸借契約を締結して借入れをしているケースを想定します。なお、定期預金について準拠法の定めがない場合、最密接地関係法(通則法8条1項)の観点から、預金債権の準拠法はX銀行の所在地である日本法となります。

累積適用説によると、X銀行が相殺の意思表示をする場合でもAさんが相殺の意思表示をする場合でも、日本法と中国法が累積的に適用されることになりますので、日本法上の相殺の要件と中国法上の相殺の要件が充足される場合に限って相殺が認められることになります。

これに対して、受働債権準拠法説によると、①X銀行が相殺の意思表示をする場合はX銀行側からみた受働債権である預金債権の準拠法である日本法が相殺の準拠法となり、②Aさんが相殺の意思表示をする場合はAさん側からみた受働債権である貸付債権の準拠法である中国法が相殺の準拠法となりますので、相殺の意思表示をする者がだれであるかによって、相殺の準拠法が変わることになります。

3 中国法・台湾法下の相殺の要件

中国法・台湾法下の相殺の要件も、基本的には日本法下のそれと同様であり、当事者間に弁済期の到来した同種の債務が対立しており、当該債務がその性質上相殺を許さないものではない場合に、一方当事者の意思表示によって相殺をすることができます(中国契約法99条、台湾民法334条、335条)。ただし、性質上相殺を許さない債務の範囲が、中国法・台湾法下と日本法下とで解釈を異にする可能性があることに注意が必要です。

Q 84　中国に居住する債務者に対する通知方法

中国に居住する債務者に対する期限の利益喪失通知や相殺通知等は、どのような方法で行えばよいですか

ポイント

　日本から海外に向けて内容証明郵便を送付することはできませんので、日本から中国に居住する債務者に対してこれらの通知を送付するときは、EMS等の国際郵便で送付することになります。もっとも、この方法では、後日、郵便局等の第三者が通知内容を証明することはできません。

　また、中国には日本のような内容証明郵便制度はありませんので、中国国内からこれらの通知を送付するときも、基本的には普通郵便、書留郵便または国内EMSで送付することになります。これらの方法でも基本的には通知内容を証明することはできませんが、実務上、通知内容の証明力を確保するための方法が試みられています。

1　日本国内における通知方法

　金融実務では、日本に居住する債務者に対して文書を送付する場合に、内容証明郵便で送付することがあります。内容証明郵便は、いかなる内容の文書がだれからだれに差し出されたかを郵便局が証明してくれるものです。通常は、内容証明郵便に加えて配達証明を付して送付することで、送付先がいつ郵便を受領したかを確認することができます。

　このように、内容証明郵便（配達証明付き）をもって通知を送付すると、通知の事実、通知内容および通知が送付先に到達した時期を証明することができますので、期限の利益喪失通知や相殺通知のように重要性の高い書面を送付する場合は、後日紛争が生じた場合の証拠を残しておくために、内容証明郵便（配達証明付き）をもって送付することが多いと思われます。

　なお、中国法下では、債権者が債務者に債務の履行請求をするだけで時効中断の効力が生じることになります（そのほか、訴訟の提起や債務者による履

行の承諾も時効中断事由とされています。中国民法通則140条）ので、債権の準拠法が中国法である場合は、債務履行請求をしたことの証拠を残しておく必要性は特に高いと思われます。

2　日本から中国に居住する債務者に対する通知方法

それでは、日本から中国に居住する債務者に対してこれらの通知を送付する場合はどのような方法があるでしょうか。

この点、日本の内容証明郵便制度上、日本から海外に対して内容証明郵便を発送することはできません。そこで、日本から中国に居住する債務者に対して通知を送付する場合は、EMS郵便（国際スピード郵便）等を利用して送付することになります。

ただし、内容証明郵便を用いることができない以上、郵便局によって通知内容を証明してもらうことはできません。

3　中国国内から中国に居住する債務者に対する通知方法

中国国内に現地法人もしくは支店がある、または中国国内に通知の発送を委任することができる弁護士がいる場合は、以下のように中国国内から通知を発送することも考えられます。

(1)　郵送方法

中国には日本のような内容証明郵便制度がありません。そこで、中国国内から期限の利益喪失通知や相殺通知等を送付する場合、普通郵便、書留郵便、または国内EMS（中国ではEMSを中国国内での郵送に利用することができます）で送付することが考えられます。実務上は、国内EMSで送付することが多いようです。なお、書留郵便と国内EMSには、配達証明を付することもできます。

(2)　通知内容を証明するための実務上の工夫

もっとも、以上の郵送方法では、通知の内容までを証明することはできません。そこで、実務上、通知文書の写し、EMSラベルおよびレシートを郵便局に持ち込み、郵便局の局員に割印を押してもらう等の工夫をして文書の証明力を確保している場合も見受けられます。もっとも、各地の裁判所の運

用によって、このような方法をとった場合の通知内容の証明力の判断は分かれうることに注意が必要です。

　また、他の方法として、公証人に公正証書を発行してもらうことが考えられます。具体的には、①公証人と一緒に郵便局に赴き、公証人の目の前で債務者の住所宛ての郵便物を郵便局に引き渡し、公証人はこの事実を記載する公正証書を発行する、または、②公証人と一緒に直接債務者の住所まで送達に行き、公証人はこの事実を記載する公正証書を発行する、という方法です。このような公正証書の発行には、1,000人民元の手数料がかかります。もっとも、費用や利便性の観点からはEMS等による郵送には劣るため、実際には公証人に公正証書を発行してもらう方法はそれほど普及していないように思われます。

Q 85　台湾に居住する債務者に対する通知方法

台湾に居住する債務者に対する期限の利益喪失通知や相殺通知等は、どのような方法で行えばよいですか

ポイント

　日本から海外に向けて内容証明郵便を送付することはできませんので、日本から台湾に居住する債務者に対してこれらの通知を送付するときは、EMS等の国際郵便で送付することになります。もっとも、この方法では、後日、郵便局などの第三者が通知内容を証明することはできません。

　他方、台湾国内からこれらの通知を送付する場合は、台湾の内容証明郵便制度を利用することが考えられます。

1　日本における通知方法と台湾における通知方法

　金融実務上、期限の利益喪失通知や相殺通知等を日本に居住する債務者に送付する場合、通知の事実、通知内容および通知が送付先に到達した時期を後日証明できるよう、内容証明郵便で送付することが多いと思われますが、債務者が海外に居住する場合には、日本の内容証明郵便制度上、日本から海外に対して内容証明郵便を発送することはできませんので、EMS郵便（国際スピード郵便）等を利用して送付することになります（Q84参照）。

　以上は、日本から台湾に居住する債務者に対して通知を送付する場合も同様です。

　他方、台湾国内からこれらの通知を発送する場合、台湾には内容証明郵便制度がありますので、台湾国内に現地法人もしくは支店がある、または台湾国内に通知の発送を委任することができる弁護士がいる場合、台湾の内容証明郵便制度を利用することが考えられます（この点、中国の場合とは異なります。Q84参照）。

2 台湾の内容証明郵便制度

　台湾の内容証明郵便制度の概要は、以下のとおりです。
(1) 郵送方法
　日本の内容証明郵便と同じように、1通の内容証明郵便について、同一内容の文書を3部用意する必要があります。郵便局はこれらに内容証明郵便の番号をつけ、1部を送付先に郵送し、1部を差出人に郵送し、もう1部は郵便局に保管します。なお、日本では内容証明郵便を送付する際に別途配達証明をつけて送付することが多いですが、台湾の内容証明郵便には配達証明（台湾では「回執」と呼ばれています）が内容証明郵便の本来の機能として内在されていますので、日本の場合とは異なり、別途配達証明をつける必要はありません。
(2) 書　　式
　通知文書は、郵便局指定の書式を利用して作成する必要があるので注意が必要です。
(3) 費　　用
　費用は、1頁目は50新台湾ドル、2頁目以降は1頁ごとに25新台湾ドルが追加されます（2017年1月現在）。
(4) 海外への郵送
　日本の内容証明郵便制度と異なり、台湾から海外に対して内容証明郵便を送付することもできます。もっとも、通知文書の表示は中文に限定されますし、また送付先の国の制度により配達証明がつけられない場合があります。
(5) 効　　果
　日本の内容証明郵便制度と同じように、内容証明郵便を利用することにより、通知の事実、通知内容および通知が送付先に到達した時期を後日証明することができます。

Q 86　中国所在不動産の仮差押え

中国に所在する不動産に対して仮差押えを行うことはできますか。中国の仮差押えの制度の概要について教えてください

ポイント

　日本における仮差押えに類似する制度として、財産保全という手続があります。財産保全には、訴訟中の財産保全と訴訟提起前の財産保全がありますが、後者が認められた場合には、30日以内に管轄権を有する裁判所に対して本案訴訟を提起するか仲裁を申し立てる必要があるので、注意が必要です。

　中国では、日本の仮差押えに類似するものとして、財産保全という保全手続があり、中国民事訴訟法100条、101条以下に規定されています。

1　要　件

　財産保全の申立ては、訴訟を提起した後に行うか、訴訟を提起する前に行うかによって、訴訟中の財産保全と訴訟提起前の財産保全との2種類に分類されます。

　訴訟中の財産保全は、訴訟提起後、判決前の段階で適用される手続であり、その要件として、①当該訴訟が、財産の給付を目的とするものであること、②将来判決の執行が困難になるおそれがあること、③原則として原告からの申立てが必要であること、等があげられます。

　他方、訴訟提起前の財産保全は、上記要件のうち、②の執行困難の要件のかわりに、②緊急な状況にあり直ちに相応な保全措置をとらないと「補てんしにくい損害」を被るおそれがあること、という要件の充足が求められます。

2　申立方法

　財産保全の申立ては、管轄権を有する裁判所に対して申立書を提出する方法により行います。

この管轄権を有する裁判所とは、訴訟中の財産保全の場合は本案訴訟を審理する裁判所を意味し、訴訟提起前の財産保全の場合は被保全財産の所在地、被申立者の住所地または本案訴訟につき管轄権を有する裁判所を意味します。

なお、中国国外の債権者も財産保全の申立てをすることができます。

3　財産保全後の本案訴訟の提起

訴訟提起前の財産保全については、申立人は、裁判所が保全措置（日本でいう仮差押命令に相当するもの）を実行してから30日以内に、管轄権を有する裁判所に対して訴訟を提起するか仲裁を申し立てなければならず、これをしない場合には、保全措置が解除されてしまいます（中国民事訴訟法101条3項）。

4　担　　保

訴訟中の財産保全の場合、保全措置の実行のために申立人が担保を提供する必要があるかどうかは裁判所の裁量により決定され（中国民事訴訟法100条2項）、また、担保金の具体的金額も裁判所が事件の具体的内容に照らして決定することとされていますが、各地方裁判所の運用には差があり、たとえば上海市の裁判所では、担保金算定困難の場合に、被保全債権の金額のうち、1,000万人民元以下の部分は20％、1,000万人民元から1億人民元未満の部分は10％、1億人民元以上の部分は5％というような基準で担保金額を算出するようなルール（2014年上海高等裁判所の規定）が定められています。なお、最新の最高人民法院の司法解釈によれば、担保金の額は、被保全債権額または係争被保全目的物の価値の30％を超えないこととされています（中国財産保全案件規定5条1項）。

他方、訴訟提起前の財産保全の場合は、担保の提供は必須となります（中国民事訴訟法101条1項）。この場合、原則として、被保全債権の金額と同額の担保金が必要とされます（中国民事訴訟法解釈152条2項）。

5　申立費用

申立費用は、被保全債権額が1,000人民元以下の部分は30人民元、1,000人

民元以上10万人民元以下の部分は1％、10万人民元以上の部分は0.5％として計算されます。なお、申立費用の上限は、5,000人民元とされています。

Q 87 台湾所在不動産の仮差押え

台湾に所在する不動産に対して仮差押えを行うことはできますか。台湾の仮差押えの制度の概要について教えてください

ポイント

　台湾にも仮差押えの制度がありますので、台湾に所在する不動産に対して仮差押えを行うことができます。なお、台湾の仮差押えの制度は、対象財産を特定せずに申立てを行うことができるのが特徴的です。

　日本における不動産仮差押えに類似する制度として、台湾民事訴訟法522条以下に仮差押え（台湾の用語では「仮扣押」と呼ばれます）に関する規定が設けられています。

1　要　件

　仮差押えの要件は、①被保全債権が金銭的請求または金銭的請求に変換できるような請求であること（台湾民事訴訟法522条）、および、②将来の執行が不可能または著しく困難になるおそれがあること（同法523条）の2点になります。

2　申立方法

　仮差押えの申立ては、次の事項が記載された申立書を本案訴訟の管轄裁判所または目的物所在地の管轄裁判所に提出することにより行います（台湾民事訴訟法525条）。
① 　当事者および法定代理人
② 　請求およびその原因事実
③ 　仮差押えの原因
　なお、台湾国外の債権者も財産保全の申立てをすることができます。
　また、台湾においては、仮差押えを申し立てる時点で、債務者の財産を特定する必要がない点に特徴があり、債権者は、「全財産のうち債権額〇円の

範囲内」で、対象財産を特定せずに申立てを行うことができます（Q102参照）。

3　仮差押え後の本案訴訟の提起

本案訴訟が未係属の場合、仮差押えを決定した裁判所は、債務者の申立てに応じ、債権者に対して一定の期間内の本案訴訟の提起を命ずることができます（あくまで裁定期間との性質ですが、7日と設定されるのが一般的です）。当該期間内に本案訴訟の提起ができなかった場合、債務者は仮差押決定の取消しを申し立てることができ（台湾民事訴訟法529条）、同申立てにより仮差押決定は取り消されてしまいます。

4　担　　保

担保金の額は、裁判所の裁量によりますが、実務上は被保全債権額の3分の1程度とされることが多いようです。

5　申立費用

裁判所に納める仮差押申立ての費用は、1件1,000新台湾ドルとされています。

Q 88 中国における抵当権の実行

中国に所在する不動産に対する抵当権の実行方法について教えてください

ポイント

中国に所在する不動産に対する抵当権の実行は、抵当権者と抵当権設定者が協議して合意した方法で実施するのが原則であり、抵当権者と抵当権設定者との間で合意に至らなかった場合は、裁判所に対して競売ないし売却の申立てをすることができるとされています。

1 抵当権の実行方法

(1) 中国物権法における規定

中国物権法は、抵当権の実行方法として、①代物弁済（中文で「折価」。債権者が抵当目的物を取得する形式による実行）、②競売（中文で「拍売」。後記の裁判所が関与する競売ではなく、任意の競売）、および、③任意売却（中文で「変売」。抵当目的物を第三者に売却する形式による実行）の3つを規定しています（同法195条1項）。

そして、まずは抵当権者と抵当権設定者との間における協議によって、代物弁済、競売、任意売却のうちのいずれの実行方法を選択するかを決めるのを原則としつつ、抵当権者と抵当権設定者が実行方法についての合意に達しなかった場合は、抵当権者は裁判所に対して競売ないし売却の申立てをすることができるとしています（同条2項）。

なお、日本の民事執行法上は、抵当権の実行方法として担保不動産競売に加えて担保不動産収益執行の方法が用意されていますが、中国物権法には担保不動産収益執行に類似する制度は規定されていません。

各実行方法の概要は以下のとおりです。なお、いずれの方法による場合も、抵当目的物の譲渡価額が被担保債権額を超える場合、かかる超過額は抵当権設定者に帰属し、逆に不足する場合は債務者が弁済すべき債務が残存することになります（中国物権法198条）。また、抵当権者による優先弁済の実

現が他の債権の利益を害する場合、他の債権者はその取消しを求める訴えを提起することができるとされています（同法195条1項）。

(2) 協議による実行

　a　代物弁済

　被担保債務の弁済期到来後または当事者が約定する抵当権の実行事由が生じた場合であれば、抵当権者と抵当権設定者間の協議によって、抵当目的物を抵当権者が直接取得することによって抵当権を実行し、抵当権者が優先弁済を受けることができるとされています（中国物権法195条1項）。他方、被担保債務の弁済期よりも前に、抵当権者と抵当権設定者との間でいわゆる「流抵当」の合意をしておくことは禁じられています（同法186条）。なお、代物弁済を行う場合は、抵当目的物の譲渡価額は市場価額を参照すべきとされています（同法195条3項）。

　b　競　　売

　日本とは異なり、中国物権法では、抵当権実行の方法として合意による競売が認められています。中国では、民事執行上の競売の実施が「競売業者」に委ねられることとなっていますので、抵当権者と抵当権設定者は、その合意によって競売業者を選択し、裁判所が関与しない形式での競売手続を選択することができます。

　c　任意売却

　抵当権者と抵当権設定者との協議・合意により、抵当目的物を第三者に売却することによって、抵当権を実行し、優先的な弁済を受けることもできます。

(3) 裁判所の関与による実行

　a　競　　売

　抵当権者と抵当権設定者の間で抵当権実行の方法について合意に至らなかった場合、抵当権者は、裁判所に対して抵当目的物の競売を申し立てることができます（中国物権法195条2項、中国民事訴訟法196条）。裁判所が関与する競売については、裁判所自らが競売手続を実施することもできますし、競売業者のリストのなかから裁判所によって選任された競売業者が裁判所の委託を受けて裁判所の監督のもとに競売手続を実施することもできます（中国

民事訴訟法解釈488条)。

b 売　　却

中国物権法195条2項には、裁判所が関与する売却による抵当権の実行方法が規定されていますが、2012年の法改正により「競売優先」が原則となり(中国民事訴訟法247条)、売却は一定の条件のもと補完的な実行手段と位置づけられるようになりました。

c 配　　当

抵当目的物に複数の抵当権が設定されている場合、競売または売却により得られた代金は、①登記ずみの抵当権については、登記の先後順により弁済し、同順位の場合は、債権額の比例により弁済する、②登記ずみの抵当権は未登記の抵当権に優先して弁済を受ける、③未登記の抵当権については、債権額の比例により弁済する、とされています(中国物権法199条)。

2　担保権の実行期間

中国物権法202条は、抵当権者は主債務の訴訟時効期間(日本における消滅時効期間)内に抵当権を行使しなければならず、行使しなかった場合、裁判所はこれを保護しないとしています。なお、訴訟時効期間の中止、中断等がある場合、その分抵当権の実行期間は延長されることになります。

3　複数の担保を取得する場合の注意点

同一債権について、債務者が設定した物的担保と第三者が設定した担保(物的担保または保証)がともに存在する場合、当事者間で実行の優先順位の約定があればその約定に従うこととされていますが、約定がない場合には、①債務者の設定した物的担保、②第三者が設定した担保の順序で実行しなければならないとされています(中国物権法176条)。

したがって、債権者が第三者から担保価値の高い目的物を対象とした物的担保を取得し、または資力のある保証人による保証を取得している場合、当該第三者から取得した物的担保の実行または保証人に対する請求を優先的に行う旨を定めることなく、債務者から担保価値の低い物的担保の設定を受けてしまうと、第三者から取得した物的担保の実行または保証人に対する請求

を直ちに行えず、かえって債権回収に手間をかけることになるおそれがある点に注意が必要です。

Q 89　台湾における抵当権の実行

台湾に所在する不動産に対する抵当権の実行方法について教えてください

ポイント

台湾に所在する不動産に対する抵当権の実行方法としては、①競売、②流抵当契約、③代物弁済、および、④その他の方法の4つがあります。

1　抵当権の実行方法

(1)　台湾民法における規定

　台湾民法は、抵当権の実行方法として、①競売（台湾民法873条）、②流抵当契約（同法873条の1）、③代物弁済（同法878条）、および、④その他の方法（同法878条。任意売却等）の4つを規定しています。以上の4つの方法のいずれを実行するかについて、台湾民法上優先順位は定められておらず、抵当権者が自由に選択することができます。なお、日本の民事執行法上は、抵当権の実行方法として担保不動産競売に加えて担保不動産収益執行の方法が用意されているところ、台湾民法にも、これに類似する強制管理という制度が規定されています。ただし、実務上、競売手続における補助的制度としてしか機能していません。

　各実行方法の概要は以下のとおりです。なお、いずれの方法による場合でも、抵当目的物の譲渡価額が被担保債権額を超える場合、かかる超過額は抵当権設定者に帰属し、逆に不足する場合は債務者が弁済すべき債務が残存することになります（ただし、明文規定はなく、解釈上の帰結となります）。

(2)　競　　売

　台湾においては、抵当目的物についての競売申立ては非訟事件ととらえられ（台湾非訟事件法72条）、まず裁判所から執行許可決定を取得する必要があります。続いて、取得した執行許可決定を「執行名義」として執行裁判所に対して強制執行の申立てを行うという流れになります（台湾強制執行法5条）。そして、強制執行の申立てに対して執行裁判所が執行開始決定を出す

ことにより差押えの効力が発生し、その後不動産の評価、売却基準価格の確定、競売の告示、競売の実施（4回まで可能）、売却（代金の支払）、配当と手続が進んでいきます。

(3) 流抵当契約

流抵当契約については、「債権の弁済期が到来して弁済できなかったときに抵当物の所有権を抵当権者に移すと約定した場合は、登記を経なければ第三者に対抗できない」（台湾民法873条の1第1項）と規定されています。日本では抵当権について流抵当契約を締結することは認められていませんが、台湾では流抵当契約も債権契約として有効と考えられており、また、登記をすれば対抗要件を具備することも可能とされています。

流抵当契約を締結している場合において、被担保債権の弁済期が到来しても抵当権者が弁済を受けられなかったときは、抵当権者は抵当不動産の所有権移転登記を請求する権利を取得します。また、抵当権者には清算義務があり、所有権移転登記請求権と抵当権設定者が有する清算金請求権とは同時履行の関係にあると解されています。

なお、台湾銀行法上、銀行は抵当権の実行（流抵当契約を含む）により取得した不動産について、原則として4年以内に処分しなければならないとの制限規定があることから、台湾の銀行実務上は、流抵当契約はあまり利用されていないようです。

(4) 代物弁済

抵当権者は、債権の弁済期が到来した後、弁済を受けるかわりとして、抵当権設定者と契約を締結し、抵当権設定者から抵当目的物の所有権を取得することができます（台湾民法878条）。

(5) その他の方法（任意売却等）

台湾民法878条は「その他の方法」と規定するにとどまりますが、具体例としては、任意売却があげられます。ただし、その他の抵当権者の利益を害しない限り、方法としては特に限定されていません。

2 配　当

抵当目的物の売却により得られた代金は、法律上特段の規定がない限り、

抵当権の成立順に従い配当され、同順位の場合は、債権額により按分されます（台湾民法874条）。

また、特別法の規定に基づき抵当権より優先的に弁済を受けられる債権があり、①執行費用およびその他債権者の共益費用（台湾強制執行法29条2項）、②土地増値税、地価税および房屋税（台湾租税徴収法6条）、③海事優先権（台湾海商法24条）等があげられます。

Q 90 中国人・台湾人所有の日本所在不動産と債権回収

中国人・台湾人が所有する、日本に所在する不動産に対し、仮差押え・強制執行・抵当権実行を行う場合に、特に注意すべき点はありますか

ポイント

　目的不動産が日本に所在する以上は、当該不動産に対する仮差押手続にも、日本の民事保全法が適用されることになります。ただし、仮差押命令は債務者に送達される必要があり、債務者が海外に居住している場合には、どのようにして送達を行うかという問題が生じます。

　強制執行および抵当権実行についても同様に、日本の民事執行法が適用されますが、海外居住の債務者への不動産競売手続開始決定の送達をどのようにして行うかという問題が生じます。

1　日本の民事保全法・民事執行法の適用

　仮差押えの目的物である不動産が中国人・台湾人の所有物であっても、当該不動産が日本に所在する限り、当該不動産に対する仮差押手続については日本の裁判所が管轄権を有し、日本の民事保全法に従って手続が進行します（民事保全法11条。「仮に差し押さえるべき物……が日本国内にあるとき」に該当します）。

　上記と同様に、強制執行および抵当権実行についても、民事執行法に明文の規定はありませんが、目的不動産が日本に所在する以上は、日本の裁判所が管轄権を有するものと解されており、日本の民事執行法に従って手続が進行します。

2　仮差押えの場合

　不動産に対する仮差押えの執行は、仮差押えの登記を設定することによって行われ（民事保全法47条1項）、仮差押えの登記は、裁判所書記官が嘱託す

ることによってなされます（同条3項）。そして、仮差押えの効力は、仮差押えの登記がなされた時に発生します（同条5項は、後記3で述べる民事執行法46条1項を準用していません）。

　もっとも、保全命令は当事者（債権者および債務者）に送達される必要があります（民事保全法17条）ので、仮差押えの場合にも、仮差押命令の決定正本が債務者に送達されない限り、手続を進行することはできません。なお、実務上、債務者が、仮差押えが行われたことを知り先んじて目的不動産を処分してしまうといった事態を防止するため、仮差押えの登記がなされてから仮差押命令の送達を行うという運用がとられています。

　そして、債務者が中国人・台湾人であっても、日本に居住している場合は、通常どおり送達を行うことで問題は生じませんが、中国・台湾に居住している場合は、どのようにして送達を行うかという問題が生じます。

　この点、民事保全法上の送達に関する問題については、同法7条が民事訴訟法を準用していることから、訴訟における送達に関する問題と同様ですので、Q99をご参照ください。

3　強制執行・抵当権実行の場合

　強制執行および抵当権実行においては、差押えの効力は、原則として、不動産競売手続開始決定が債務者に送達された時に発生するとされていますが、差押えの登記が開始決定の送達前に設定されたときは、登記が設定された時に差押えの効力が生じるとされています（民事執行法46条1項）。そして、実務においては、執行裁判所は差押登記の完了を確認してから開始決定を送達していますので、基本的には、強制執行および抵当権実行の場合も、仮差押えの場合と同様、登記時に差押えの効力が発生するといえます。

　もっとも、不動産競売手続開始決定が債務者に送達されなければならないことには変わりがありませんので（民事執行法45条2項）、当該送達がなされない限り、手続を進行することはできません。

　そして、民事執行法上の送達に関する問題についても、同法20条が民事訴訟法を準用していることから、訴訟における送達に関する問題と同様ですので、Q99をご参照ください。

第14章

債務者の倒産

Q91 中国・台湾の倒産手続の効力

中国・台湾の倒産手続の効力は日本国内に及びますか

ポイント

外国倒産承認援助法は、外国の倒産手続の日本における効力について、日本の裁判所の承認手続を経てこれを認めるものとしています。そのため、中国・台湾において債務者に倒産手続が申し立てられた場合、外国管財人等が日本において当該外国倒産処理手続の承認の申立てをすれば、法定の申立棄却事由が存しない限り、日本の裁判所により承認の決定がなされます。さらに、利害関係人の申立てまたは職権に基づき、日本の裁判所により援助の処分がなされた場合には、債務者は日本において弁済や財産の処分を禁じられることになります。

1 外国倒産処理手続の日本における取扱い

外国倒産承認援助法は、外国倒産処理手続（外国で申し立てられた手続で、破産手続、再生手続、更生手続または特別清算手続に相当するものをいいます。同法2条1号）の日本における効力について、日本の裁判所の承認手続を経てこれを認める立場を採用しています（同法1条参照）。

平成12年改正前の旧破産法は、いわゆる属地主義を採用し、日本における破産手続開始決定の効力を日本国内の財産に限定するとともに、外国における倒産手続の効力は日本国内の財産には及ばないとしていました（同法3条）。これに対し、平成12年改正破産法はいわゆる普及主義に転換し、現行の破産法はこれを承継しました。すなわち、破産法は、「破産者が破産手続開始の時において有する一切の財産（日本国内にあるかどうかを問わない。）は、破産財団とする」（同法34条1項）と規定するとともに、外国倒産承認援助法は、裁判所の承認手続を経るという条件のもとに、外国倒産処理手続の効力を日本において認める立場をとりました。

以下では、外国倒産承認援助法について解説します。

2　承認の手続

(1)　申立ての主体

　外国管財人等は、外国倒産処理手続が申し立てられている国に債務者の住所、居所、営業所または事務所がある場合には、日本の裁判所に対し、当該外国倒産処理手続について、その承認の申立てをすることができます（外国倒産承認援助法17条1項）。ここで、外国管財人とは、外国倒産処理手続において債務者の財産の管理および処分をする権利を有する者であって、債務者以外のものをいい（同法2条7号）、外国管財人等とは、外国倒産処理手続において外国管財人がある場合には外国管財人、外国管財人がない場合には債務者をいいます（同条8号）。

(2)　承認の判断基準

　外国倒産処理手続の承認の申立てがなされた場合、日本の裁判所は、①承認援助手続の費用の予納がないとき、②当該外国倒産処理手続において、債務者の日本国内にある財産にその効力が及ばないものとされていることが明らかであるとき、③当該外国倒産処理手続について援助の処分をすることが日本における公の秩序または善良の風俗に反するとき、④当該外国倒産処理手続について援助の処分をする必要がないことが明らかであるとき等には、申立てを棄却します（外国倒産承認援助法21条）。

　この点、中国の倒産法は、普及主義を採用し、債務者の国外財産にもその効力が及ぶとしていますので、上記②に基づき承認の申立てが棄却されることはありません。また、台湾の倒産法は、外国倒産法の効力は台湾国内の財産に及ばないと規定していますが、台湾の倒産法の外国所在の財産に対する効力については特に規定していないので、上記②には該当しないと解されます。

　このため、その他の申立棄却事由も存せず、かつ、日本の倒産手続や他の外国倒産処理手続との競合に基づく不承認事由（外国倒産承認援助法57条1項、62条1項）が存在しない場合には、日本の裁判所は承認の決定をします（同法22条1項）。これにより、外国倒産処理手続の効力が日本国内において認められることになります。

3　援助の処分

　外国倒産処理手続が承認されたとしても、債務者の財産の管理処分権限の喪失や個別執行の禁止といった効果が直ちに発生するわけではなく、利害関係人の申立てまたは職権により、日本の裁判所が援助の処分をすることが必要です。たとえば、裁判所は、利害関係人の申立てまたは職権により、承認管財人や保全管理人を選任し、これらの者に債務者の財産の管理を命じます（外国倒産承認援助法32条、51条）。これらの命令が発せられた場合には、債務者の日本国内における業務の遂行ならびに財産の管理および処分をする権利は、それぞれ承認管財人・保全管理人に専属することになります（同法34条、53条1項）。

　その他援助の処分の例としては、①債務者の財産に関する強制執行や訴訟手続等の中止命令（外国倒産承認援助法25条1項）、②債務者の業務および財産に関する処分禁止・弁済禁止の処分（同法26条1項）、③債務者の財産に対する担保権の実行手続・企業担保権の実行手続の中止命令（同法27条1項）、④債務者の財産に対する強制執行等の禁止命令（同法28条1項）等があります。

Q 92　中国の倒産手続の概要

中国人・中国法人の倒産手続の概要について教えてください

> **ポイント**
>
> 　企業法人の倒産手続については、中国企業破産法において、①「破産清算」、②「重整」、および③「和解」が規定されています。日本における倒産手続と対照すると、①は清算型の倒産手続である破産、②および③はそれぞれ再建型の倒産手続である会社更生および旧和議法に基づく和議に類似する制度といえます。
> 　他方、2017年1月現在において、個人の倒産手続については、法律が整備されていません。

1　中国における倒産手続

　社会主義経済を採用する中国においては、倒産法の整備が遅れていましたが、企業法人の倒産手続について中国企業破産法が制定され、2007年6月1日より施行されています。最高人民法院は、中国企業破産法の細則・司法解釈を示す方針であり、これまでに「企業倒産事件審理の管財人指定に関する規定」「企業倒産事件審理の管財人報酬確定に関する規定」「企業破産法適用上の若干の問題に関する規定（一）」「企業破産法適用上の若干の問題に関する規定（二）」等が制定されています。

　中国における倒産手続の申立件数は近年減少傾向にあるようですが、これは雇用や税収の確保といった中国政府の政策を考慮し、裁判所が倒産手続の開始決定に消極的な姿勢をとっていることにも起因しているといわれています。

　なお、中国企業破産法は、適用対象を企業法人に限定しており、個人に対しては適用されません。個人の倒産手続に関する法律は、その必要性が議論されているものの、2017年1月現在において立法には至っていません。

2　中国企業破産法の規定する倒産手続の種類

　中国企業破産法は、企業法人の倒産手続として、①日本における破産に類似する清算型の倒産手続である「破産清算」、②日本における会社更生に類似する再建型の倒産手続である「重整」、および③日本における旧和議法に基づく和議に類似する「和解」を規定しています。

　そこで、以下では、便宜上、①を破産手続、②を更生手続、③を和解手続と呼称します。なお、中国企業破産法は、外国人債権者の手続参加について明記していませんが、これを制限する見解はみられません。

3　破産手続

(1)　申立権者

　債務者および債権者は、債務者に破産原因が存する場合には、債務者の住所地を管轄する裁判所に破産手続開始を申し立てることができます（中国企業破産法7条）。破産原因は、①弁済期の到来した債務について弁済することができないこと（日本法における支払不能に近い概念です）、および②資産がすべての債務の弁済に不足すること（債務超過を指すと解されています）または弁済能力が明らかに欠如していることの双方を満たす場合に認められます（同法2条1項）。

　なお、解散した企業法人が清算結了前に債務超過にある場合には、法律上の清算義務者は、破産手続開始を申し立てる義務を負います（中国企業破産法7条3項）。

(2)　裁判所による受理

　裁判所は、破産手続開始の申立てを受理することが相当であると判断した場合、これを受理します（中国企業破産法10条）。申立ての受理により、①その後になされた債務者の債権者に対する弁済は無効となる（同法16条）、②破産管財人による双方未履行の双務契約の解除または履行の選択についての決定権が発生する（同法18条）、③債務者の財産に関する保全措置・強制執行は失効・中止する（同法19条）、④債務者を当事者として係属する訴訟・仲裁手続は中断する（同法20条）等の法的効果が発生します。

(3) 管財人

　裁判所は、破産手続開始の申立てを受理する場合、受理と同時に管財人を選任します（中国企業破産法13条）。管財人に就任できるのは、政府の関係部署または関係機構の人員により構成される清算委員会、法律事務所、会計事務所等とされています（同法24条1項）。

　管財人の職務として、①債務者の財産、印章、帳簿等の接収・管理、②債務者の財産状況の調査および財産状況報告書の作成、③債務者の財産の管理・処分、④債務者を代表しての訴訟等の司法手続への参加が規定されています（中国企業破産法25条）。管財人は、かかる職務の遂行にあたって、裁判所に対して報告義務を負うとともに、債権者集会および債権者委員会の監督を受けます（同法23条1項）。

　なお、管財人は、申立てが受理される前1年以内になされた財産の無償譲渡・不当に廉価な譲渡、既存の債務についての担保提供、弁済期未到来の債務の弁済および債権放棄について、裁判所に対し、否認の請求をすることができます（中国企業破産法31条）。

(4) 債権届出・配当

　債権者は、債権届出期間内に、管財人に対して債権額・物的担保の有無を記載した債権届出書および関連証拠を提出する必要があります（中国企業破産法49条）。債権届出期間は、30日以上3カ月以内の範囲で、裁判所により決定されます（同法45条）。

　管財人は、債権届出書を受領すると、届出債権の性質・金額等を調査のうえ、債権認否書を作成します（中国企業破産法57条）。債権認否書は第1回債権者集会の調査に付され（同法58条1項）、債権者または債務者の異議がない場合には裁判所は債権確定の決定をします（同条2項）。これに対し、異議のある債務者または債権者は、倒産手続の開始の申立てを受理した裁判所に対し、訴えを提起します（同条3項）。このように債権確定の手続を経て管財人により配当表が作成され、債権者集会の決議に付されます（同法115条1項）。裁判所により配当表が認可決定されると、管財人は配当を実施します（同法116条1項）。破産財団から弁済を受ける際の優先順位は、①倒産費用、②共益債権、③労働債権、④租税債権、⑤一般債権の順になります（同法

113条1項)。なお、担保付債権については、破産手続外でこれを行使し、優先弁済を受けることができます(同法109条)。

4 更生手続

(1) 申立権者

　破産手続と同様、債務者および債権者とされています(中国企業破産法70条1項)。また、債権者から破産手続開始の申立てがあった場合に、対抗的に、債務者および債務者の登録資本の額の10分の1以上を有する株主等に更生手続開始の申立権が認められています(同条2項)。

(2) 裁判所による受理

　債務者または債権者によって更生手続開始の申立てがなされた場合には、前記3(2)と同様の手続に従い、裁判所により受理されます。裁判所は、審査のうえ、更生手続開始の申立てが法定の要件を具備すると認める場合には、受理決定と同時に更生手続開始を決定し、その旨を公告します(中国企業破産法71条)。かかる決定の日から更生手続の終結までの間は、債務者の特定財産に対する担保権の行使が原則として禁止されます(同法75条)。

(3) 管財人

　管財人の選任およびその職務については、前記3(3)と同様です。なお、更生手続においては、裁判所が許可する場合には、債務者が財産の管理処分・事業経営を行い、管財人がこれを監督するという方法をとることもできます(中国企業破産法73条)。

(4) 更生計画案の認可

　管財人または債務者は、更生手続開始決定があった日から6カ月以内に更生計画案を作成し、裁判所に提出します(中国企業破産法79条)。裁判所は、かかる提出日から30日以内に債権者集会を招集し、更生計画案を決議に付します(同法84条1項)。かかる決議において議決権を行使できるのは、①担保付債権者、②労働債権者、③租税債権者、④一般債権者であり(同法82条)、更生計画案が可決されるためには、各債権者グループの出席債権者の過半数が賛成し、かつ、各債権者グループの確定債権総額の3分の2以上の債権額を有する債権者が賛成することが必要となります(同法84条2項)。可決され

た更生計画は、裁判所の認可により発効し、債務者およびすべての債権者に対して効力を有します（同法92条1項）。

(5) **更生計画の遂行**

更生計画は債務者によって遂行され（中国企業破産法89条1項）、管財人がこれを監督します（同法90条1項）。債務者の資力が悪化し、更生の見込みがなくなった場合や、更生計画が履行されなかった場合等には、更生手続は廃止され、裁判所は破産手続開始決定をします。

5 和議手続

(1) **申立権者**

申立権者は債務者のみです（中国企業破産法95条1項1文）。債権者が破産手続開始を申し立てた場合に、対抗的に債務者が和議手続開始を申し立てることもできます（同項2文）。和議手続の開始原因は、破産原因と同様です（同法2条）。債務者は、和議手続開始の申立てに際し、和議案を提出する必要があります（同法95条2項）。

なお、和議手続の対象となるのは担保権を有さない債権者のみであり、担保権を有する債権者は和議手続の外で担保権を行使することができます（中国企業破産法96条2項）。

(2) **裁判所による受理**

債務者によって、和議手続開始の申立てがなされた場合には、前記3(2)と同様の手続に従い、裁判所により受理されます。裁判所は、審査のうえ、和議手続開始の申立てが法定の要件を具備すると認める場合には、受理決定と同時に和議手続開始を決定し、その旨を公告します（中国企業破産法96条1項）。

(3) **管　財　人**

管財人の選任およびその職務については、前記3(3)と同様です。管財人は、債務者の財産の管理処分や事業の運営を行い、裁判所に対して職務遂行の報告書を提出します（中国企業破産法98条）。

(4) **和議の認可**

和議案は、裁判所により債権者集会に付議されます（中国企業破産法96条

1項)。和議案が可決されるためには、出席した債権者の過半数が賛成し、かつ、物的担保のない債権総額の3分の2を超える債権額を有する債権者が賛成することが必要となります（同法97条1項）。債権者集会が和議を採択した場合には、裁判所が認可の決定を行い、和議手続を終結します（同法98条）。

(5) 和議の遂行

債務者は、和議に定める条件に従い弁済する義務を負います（中国企業破産法102条）。債務者がかかる弁済を履行しない場合等には、裁判所は、和議債権者からの請求により、和議を終結し、破産手続開始決定をします（同法104条）。

Q 93 台湾の倒産手続の概要

台湾人・台湾法人の倒産手続の概要について教えてください

> **ポイント**
>
> 台湾における倒産手続としては、①「破産」、②「重整」、および③「和解」があります。日本における倒産手続と対照すると、①は清算型の倒産手続である破産、②および③はそれぞれ再建型の倒産手続である会社更生および旧和議法に基づく和議に類似する制度といえます。

1 台湾における倒産手続

台湾における事業者を対象とした倒産手続としては、①日本における破産に類似する清算型の倒産手続である「破産」、②日本における会社更生に類似する再建型の倒産手続である「重整」、③日本における旧和議法に基づく和議に類似する「和解」があります（以下では、便宜上、①を破産手続、②を更生手続、③を和議手続と呼称します）。破産手続および和議手続については、台湾破産法に規定されており、更生手続については、台湾会社法に規定されています。台湾破産法および台湾会社法は、外国人債権者の倒産手続への参加について明記していませんが、これを制限する見解はみられません。

なお、個人または小規模事業者を対象とした破産手続については、2008年に台湾消費者債務清理条例が制定されました。同条例はあくまで消費者の多重債務の処理を目的としており、債権者は現地の金融機関であることがほとんどですので、本書では説明を割愛します。

以上のとおり、各種倒産手続が存在するものの、台湾破産法は1935年に施行された法律であり、現在の実情に適合していない側面もあるため（下記2(1)および(2)を参照）、台湾における倒産手続の件数は必ずしも多くはなく（台湾司法統計年報によれば、2015年の破産申立および和議申立の件数は162件で、そのうち破産宣告は17件、和議の決定は0件となっています）、私的整理により処理される事件が多いようです。台湾破産法および台湾会社法に規定された倒

第14章 債務者の倒産 287

産手続を統合のうえ大幅に改正した「債務清理法」という法案が2016年4月に台湾の国会へ提出されましたが、2017年1月時点でその成立の見通しは立っていません。

2 破産手続

(1) 申立権者

債務者または債権者は、債務者の住所地に所在する裁判所に破産手続開始を申し立てることができます（台湾破産法58条、2条）。破産原因は、債務の弁済不能と規定されています（同法1条）。

なお、法律上明記されていないものの、実務上、債権者による破産手続開始申立ての場合には、申立債権者以外にも債権者がいること（つまり、債権者が複数いること）について申立債権者に疎明義務が課されており、かかる疎明がないことを理由として申立てが却下されることがあります。

(2) 破産宣告

裁判所は、破産手続開始の申立ての受理の日から7日以内（ただし、裁判所による決定のために調査が必要な場合には、7日間の延長が可能）に破産宣告をするか、申立てを却下します（台湾破産法63条）。もっとも、かかる期限は、実務上は努力規定のように扱われており、申立てから破産宣告まで1年以上を要するケースも珍しくありません。このように審理が長期化することも破産手続の利用が低調であることの一因になっています。

破産宣告がされると、債務者は財産の管理処分権を失います（台湾破産法75条）。

破産宣告がされた場合でも、抵当権、質権、留置権等の担保権を有する債権者は、別除権を有するため、破産手続によらずに当該別除権を行使することができます（台湾破産法108条）。また、破産宣告時に破産債務者に対して債務を負担する債権者は、同種類の給付であることや自動債権の弁済期が到来していること等を要件とせず、相殺権を行使することができます（同法113条）。

他方、上記以外の一般債権は、破産債権として分類され、後記(4)の手続に従い、配当がなされます（台湾破産法98条等）。

(3) 管財人

　裁判所は、破産宣告をする場合、会計士その他適当な者の中から管財人を選任します（台湾破産法83条1項）。また、債権者会議において、債権者のなかから管財人を選任することも可能です（同条2項）。このようにして選任された管財人は、裁判所の監督のもとで業務を遂行します（同条3項）。

　管財人は、債務者の財産について管理処分権限を有し、第1回債権者会議までの間、裁判所の許可を得たうえで、破産手続における清算に必要となる範囲で債務者の営業を継続することができます（台湾破産法91条）。

　また、管財人は、債務者が破産宣告前に行った債権者に損害を与える行為のうち、台湾民法の規定に基づき取消しが可能なものについて、裁判所にその取消しを申し立てる義務を負います（台湾破産法78条）。また、管財人は、債務者が破産宣告前6カ月以内に行った担保提供や弁済期未到来の債務に対する弁済を取り消すことができます（同法79条）。

(4) 債権届出・配当

　債権届出期間は、破産宣告の日から15日から3カ月の範囲で定められます。また、裁判所は、破産宣告の日から1カ月以内に第1回債権者会議を招集し（台湾破産法64条）、その後、管財人の申立てもしくは職権により債権者会議を招集します（同法116条）。債権者会議は、その決議により、管財人の職務遂行を監視する監査人を選任する権限や、管財人による財産管理方法を決定する権限を有します（同法120条）。

　破産財団に属する財産は、競売により換価されます（台湾破産法138条）。管財人は、裁判所に認可された配当表に基づき、換価金を債権者に配当のうえ（同法139条）、裁判所に対してこれを報告します（同法145条）。かかる報告を受け、裁判所は破産手続の終止を決定します（同法146条）。

3　更生手続

(1) 申立権者

　更生手続は、台湾会社法第5章第10節に規定されており、その対象となる会社は、株式または社債を公開発行している会社です。財務上の困難により営業の一時的な停止または休止のおそれがあり、かつ、更生の可能性がある

ことが更生手続の申立要件とされています(台湾会社法282条)。

申立権者は、①債務者会社の董事会、②6カ月前から引き続き債務者会社の発行済株式総数の10％以上を保有する株主、③債務者会社の発行済株式総数の金額の10％以上に相当する金額の債権を有する債権者とされています(台湾会社法282条)。

(2) **更生手続の開始**

裁判所が更生手続開始の決定をする場合、同決定を公告し、知れたる債権者および株主に対して書面により通知します(台湾会社法291条)。更生手続開始の決定により、債務者の破産、和議、強制執行および財産に関する訴訟等の手続は停止されます(同法294条)。

(3) **管財人の選任**

裁判所は、債権者、株主、董事等のなかから管財人を選任します(台湾会社法291条1項)。実務上は、董事と同時に弁護士等が管財人に選任されることが多くなっています。

更生手続開始の決定が債務者に送達されると、債務者の経営や財産の管理処分権限は管財人に移転します(台湾会社法293条)。

もっとも、管財人が①営業行為以外の債務者の財産の処分、②会社の業務または経営方法の変更、③借入れ、④訴訟または仲裁の遂行、⑤債務者の権利の放棄または譲渡等の一定の行為を行う場合には、事前に会社更生監督人の許可が必要となります(台湾会社法290条6項)。会社更生監督人は、会社業務の専門知識を有する者や金融機関のなかから、裁判所により選任されます(同法289条1項)。

なお、更生手続において、管財人に否認権は付与されていません。

(4) **関係者会議**

債権者および株主は、会社更生監督人を議長とする関係者会議に出席します(台湾会社法300条1項・2項)。管財人は、会社更生計画を作成して、これを債務者の業務および財務についての報告書とともに第1回の関係者会議に提出し、審査を求めます(同法303条1項)。会社更生計画は、優先更生債権者、担保付更生債権者、無担保会社更生債権者および株主のグループごとに決議を行い、各グループにおける総債権額の2分の1以上の債権額を有する

債権者の同意により可決されます（同法302条1項）。

会社更生計画が可決された場合、管財人は裁判所に認可を申し立てた後、これを執行します。会社更生計画の可決により、弁済を受けていない債権は会社更生計画に基づき変更され、更生後の債権者に引受けさせることになる部分を除き消滅する等の効力が生じます（台湾会社法311条1項）。

他方、会社更生計画が否決された場合、裁判所は、会社更生計画を修正してあらためて関係者会議に審査を求めることができますが、再度否決された場合または会社更生の見込みがないと判断した場合には、更生手続の終止を決定します（台湾会社法306条）。この場合、裁判所は、職権により破産を宣告することができます（同法307条）。

4 和議手続

(1) 申立権者

申立権者は債務者のみです。債務者は、債務を弁済できないときは、裁判所に対して和議手続開始を申し立てることができます（台湾破産法6条）。その際、債務者は財産状況説明書、債権者名簿および和議案を提出し、和議案における弁済に関して保証または物的担保を提供する必要があります（同法7条）。

なお、和議手続の対象となるのは担保権を有さない債権者のみであり、担保権を有する債権者は和議手続の外で担保権を行使することができます（台湾破産法37条）。

(2) 和議手続開始の決定

裁判所は、申立ての受理の日から7日以内に、和議手続の開始または却下の決定をします（台湾破産法9条）。もっとも、和議の申立件数はきわめて少ないので実態は把握できていませんが、破産手続と同様に、かかる期限の厳密な運用は期待できないと思われます。

(3) 監督人

裁判所は、裁判官1名を監督人として、会計士等のなかから1名または2名を監督補助人として選任します（台湾破産法11条）。和議手続において、債務者は財産の管理処分権を失わず、監督人および監督補助人による監督を受

けながら営業を継続します（同法14条）。

(4) **債権者会議**

　監督人が議長となり、債権者会議が開催されます（台湾破産法22条）。債権者会議において、監督人または監督補助人は、債務者の財産および業務状況について報告し、債務者が提出した和議案に対する意見を陳述します（同法25条）。和議案の可決には、出席した債権者の過半数が賛成し、かつ、その債権額が物的担保のない債権総額の3分の2を超える債権額を有する債権者が賛成することが必要となります（同法27条）。

　和議案が可決された場合、監督人は裁判所に報告し、裁判所が適当と認めた場合に認可をします（台湾破産法29条）。認可された和議は、和議手続開始前に成立した債権に係る債権者を拘束します（同法36条）。

　他方、和議が否決された場合、議長は和議手続の終止を宣言し、裁判所に報告します（台湾破産法28条）。この場合、裁判所は、当事者の申立てがあれば、債務者の破産を宣告することができると解されています。

　なお、破産手続と同様に、担保権を有する債権者は別除権を有するため、和議手続によらずに当該別除権を行使することができます（台湾破産法37条）。

Q 94　役員の個人責任

中国法人・台湾法人から債権の回収を図ることが困難になった場合、会社役員や株主の個人責任を追及することはできますか

ポイント

　日本法のもとでは、民法709条や会社法429条１項に基づく役員の責任を追及することや、法人格否認の法理に基づいて株主の責任を追及することが考えられます。外国会社の場合、通則法17条に従い、役員個人に対して民法709条に基づく責任追及をすることは可能ですが、会社法429条１項についてはこれを外国会社に適用することはできず、法人の従属法に従うとするのが多数説の考えです。

　また、法人格否認の法理については、類型に応じて準拠法を決定する見解が有力であり、事実上の一人会社で、契約の相手方からみて取引相手が会社なのか個人なのかはっきりしないような類型では、当該契約の準拠法に従うと解されています。

　この点、中国法においては、役員の対第三者責任に関する規定はありませんが、法人格否認の法理に関する規定は存在します。また、台湾法においては、役員の対第三者責任に関する規定および法人格否認の法理に関する規定の双方が存在します。

1　役員の責任

(1)　日本法のもとでの責任追及

【設例１】
　日本の会社法に基づき設立された会社において、経営が危機的な状況にあって業績回復の見込みがないにもかかわらず、その取締役が返済の見込みがないことを認識して金融機関から借入れを行い、その後会社が倒産に至った場合に、金融機関が役員個人の責任を追及できるでしょ

か。

a 不法行為に基づく損害賠償請求

まず、債権者たる金融機関の損害について役員の故意・過失が認められ、役員に不法行為が成立する場合には、金融機関は、民法709条に基づき、当該役員に対して損害賠償を請求することが可能です。

b 会社法429条1項に基づく損害賠償請求

日本の会社法では、役員等がその職務を行うについて悪意または重大な過失があったときは、当該役員等は、これによって第三者に生じた損害を賠償する責任を負うものとされています（同法429条1項）。この点、債務超過の株式会社の取締役には会社債権者の損害拡大を防止するために再建可能性・倒産処理等を検討すべき義務が善管注意義務として課されているとする見解が有力ですので、【設例1】の場合、取締役には善管注意義務違反が認められ、債権者たる金融機関は、同項に基づき役員に対して損害賠償を請求することが可能です。

なお、前記aの民法709条に基づく請求においては、債権者に対する加害についての故意・過失が要件となるのに対し、会社法429条1項においては、役員の会社に対する任務懈怠についての故意・過失が要件となり、同項に基づく請求のほうが立証が容易であるともいわれています。

(2) 外国会社の役員に対する責任追及

a 不法行為に基づく損害賠償請求

【設例1】で、借入人が外国会社であった場合はどうなるでしょうか。この点、通則法17条は、不法行為によって生ずる債権の成立および効力については、加害行為の結果が発生した地の法によると規定するため、外国法人の役員に対しても、民法709条に基づき損害賠償を請求することが可能です。

b 会社法429条1項に基づく損害賠償請求

(a) 適用否定説

会社の機関としての「役員」の会社に対する責任は、法人の従属法によって決するべきであり、日本の会社法は適用されないとする見解が多数説であると思われます。この点、法人の従属法の決定方法については、法人がその

設立の際に準拠した法律が、設立後も当該法人の権利能力、内部関係の諸問題に適用されるとする設立準拠法説が多数説ですので（Q28参照）、【設例1】において金融機関が外国会社の役員に対して損害賠償を請求できるか否かは、当該外国会社の設立準拠法において役員の責任につきどのように規定されているかによって決まります。中国法および台湾法における役員の第三者に対する責任については、以下のとおりです。

① 中国会社法

中国会社法は、役員の第三者に対する責任について特別の規定を置いていません。したがって、適用否定説によれば、【設例1】の外国会社が中国会社である場合には、役員の第三者に対する特別の責任の追及として損害賠償を請求することはできないことになります。

② 台湾会社法

台湾会社法23条2項は、「会社の責任者は、会社業務の執行について、法令に違反して他人に損害をもたらしたとき、会社と連帯して賠償責任を負わなければならない」と規定します。したがって、台湾会社の役員に法令違反が存する場合には、役員個人に対して損害賠償を請求することができることになります。

また、公開発行会社（上場会社および上場準備段階の会社）について、2012年の台湾会社法の改正により、いわゆる「影の董事」の責任が導入されました。公開発行会社の場合、法令上の董事に該当しない者であっても、実質的に董事の業務を遂行する者または実質上会社の人事、財務または事業運営を支配し当該会社の董事による業務の遂行を指揮した者は、法令上の董事と同様に、民事、刑事および行政責任を負わなければならないとされています（同法8条3項前段）。

(b) 直接損害については日本の会社法が適用されるとする見解

役員が会社に対して損害を与え、その結果会社財産が減少し債権者に損害を与えるという間接損害型の場合については法人の従属法により決する（すなわち、上記(a)と同じ結論となる）と考える一方で、【設例1】のように詐欺的な行為で取引相手に損害を与える直接損害型については、抵触法的には不法行為としての性質を帯びることから、通則法17条に従い行為地法が適用さ

れるとする見解もみられます。

かかる見解によれば、【設例1】の場合には、行為地法たる日本の会社法が適用されます。中国会社および台湾会社の「董事」は、会社法429条1項に規定される「役員等」に含まれると解することができるので、金融機関は同項に基づき董事に対して損害賠償を請求することができます。

2　法人格否認の法理

(1)　日本法のもとでの法人格否認の法理

> 【設例2】
> 　【設例1】の場合において、当該会社の株式を100％有するA氏が代表者を務めており、会社とはいっても法人格は形骸化しており、実質的には当該会社とA氏個人とが同視されるような場合、上記1のほかにA氏の責任を追及する方法はあるでしょうか。

日本の会社法では、明文の規定はないものの、法人格がまったくの形骸にすぎない場合や、法人格が法律の適用を回避するために濫用される場合に、その事案に限って会社の法人格の独立性を否定し、会社とその株主や他の会社とを同一視する、いわゆる法人格否認の法理が認められています。このように法人格の形骸化や濫用が認められるケースであれば、会社の法人格を否認し、株主としてのA氏の責任を追及することも考えられます。

(2)　外国会社の場合の法人格否認の法理の適用の可否

a　法人格否認の法理の準拠法

法人格否認の法理の準拠法については、定説はありませんが、事実上の一人会社で、契約の相手方からみて取引相手が会社なのか個人なのかがはっきりしないような事例において、取引相手の信頼を保護する目的で法人格否認の法理の適用が問題となるような類型では、法人格否認の法理の準拠法は当該取引の契約準拠法であると解する見解が有力です。

かかる見解によれば、借入れに係る契約準拠法が日本法であれば、日本法における法人格否認の法理の適用が検討されますし、契約準拠法が中国法ま

たは台湾法であれば、中国法または台湾法における法人格否認の法理の適用が検討されます。以下では、中国法および台湾法における法人格否認の法理を簡潔に説明します。

 b 中国会社法

 2005年の中国会社法の改正により、法人格否認の法理が導入されました。すなわち、同法20条3項は、「会社の株主は、会社の法人としての独立地位および株主の有限責任を濫用して債務を回避し、会社の債権者の利益を深刻に損なった場合、会社の債務について連帯責任を負わなければならない」と規定しています。

 かかる中国会社法の法人格否認の法理の要件が充足されるか否かは、個々の事案ごとの判断になりますが、一定の場合には、株主の責任を追及することが可能となります。

 c 台湾会社法

 2013年の台湾会社法の改正により、法人格否認の法理が導入されました。すなわち、同法154条2項は、「株主は、会社の法人地位を濫用して当該会社に特定の債務を負担させかつその返済が著しく困難になり、その情状が重大でまた必要と認められた場合、当該株主はその返済の責任を負わなければならない」と規定しています。

 かかる台湾会社法の法人格否認の法理の要件が充足されるか否かは、個々の事案ごとの判断になりますが、一定の場合には、株主の責任を追及することが可能となります。

第15章

裁　　判

Q 95 中国人・台湾人との紛争に係る裁判管轄

中国人・台湾人の顧客との金融取引に関する紛争については、どの国の裁判所が管轄権を有しますか

ポイント

　銀行取引約定書等において本店または取引支店の所在地を管轄する裁判所を管轄裁判所とする旨を定めている場合、かかる定めは、日本の裁判所を管轄とする旨の国際裁判管轄に関する合意としても効力を有します。
　しかし、中国人の顧客との関係では、判決の中国での執行を見据えるとすれば、日本を仲裁地とする仲裁合意を行うことも選択肢として考えられます。
　また、台湾人の顧客との関係では、判決の台湾での執行を見据えるとしても、日本に所在する顧客については、日本の裁判所を管轄とすることで問題ありませんが、台湾に所在する顧客については、やはり日本を仲裁地とする仲裁合意を行うことも選択肢として考えられます。

1　銀行取引約定書等による合意管轄

　銀行取引約定書旧ひな型14条においては、当該約定に基づく諸取引に関して訴訟の必要を生じた場合には、銀行の本店または特定の支店（取引店）の所在地を管轄する裁判所を管轄裁判所とする旨の定めがあり、現在も、銀行取引約定書等の取引基本契約書においてかかる定めを設けている金融機関がほとんどであると思われます。
　かかる定めは、国内の土地管轄に関する合意のみならず、国際裁判管轄に関する合意としても効力を有し、日本の民事訴訟法3条の7第1項に基づき、日本の裁判所が管轄権を有することになります。
　また、銀行取引約定書等を取り交わさない場合であっても、金融取引に基づく債務の履行を求める訴訟については、別段の合意がない限り、日本の民法により、債権者の所在地が義務履行地となるため（同法484条）、日本の民

事訴訟法により、日本の裁判所が管轄権を有することになります（同法3条の3第1項）。

2　中国人の顧客との金融取引における注意点

(1)　中国の裁判所の専属管轄について

　中国の民事訴訟法においては、中国の裁判所の専属管轄に属する一定の事件については、当事者は、他の国の裁判所の管轄を選択してはならない旨の定めがあります。もっとも、中国の裁判所の専属管轄に属する一定の事件は、中国に所在する不動産に係る事件、港湾作業中に発生した事件または遺産相続に関する事件であり（同法33条）、金融取引に関する事件は、基本的にはこれらには該当しないものと思われます。

　よって、中国人の顧客との間の金融取引において、国際裁判管轄を日本の裁判所とする旨の合意は有効となります。

(2)　中国における執行の問題について

　中国人の顧客との間での金融取引に関する紛争について、日本の裁判所で訴訟を行い、勝訴判決を取得した場合に、当該判決を執行する際には、多くの場合、中国に所在する財産に対して執行を行うことになるものと思われます。

　しかしながら、日本の裁判所の判決を中国において執行することは、認められない可能性が高いです（Q103参照）。

　したがって、中国国内での執行を行うことが見込まれるような場合には、日本の裁判所で訴訟を行うことは、紛争解決手段として適切でなく、よって日本の裁判所を管轄裁判所とする旨を合意することは適切ではないものと思われます。むしろ、かかる合意をすることにより、日本の裁判所では勝訴しても判決を執行できず、中国の裁判所では国際裁判管轄違反を理由に訴えを却下されるおそれがあり、紛争解決が困難になる事態が起こりえます。

(3)　他の手段について

　日本の裁判所での訴訟以外の手段として、中国の裁判所での訴訟を行うことを想定して、かかる旨の国際裁判管轄の合意をすることが考えられますが、中国での訴訟は、費用や手間の問題があります。

そこで、中国人の顧客との金融取引に際しては、日本を仲裁地とする仲裁合意を行うことが考えられます。

中国は、「外国仲裁判断の承認及び執行に関する条約」（以下「ニューヨーク条約」といいます）に加盟しています。したがって、日本をはじめとするニューヨーク条約加盟国を仲裁地とする仲裁判断は、中国における承認および執行が可能であり、ニューヨーク条約に定める拒絶事由（同条約5条1項・2項）に該当しない限り、中国の裁判所による承認を受け、中国国内での執行を行うことができます。

3　台湾人の顧客との金融取引における注意点

(1)　日本の裁判所での訴訟について

台湾においては、被告に対する送達が公示送達の方法によらざるをえない場合（典型的には、台湾に所在する被告に対する送達の場合）を除き、基本的には日本の裁判所の判決による執行が認められる可能性が高いです（Q104参照）。

したがって、日本国内その他公示送達以外の方法による送達が可能な場所に所在する台湾人の顧客との金融取引に係る紛争については、日本の裁判所での訴訟により解決することは選択肢として考えられます。

(2)　他の手段について

他方、台湾に所在する台湾人の顧客については、日本の裁判所の判決をもって台湾での執行が認められる可能性が高くないことから、他の手段を検討する必要があります。

この点、中国人の顧客と同様に、日本を仲裁地とする仲裁合意を行うことが考えられます。台湾は、ニューヨーク条約には加盟していないものの、台湾仲裁法においては、外国の仲裁判断の承認および執行に関する規定が設けられており、台湾の裁判所による承認が得られれば、執行を行うことが可能です。

台湾仲裁法において、外国の仲裁判断の承認拒否事由が列挙されていますが（同法49条、50条）、これらの事由は、基本的にはニューヨーク条約5条1項および2項に定めるものと同様であり、それ以外の事由としては、仲裁判

断がなされた仲裁地国や仲裁判断に適用された仲裁法の所属国が台湾の仲裁判断を承認しない場合があげられています。もっとも、日本を仲裁地とする仲裁判断については、台湾における承認および執行が認められた先例が存在しており、よって日本を仲裁地とする仲裁判断はかかる承認拒否事由に該当しないととらえられているものと思われます。

Q 96 中国の裁判制度の概要

中国の裁判制度の概要について教えてください

ポイント

　中国の裁判所は、最高人民法院、高級人民法院、中級人民法院および基層人民法院の4つの階級があり、事件の性質、地域および訴額に応じて、第一審を管轄する裁判所の階級が決まります。

　中国の民事訴訟は二審制であり、第一審の1つ上の階級の裁判所による第二審が最終審となります。もっとも、日本と比べて、再審事由が比較的広く認められています。

　中国での民事訴訟の提起は、訴状を提出し、裁判所が提訴条件の審査を行ったうえで、受理するか否かを決定します。

　民事訴訟手続の特色として、開廷前の証拠交換手続があります。

1　中国の裁判所

　中国の裁判所は、最高人民法院、高級人民法院、中級人民法院および基層人民法院の4つの階級に区分されます。

2　中国の民事訴訟の管轄制度

(1)　事物管轄

　中国の民事訴訟において第一審の審理を行う裁判所は、必ずしも基層人民法院ではなく、事件の重要性に応じて、最高人民法院、高級人民法院または中級人民法院が第一審の審理を行うこともあります。

　かかる管轄の基準については、中国民事訴訟法17条ないし21条に抽象的な定めがあり、最高人民法院は全国的に重大な影響を有する事件および最高人民法院での審理が必要と認めた事件（なお、かかる事件については二審制の例外として、最高人民法院による第一審のみで終結します）について、高級人民法院は管轄区内で重大な影響を有する事件について、中級人民法院は重大な渉

外事件、管轄区内で重大な影響を有する事件および最高人民法院が中級人民法院の管轄であると確定した事件について、基層人民法院はこれらに該当しない事件について、それぞれ第一審の管轄権を有します。

　また、かかる管轄の基準は、最高人民法院の司法解釈により、地方ごとに、事件の性質および訴額に応じた基準が具体化されています。たとえば、上海市の場合、高級人民法院は訴額2億人民元以上の事件、または訴額1億人民元以上で、かつ一方当事者の住所地が当該管轄区域外であるか、もしくは渉外関係の事件について、中級人民法院は訴額5,000万人民元以上の事件、または訴額2,000万人民元以上で、かつ、一方当事者の住所地が当該管轄区域外であるか、もしくは渉外関係の事件について、それぞれ第一審の管轄権を有します。

(2)　**審級管轄**

　中国では、日本の三審制とは異なり、原則として二審制が採用されています（例外は最高人民法院による第一審が行われた事件）。したがって、第一審判決に不服のある当事者は、第一審の1つ上の階級の裁判所に上訴することができますが、第二審が最終審となり、第二審判決に対して上訴することはできません。

　もっとも、日本と比べて、再審事由が比較的広く認められており、当事者は、法定の再審事由（中国民事訴訟法200条）に基づき、再審を申し立てることができます。

(3)　**土地管轄**

　土地管轄は、被告の住所地の裁判所に管轄が認められるほか（中国民事訴訟法21条）、契約に関する訴訟であれば被告の住所地または契約履行地の裁判所にも管轄が認められます（同法23条）。また、契約書中の取決めで被告の住所地、契約履行地、契約締結地、原告の住所地または目的物所在地の裁判所を選択した場合には、審級管轄と専属管轄に反しない限り、当該裁判所に管轄が認められます（同法34条）。

　専属管轄が定められている例としては、不動産に関する紛争、港湾作業中に発生した紛争、遺産相続に関する紛争があげられます（中国民事訴訟法33条）。

3　中国の民事訴訟手続

(1)　訴訟の提起と受理

　中国における民事訴訟の提起は、日本と同様に、当該訴訟について管轄権を有する裁判所に訴状を提出することでこれを行います。また、訴状の作成が困難な場合には、口頭で訴訟を提起することができます。

　訴訟の提起を受けた裁判所は、提訴条件を充足していることの審査を行い、提訴条件を充足していると判断する場合には、これを受理・立件して、当事者に対する通知を行います。提訴条件を充足していないと判断する場合には、受理しない旨の裁定を行い、かかる裁定に不服のある原告は上訴することができます。

(2)　訴訟の審理

a　開廷前の手続

　中国の民事訴訟における開廷前の手続として、証拠交換手続があります。これは、当事者の申立てにより、または証拠が比較的多い事件もしくは複雑で難解な事件について行われる手続であり、裁判官の主宰のもとで、証拠の提出期限が定められ、当該期限までに当事者双方が証拠の一式を提出するという手続です。

b　開廷後の審理

　開廷後は、法廷調査手続として、当事者の陳述、証人の証言、書証や物証の呈示等の証拠調べが行われ、また法廷弁論手続として、原告およびその訴訟代理人の発言、被告およびその訴訟代理人の答弁、相互弁論、最終陳述等が行われます。

c　審理の期限

　中国民事訴訟法上、審理の期間について、第一審の場合であれば立件の日から6カ月以内とする等の期間制限が明文上設けられていますが（同法149条）、渉外事件については、かかる制限は適用されないとされています（同法270条）。

d　判　　決

　判決には、認定した事実、適用された法律、結論等が記載されます。

第一審判決に不服のある当事者は、判決書の送達の日から15日以内（当事者が中国国内に住所を有しない場合には30日以内）に上訴を提起することができます（中国民事訴訟法164条１項、269条）。

Q 97　台湾の裁判制度の概要

台湾の裁判制度の概要について教えてください

ポイント

　台湾で一般の民事事件を審理するのは普通法院です。最高法院、高等法院および地方法院の3階級があり、原則として三審制がとられています。
　台湾の民事訴訟手続は、その訴額により通常訴訟手続、簡易訴訟手続および少額訴訟手続の3種類に分かれています。また、一定の類型の事件では、その訴額にかかわらず簡易訴訟手続が適用されます。
　これらの手続によって、第一審の裁判所が合議体であるか単独の裁判官であるかや、第二審の係属する裁判所の階級が異なります。
　また、第二審判決に対する上告は、訴額が150万新台湾ドルを超える事件についてのみすることができます。

1　台湾の裁判所

(1)　裁判所の区分

　台湾の裁判所は、審理対象とする事件の種類によって、一般の民事事件および刑事事件を審理する普通法院、行政事件を審理する行政法院、知的財産に関する事件のような専門事件を審理する専門法院の3つに分けられます。
　金融取引に関する事件は、一般の民事事件として、普通法院が審理することになります。

(2)　階　　級

　普通法院での民事事件の審理は、原則として三審制がとられており、階級は最高法院、高等法院および地方法院の3階級となっています。

2　台湾の民事訴訟手続

(1)　訴訟手続の種類

　台湾の民事訴訟手続は、その訴額により3つの種類に分けられ、訴額が50

万新台湾ドルを超える事件については通常訴訟手続が、訴額が10万新台湾ドルを超え50万新台湾ドル以下の事件については簡易訴訟手続（台湾民事訴訟法427条以下）が、訴額が10万新台湾ドル以下の事件については少額訴訟手続（同法436条の8以下）が、それぞれ適用されます。

また、一定の類型（次の①〜⑪）の事件については、その訴額にかかわらず、簡易訴訟手続が適用されます（台湾民事訴訟法427条2項・3項）。

① 建物その他工作物の定期賃貸借に関する紛争に係る訴訟
② 雇用期間が1年未満の雇用契約に関する雇用主と被用者との間の訴訟
③ 旅客等のサービス利用者と旅館主人、飲食店主人または運送人との間での、宿泊代、飲食代、運送費用または預けた荷物もしくは財物に関する訴訟
④ 占有訴権に関する訴訟
⑤ 不動産の境界の設定または境界標の設置に関する訴訟
⑥ 手形または小切手による金銭の支払の請求を目的とする訴訟
⑦ 協同組合関係に基づく請求に関する訴訟
⑧ 利息、配当、賃貸料、扶養費用、退職金その他定期的給付の請求に関する訴訟
⑨ 動産の賃貸借または使用貸借に関する紛争に係る訴訟
⑩ ①〜③および⑥〜⑨に係る法律関係の保証に関する訴訟
⑪ 当事者が簡易訴訟手続の適用によることを書面により合意した場合の訴訟

(2) 訴訟手続ごとの違い

　a　通常訴訟手続

通常訴訟手続は、地方法院（3人の裁判官による合議体）が第一審の審理を、高等法院（3人の裁判官による合議体）が第二審の審理を行い、その審理の対象はいずれも事実認定および法律の適用の双方に及びます。

また、訴額が150万新台湾ドルを超える事件についてのみ、第二審判決に対して法令違反を理由に上告をすることができ、その場合の第三審の最高法院（5人の裁判官による合議体）の審理の対象は法律の適用のみとなります。

b 簡易訴訟手続

簡易訴訟手続は、地方法院（単独裁判官）が第一審の審理を、地方法院（3人の裁判官による合議体）が第二審の審理を行い、その審理の対象はいずれも事実認定および法律の適用の双方に及びます。

また、訴額が150万新台湾ドルを超える事件（つまり前記(1)の①ないし⑪により簡易訴訟手続が適用される事件の一部）についてのみ、第二審判決に対して法令違反を理由に上告をすることができ、その場合の第三審の最高法院（5人の裁判官による合議体）の審理の対象は法律の適用のみとなります。

c 少額訴訟手続

少額訴訟手続は、地方法院（単独裁判官）が第一審の審理を行い、その審理の対象は事実認定および法律の適用の双方に及びます。

また、地方法院（3人の裁判官による合議体）が第二審の審理を行い、その審理の対象は法律の適用のみとなります。

少額訴訟手続の場合は、上告をすることはできません。

(3) 管　　轄

台湾の民事訴訟の管轄については、日本の民事訴訟法4条が定めるのと同様に、原則として、被告の住所地または居所地の裁判所が土地管轄を有します（台湾民事訴訟法1条）。被告が企業等の私法人の場合には、その主たる事務所または主たる営業所の所在地を管轄する裁判所が土地管轄を有します（同法2条）。

また、日本の民事訴訟法5条のように、民事事件の種類に応じた管轄の定めもあり、たとえば契約に関する紛争については、契約において定められた履行地を管轄する裁判所が土地管轄を有します（台湾民事訴訟法12条）。

そのほか、専属管轄に関する規定もありますが、専属管轄がなく、同一の事件について複数の裁判所が土地管轄を有する場合には、日本の場合と同様に、そのなかから原告が自由に選択することができます（台湾民事訴訟法22条）。

(4) 訴訟の審理

台湾における民事訴訟の審理は、準備手続、証拠調手続、口頭弁論の順に進められます。

準備手続は、各当事者の主張および攻撃防御方法を確認し、争点整理を行います。証拠調手続は、当事者が提出する証拠（書証、人証、鑑定、検証等）の取調べを行います。口頭弁論では、当事者が訴訟関係や攻撃防御方法につき、事実上および法律上の陳述を行い、また、弁論を行います。

(5)　判　　決

　裁判所の判決には、主文および理由が記載されます。

　判決の内容に不服のある当事者は、判決書正本の送達を受けた日の翌日から20日以内に上訴を提起する必要があります（台湾民事訴訟法440条）。

Q 98 中国・台湾の裁判手続における日本語の書類の有効性

中国・台湾の裁判所において、日本語の書類をそのまま証拠として使えますか

ポイント

　中国の裁判所の場合、日本語の書証とともに中国語の翻訳文を提出する必要があります。また、日本で作成された文書については、日本の公証人による公証と、在日中国領事館の認証を受ける必要がある旨の最高人民法院の定める規定もあります。
　台湾の裁判所の場合、裁判所から命じられたときは、当事者は、日本語の書証について、中国語の翻訳文を提出する必要があります。

1　中国の裁判所の場合

(1)　翻訳文について

　中国の裁判所の場合、中国民事訴訟法70条2項により、当事者は外国語で作成された書証を提出する場合には、中国語の翻訳文を添付しなければならないとされています。よって、当事者において、中国語の翻訳文を用意する必要があります。

(2)　公証および認証について

　また、中国では、最高人民法院の定める「民事訴訟の証拠に関する若干の規定」11条により、外国において作成された文書は当該外国の公証機関の公証および当該外国に駐在する中国領事館の認証を受ける必要があるとされています。
　したがって、日本において日本語で作成された文書を中国の裁判所に提出する場合には、日本の公証人による公証と在日中国領事館の認証を受けたうえで、翻訳文とあわせて提出する必要があることになります。
　もっとも、かかる公証および認証を受けることの負担が大きいことから、

実務の運用上は、必ずしも当該規定は厳格に守られてはいません。たとえば、広東省の裁判所では、かかる公証および認証を受けることを要求されるのは一部の文書に限定されています。

2　台湾の裁判所の場合

台湾の裁判所の場合、台湾民事訴訟法203条2号により、外国語で作成された書証に関し、裁判所は当事者に対して翻訳文の提出を命じることができるとされています。よって、かかる命令を受けた当事者は、中国語の翻訳文を用意する必要があります。

Q 99　中国・台湾に居住する人への送達

日本での裁判について、中国・台湾に居住する人に対する送達はどのように行われますか

> ポイント

　日本から中国に居住する人に対する送達は、送達条約に基づき、領事送達（外国に駐在する日本の外交官または領事官に嘱託して行う送達）または中央当局送達（送達条約の各締約国が指定する当局（外務省または司法省等）が要請を受けて行う送達）の方法により行われます。
　日本から台湾に居住する人に対する送達は、公示送達の方法によることになります。

1　日本から外国への送達の方法

　日本での民事訴訟に係る外国への送達に関しては、日本の民事訴訟法108条に定めがあり、「裁判長がその国の管轄官庁又はその国に駐在する日本の大使、公使若しくは領事に嘱託してする」とされています。
　したがって、裁判所が職権により送達を行うことになりますが、送達は日本の裁判権の行使であることから、これを外国で行うためには、当該外国が日本の裁判所の行う送達を容認していることが必要となります。具体的には、「民事訴訟手続に関する条約」（以下「民訴条約」といいます）、「民事又は商事に関する裁判上及び裁判外の文書の外国における送達及び告知に関する条約」（以下「送達条約」といいます）などの多国間条約（日本はいずれも加入しています）のほか、日本と特定の外国との間の二国間条約や司法共助に関する合意により、日本が行う送達に対する当該外国の応諾がなされている必要があります。

2　中国の場合

　日本および中国は、いずれも送達条約に加入していることから、日本から

中国に居住する人に対しては、送達条約に基づく送達を行うことが可能です。具体的な方法としては、主に以下の2つがあります。

(1) **領事送達**

　領事送達とは、外国に駐在する日本の外交官または領事官に嘱託して行う送達をいいます（送達条約8条1項）。

　領事送達は、送達条約上は、送達を受けるべき者が日本人であるか否かを問わず送達することができるのが原則ですが、嘱託の相手国が、送達に係る文書の作成された国（すなわち日本）の国民以外の者に対する領事送達を拒否する旨を宣言している場合にはこの限りでなく（送達条約8条2項）、中国はこの宣言をしています。

　したがって、領事送達により中国に在住する者に対する送達を行うことができるのは、送達を受けるべき者が日本国民である場合に限られます。

　領事送達は、後記の中央当局送達の方法よりも早く確実に送達できる点に特徴があり、中国における領事送達の平均所要期間は4カ月とされています（最高裁判所事務総局民事局『国際民事事件手続ハンドブック』443頁）。

　領事送達に係る送達の嘱託に際しては、送達すべき地における公用語または送達を受けるべき者が解する言語によって作成された翻訳文を添付する必要があり（「民事訴訟手続に関する条約等の実施に伴う民事訴訟手続の特例等に関する規則」（以下「特例規則」といいます）11条2項、2条2項）、民事訴訟の当事者が作成または提出した文書に添付すべき翻訳文は当該当事者が提出する必要があります（特例規則11条3項、2条3項）。したがって、送達を受けるべき者が日本語を理解することができる場合を除き、当事者は翻訳文を提出する必要があります。

(2) **中央当局送達**

　中央当局送達とは、送達条約の各締約国が指定する当局（外務省または司法省等）が要請を受けて行う送達をいいます。

　中央当局送達の具体的な方法は3種類あり、①受託国の法律が定める送達方法、②要請者が希望する方法で、受託国の法律に反しない送達方法、③送達を受けるべき者が任意に受領する送達方法があります（送達条約5条1項・2項）。

中央当局送達は、送達を受けるべき者が日本国民であるか否かを問わず可能ですが、領事送達よりも時間がかかることが多く、中国における中央当局送達の平均所要期間は6カ月とされています（前掲『国際民事事件手続ハンドブック』443頁）。また、送達を受けるべき者が日本語を理解できるか否かにかかわらず、受託国の中央当局の要請がある場合には受託国の公用語による翻訳文を添付する必要があります（送達条約5条3項）。領事送達と同様に、民事訴訟の当事者が作成または提出した文書に添付すべき翻訳文は当該当事者が提出する必要があります（特例規則11条3項、2条3項）。

3　台湾の場合

　台湾は民訴条約および送達条約に加入しておらず、また日本との間で正式な国交がなく、すなわち二国間条約や司法共助に関する合意も存在しないことから、日本の民事訴訟法108条に定める送達方法をとることはできません。

　したがって、日本から台湾に居住する人に対する送達は、日本の民事訴訟法110条1項3号に基づき、公示送達の方法によらざるをえません。

　その結果、一応は公示送達の方法による送達が可能であるものの、公示送達により台湾に居住する被告に訴状が送達され、被告が（公示送達がなされたことを知らなかった等の理由により）応訴しないまま原告勝訴の判決がなされた場合、当該判決に基づき台湾で執行を行う際に、かかる執行の可否という問題が生じることになります（Q104参照）。

Q 100　裁判における外国法の適用

裁判において、その国以外の外国の法律の内容はだれが説明しなければなりませんか

ポイント

　日本・中国・台湾のいずれにおいても、外国法の適用を主張する当事者において、当該外国法の内容について説明、提供、立証等を行う必要があります。

1　日本での裁判における外国法の取扱い

　日本の民事訴訟では、証拠による証明の対象となりうるのは「事実」であり、「法規」は証拠による証明の必要はありません。これは、法規を知り、法規を事実に適用することが裁判官の職責であるためです。

　もっとも、外国法については、必ずしも裁判官がその内容を知っているとは限らず、職権により調査することにも限界があることから、裁判所は、当事者に対し、外国法の存在および内容を証明するよう求めることができると解されています。

　その方法については、自由な証明で足りると考えられており、書証の提出や鑑定（民事訴訟法212条）、調査の嘱託（同法186条）などの方法によることが考えられます。

　したがって、日本での裁判において、外国法の適用を主張する当事者は、当該外国法の内容を上記の方法により説明する必要があります。

　なお、外国法の内容を書証として提出するために自ら外国法の調査を行う場合、その方法としては、①文献による調査、②インターネットによる外国法の原典の検索、③当該外国の大使館や領事館への照会等の方法が考えられます。

2　中国での裁判における外国法の取扱い

　中国の民事訴訟における外国法の取扱いに関しては、中国渉外法適用法に定めがあります。同法10条1項によれば、「渉外民事関係に適用する外国法は、人民法院、仲裁機関または行政機関が調査して明らかにする。当事者が外国法の適用を選択した場合には、当該国の法を提供しなければならない」とされています。
　したがって、外国法の適用を主張する当事者は、当該外国法の内容を裁判所に提供する必要があります。

3　台湾での裁判における外国法の取扱い

　台湾の民事訴訟における外国法の取扱いに関しては、台湾民事訴訟法283条に定めがあります。同条によれば、「習慣、地方条例または外国法について裁判所に知られていないものがあった場合、当事者はそれを立証する責任を負う。ただし裁判所は職権によりそれを調べることができる」とされています。
　したがって、外国法の適用を主張する当事者は、当該外国法について立証する必要があります。

第16章

強制執行・
外国判決の承認

Q 101　中国・台湾の民事執行手続

中国・台湾における民事執行手続に関し、特に注意すべき点はありますか

ポイント

中国の民事執行手続は、大きな枠組みとしては日本と共通点があるものの、日本とは手続上異なる点が多いほか、執行難のような実務上の問題もあります。

台湾の民事執行手続は、基本的には日本と同様です。

1　中国の場合

中国の民事執行手続は、中国民事訴訟法の一部として定められているものの、その規定は簡素なものにとどまり、より詳細な内容は最高人民法院が公表する司法解釈において定められています。

その内容には、金銭債権の執行と非金銭債権の執行とで手続が異なること、金銭債権の執行は目的物を差し押さえたうえでの換価・配当により行われること、目的物の種類（不動産、動産、債権等）によってその執行方法が異なること、といった日本の民事執行手続との共通点があるものの、異なる点も多くあります。特に注意を要すべき点として、執行申立てに関する2年間の時効が定められていること（中国民事訴訟法239条）があげられます。

そのほかに中国における民事執行に係る特徴的な問題として、執行難、すなわち勝訴判決があるにもかかわらずその執行が困難であるという問題があります。その原因は、債務者の財産隠匿による執行妨害や、裁判所の地方保護主義（裁判所が執行を行わず、または執行を遅延させる等）にあります。そこで、訴訟提起以前に財産の保全を行う、法律上管轄が認められる範囲内で執行を申し立てる裁判所を適切に選択する、「調査令」制度（Q102参照）を活用する、といった対策が必要となります。

2　台湾の場合

　台湾の民事執行手続は、台湾強制執行法に定められています。その内容は、基本的には日本における民事執行手続と同様であり、金銭債権と非金銭債権の別や目的物の種類に応じた手続の区別、金銭債権の執行は目的物を差し押さえたうえでの換価・配当により行われること、といった共通点があります。

　日本と異なる点として、執行文の付与という制度が存在しないこと、職権または債権者もしくは債務者の申立てによってなされる強制執行の猶予の制度が存在すること等があげられます。後者は、特に強制執行を継続することが不適当と認められる特別の事情がある場合には、執行裁判所が職権で執行期日を変更または延期することができるとされていること（台湾強制執行法10条3項）が特徴的です。

　また、担保権の実行に関しては、日本と異なり、登記事項証明書のみでは申立てを行うことはできず、法定の「執行名義」（日本の「債務名義」と類似するもの）が必要となります。もっとも、担保権の実行に係る執行名義については、訴訟の勝訴判決である必要はなく、非訟手続に従い裁判所の執行許可決定を取得すれば足ります（台湾非訟事件法72条）。

Q 102 中国・台湾における債務者の財産内容についての情報取得

中国・台湾において、強制執行にあたり、債務者の財産内容についての情報を得るにはどうしたらよいですか

ポイント

中国では、一般的な制度としては債権者に債務者の財産内容を開示するよう請求できる権限は認められていないものの、一部地方の裁判所では、「調査令」制度を活用することにより、債権者の代理人弁護士に調査権限を委任し、債務者の財産を調査させるような運用がみられます。

台湾では、債権者が執行名義を取得した場合、国税局に対して債務者の財産内容を開示するよう請求することができます。

1 中国の場合

中国においては、国民の所得や財産に関する情報の統一管理制度がまだ整備中ということもあり、債権回収の場面では、後記2の台湾のような強力な調査手段は存在しません。もっとも、かねてから指摘されてきた中国での執行難の問題を克服するため、一部地方の裁判所では、「調査令」制度を活用することにより、債権者の代理人弁護士に調査権限を委任し、債務者の財産を調査させるような運用がみられます。

たとえば、中国上海市では、同市高級人民法院の「執行手続における調査令利用に関する若干の規定（試行）」（2004年3月）が設けられています。債務名義をもつ債権者は、債務者の財産状況や債務者の第三債務者に対する債権状況を調査するため、裁判所に対して調査令の発行を申し立てることができます。裁判所の審査の結果、調査令の発行を受けた場合、債権者の代理人弁護士は、かかる調査令を持参して、不動産や車両の登記機関、預金口座のある金融機関または第三債務者において、債務者の財産状況を調査することが可能です。

2　台湾の場合

　台湾における債権者は、法定の「執行名義」（日本の「債務名義」と類似するもの）を取得した場合、台湾租税徴収法33条1項8号を根拠に、国税局に対して債務者の財産内容を開示するよう請求することができます。これは、債権の保全・回収の段階に入った債権者が債務者の財産に対する調査を行ううえで、強力な手段の1つといえます。

　ここでいう執行名義の範囲は、基本的に強制執行の申立てにあたって必要な執行名義と同様で、具体的には、確定判決、仮執行宣言を付した判決、確定した支払命令（支払監督）、執行公証書、仮差押え・仮処分の決定等があげられます（台湾強制執行法4条）。

　このうち、仮差押えの際の運用はとりわけ特徴のあるものといえます。台湾での仮差押えの申立てにあたって、保全財産の特定は特に要求されないので、債権者は、裁判所から仮差押決定を受け取ってから初めて、上記の方法を利用して債務者財産の調査に着手するのが、実務上一般的な運用と思われます。

　なお、債務者は、個人か法人かにかかわらず、上記の方法による調査の対象に含まれます。国税局に保管される債務者の所得・財産に関する情報は、調査時点から約1年間の時間差があって必ずしも最新の状態ではないものの、基本的には債務者が所有する不動産、自動車、給与（勤務先）、預金（金融機関名）および証券（証券名）等財産の特定に足る情報を、ほぼ把握することができます。

Q 103　日本における判決による中国での強制執行

日本における判決をもって、中国で強制執行を行うことはできますか

ポイント

　中国では、外国裁判所の判決について、中国が締結し、もしくは加盟している国際条約に従い、または互恵の原則に従って審査を行った後、中国の法律の基本原則または国家主権、安全もしくは社会公共の利益に違反していないと認める場合は、その効力を承認し、執行が必要であると認めるときには、執行命令を発します。

　しかし、日本と中国との間では、相互の裁判所の判決の承認および執行に関する条約は締結されておらず、互恵の原則についても、日本と中国との間には互恵関係はないとする中国の司法解釈や、中国の裁判所の判決の効力を認めなかった日本の裁判例が存在することから、日本の裁判所の判決をもって中国で強制執行を行うことはできない可能性が高いものと思われます。

1　外国裁判所の判決による中国での強制執行

　中国において、外国裁判所の判決による強制執行を行おうとする場合、まず、中国の裁判所（管轄権を有する中級人民法院）に対し、判決の承認および執行を申し立てる必要があります。そして、裁判所が判決を承認し、その執行を認めた場合には、当該外国裁判所の判決により中国で強制執行を行うことができます。

　中国民事訴訟法によれば、裁判所は、外国裁判所の判決の承認について、中国が締結し、もしくは加盟している国際条約に従い、または互恵の原則に従って審査を行った後、中国の法律の基本原則または国家主権、安全もしくは社会公共の利益に違反していないと認める場合は、その効力を承認し、執行が必要であると認めるときには、執行命令を発し、中国の関係法令に従って執行を行うとされています（同法282条）。

2　日本の裁判所の判決による中国での執行

しかしながら、日本と中国との間では、相互の裁判所の判決の承認および執行に関する条約は締結されていません。

また、互恵の原則についても、日本と中国との間には互恵関係はないものと考えられています。すなわち、中国の最高人民法院は、日本と中国との間には互恵関係が成立していないことを理由に、日本の裁判所の判決を承認および執行しない旨の裁定をした1994年11月5日付中級人民法院の裁定に同意する旨の司法解釈を示しています（1995年6月26日「最高人民法院による我が国の人民法院が日本国裁判所の債権債務内容を有する裁判を承認および執行すべきか否かについての回答」（1995、民他字17号））。

さらに、日本でも、中国の裁判所の判決について、「相互の保証」（民事訴訟法118条4号）の要件を満たさないことを理由にその効力を認めなかった裁判例が存在します（大阪高等裁判所平成15年4月9日決・判例時報1841号111頁）。同裁判例によれば、「中華人民共和国民事訴訟法268条は、……、中華人民共和国において外国の裁判所の判決の効力を承認する裁定をするについて、必ずしも条約その他何らかの国家間の合意により確保されている必要はないとするものと解されるが、中華人民共和国の法の基本原則または国家主権・安全・社会公共の利益に反しないことを要件としており、同国が我が国とは経済体制を異にすることからすると、我が国の裁判所の経済取引に関する判決が中華人民共和国においてその効力を承認されるかどうかは判然としない」としつつ、「同号にいう『相互の保証があること』とは、当該判決をした外国裁判所の属する国において、我が国の裁判所がしたこれと同種類の判決が、同条各号所定の条件と重要な点で異ならない条件のもとに効力を有するものとされていることをいうものであり、これに関して、相互保証が、あらかじめ条約その他何らかの国家間の合意により確保されている必要はないと解される」との解釈を前提に、上記の中国の最高人民法院の司法解釈を引用したうえで、「以上のような中華人民共和国における我が国の裁判所の判決に対する扱いによれば、中華人民共和国において、我が国の裁判所の判決が重要な点で異ならない条件のもとに効力を有するものとされているとま

で認めることはできず、本件人民法院判決は、民事訴訟法118条4号の要件を満たしているものと認めることはできない」と判断しています。

　かかる日本の裁判例については、その先例的価値に対する批判もあるものの（北村賢哲「中華人民共和国との間の『相互の保証』」ジュリスト1308号211頁等）、その後、2017年1月現在まで、中国の裁判所の判決を承認する日本の裁判例や、日本の裁判所の判決を承認する中国の裁判例は存在しません。

　したがって、そのような裁判例が現れるか、日中間で相互の裁判所の判決の承認および執行に関する条約が締結されなければ、日本の裁判所の判決をもって中国で強制執行を行うことはできない可能性が高いものと思われます。

Q 104　日本における判決による台湾での強制執行

日本における判決をもって、台湾で強制執行を行うことはできますか

ポイント

　台湾において外国裁判所の判決による強制執行を行うためには、①台湾の法律によって外国裁判所に管轄権が認められない場合、②敗訴の被告が未応訴の場合（ただし、訴訟開始の通知もしくは命令が相当な時期に当該国の法律により合法的に送達され、または台湾の法律上の協力によって送達された場合はこの限りでない）、③判決の内容または訴訟手続が、台湾の公の秩序または善良の風俗に反する場合、④相互の承認がない場合、のいずれにも該当しないことが必要となります。

　日本の裁判所の判決について、特に問題となりうるのは②であり、被告に対する送達が公示送達の方法によりなされ、被告が未応訴で敗訴となった場合には、これに該当するおそれがあるところ、台湾に所在する被告に対する送達は公示送達の方法によらざるをえないことから、注意が必要です。

1　外国裁判所の判決による台湾での強制執行

　台湾において、外国裁判所の判決による強制執行を行おうとする場合、台湾強制執行法4条の1により、当該判決が台湾民事訴訟法402条に掲げる事由のいずれにも該当せず、台湾の裁判所がその執行許可を宣告することが必要となります。

　そして、台湾民事訴訟法402条1項は、①台湾の法律によって外国裁判所に管轄権が認められない場合（1号）、②敗訴の被告が未応訴の場合（ただし、訴訟開始の通知もしくは命令が相当な時期に当該国の法律により合法的に送達され、または台湾の法律上の協力によって送達された場合はこの限りでない。（2号））、③判決の内容または訴訟手続が、台湾の公の秩序または善良の風俗に反する場合（3号）、④相互の承認がない場合（4号）、のいずれかに該当する場合には、外国裁判所の確定判決の効力を認めない旨を定めています。

2 台湾民事訴訟法402条1項各号の検討

(1) 1号について

1号については、台湾の法律上、日本の裁判所の管轄権を包括的に認めない旨の規定は存在せず、また、台湾の裁判所の専属管轄を定める規定は存在するものの、そこであげられているのは婚姻や認知等の身分上の行為に関する訴訟であり、金融取引に係る訴訟はこれらに該当しません。

したがって、1号により金融取引に係る日本の裁判所の確定判決の効力が否定される可能性は低いものと思われます。

(2) 2号について

2号については、まず、被告が応訴して敗訴した場合は当然これに該当しません。

また、被告が応訴せずに敗訴した場合、すなわち典型的には欠席判決の場合であっても、被告に対する訴状の送達が適法になされていたときは、同号ただし書により、やはりこれに該当しません。

この点について、日本の民事訴訟法118条2号とは異なり、台湾民事訴訟法402条1項2号ただし書においては、公示送達の場合を除く旨は明示されていません。しかしながら、同号ただし書は、敗訴の被告に防御の機会が保障されていることを要求する趣旨であることからすると、公示送達では被告の防御の機会を保障するのに不十分であり、同号ただし書に該当しないと判断される可能性はあります。台湾の裁判例でも、南アフリカ共和国での判決について、台湾に所在する被告に対して公示送達の方法により訴訟の通知がなされていたという事案で、当該判決の台湾での承認および執行が認められなかったものがあります。

したがって、可能な限り、公示送達の方法による送達がなされることは避けるとともに、公示送達の方法によらざるをえない場合（台湾に所在する当事者に対する送達は、公示送達の方法によらざるをえません。Q99参照）には、裁判所書記官に対し、日本の民事訴訟規則46条2項に基づき、公示送達があったことを官報もしくは新聞紙に掲載することを求め、または送達先が日本国外である場合には公示送達があった旨の通知を行うことを求めること

で、被告に対する防御の機会が保障されるようにすることが望ましいと考えられます。

(3) 3号について

3号については、日本と台湾の法制度や訴訟制度は比較的近しい関係にあり、日本の裁判所の判決内容や訴訟手続が、台湾の公の秩序または善良の風俗に反すると判断される可能性は低いものと思われます。

(4) 4号について

4号については、日本が台湾を正式に国家として承認していないことから、相互の承認が存在するかが問題となります。

この点については、台湾の裁判所の判決の承認および執行を認めた日本の裁判例はないものの、日本の裁判所の判決の承認および執行を認めた台湾の裁判例は複数存在し、かかる裁判例は日本と台湾との間で相互の承認が存在することを肯定していることから、同号により日本の裁判所の判決の効力が否定される可能性は低いものと思われます。

3 まとめ

したがって、金融取引に関する日本の裁判所の判決は、台湾民事訴訟法402条1項2号については注意が必要であるものの、被告が応訴し、または公示送達以外の方法による送達がなされた訴訟に係る判決であれば、台湾における効力が認められ、これによる強制執行が認められる可能性は高いものと思われます。

索　引

[あ]
アクティブコンシューマー ……… 160

[い]
EMS郵便 ………………… 259,261
域外適用 ……………………… 40
遺言の実質的内容（台湾）……… 154
遺言の実質的内容（中国）……… 140
遺言の実質的内容の準拠法 ……… 136
遺言の成立および効力（台湾）…… 152
遺言の成立および効力（中国）…… 139
遺言の成立および効力の準拠法
　………………………… 36,136
遺言の方式（台湾）……………… 153
遺言の方式（中国）……………… 138
遺言の方式の準拠法 ………… 36,135
遺言保護主義 …………………… 136
遺産の管理清算の準拠法 ………… 170
遺産の範囲（台湾）……………… 144
遺産の範囲（中国）……………… 128
遺産分割（台湾）…………… 154,173
遺産分割（中国）…………… 128,172
遺留分（台湾）………………… 154
印鑑証明書 ………… 93,101,102,240
印紙税（台湾）………………… 62
印紙税（中国）………………… 61
インターネット情報サービス …… 52

[う]
疑わしい取引 …………… 90,110,115

[え]
営業執照（営業許可証）…… 51,76,98
営業報告書 ……………………… 99
援助の処分 …………………… 280

[か]
外国会社 …………… 72,74,105,294
外国為替検査マニュアル
　………………………… 109,114,120
外国銀行支店（台湾）…………… 11
外国銀行支店（中国）…………… 10
外国銀行代表処 ………………… 10
外国人住民 ………… 94,102,132,149
外国人の権利能力 ……………… 68
外国倒産処理手続 ……………… 278
外国独資銀行 …………………… 9
外国PEPs ……………………… 91
外国法人（税法）……………… 125
外国法人の権利能力の準拠法 …… 71
外国法人の権利能力の範囲 ……… 72
外債借入れ ………………… 158,166
外債登記 ……………………… 166
海事優先権 …………………… 274
外商投資企業 ……………… 163,165
外為法 … 91,95,100,108,113,119,160
開廷前の証拠交換手続 ………… 306
「影の董事」 …………………… 295
貸付金利規制（台湾）…………… 38
貸付金利規制（中国）…………… 37
課税文書 ……………………… 60
株主会 ………………………… 163
株主総会 ……………………… 163
仮差押え（台湾）…………… 266,323
仮差押え（中国）……………… 263
簡易訴訟手続 ………………… 309
監察人 ………………………… 183
間接管轄 ……………………… 35
簡体字 ………………………… 58

[き]

企業信息状況表 …………………… 111
疑似外国会社 ……………………… 75
基層人民法院 ……………………… 304
強制執行力付公正証書(台湾) …… 64
強制執行力付公正証書(中国) …… 63
競争法 ……………………………… 39
共同共有 …………………………… 214
共同財産制 ………………………… 145
共同抵当(台湾) ………………… 235
共同抵当(中国) ………………… 234
共同保証(台湾) ………………… 182
共同保証(中国) ………………… 180
居住者 ……………………… 119,122
居民戸口簿 ………………… 83,132
居民身分証 ………………………… 82

[け]

経済部商業司 ……………… 76,98
競売(台湾) ……………………… 272
競売(中国) ……………………… 269
契約言語 …………………………… 58
建築工事企画許可証 ……………… 210
建築中の建物 ……………………… 209
限定承認(台湾) ………………… 178
限定承認(中国) ………………… 176
権利質(台湾) …………………… 245
権利質(中国) …………………… 244

[こ]

行為能力(台湾) ………………… 84
行為能力(中国) ………………… 80
行為能力の準拠法 ………………… 78
行為能力の宣告制度 ……………… 83
公開発行会社 ……………… 184,295
高級人民法院 ……………………… 304
恒久的施設 ………………………… 123
工業・情報化部 …………………… 51

後見(台湾) ……………………… 85
後見(中国) ……………………… 81
後見等の準拠法 …………………… 79
広告規制(台湾) ………………… 49
広告規制(中国) ………………… 48
公示送達 …………………… 316,328
工事代金法定優先権 ……… 190,230
公司変更登記表 …………… 76,98
公証処(台湾) …………………… 64
公証処(中国) …………… 63,132,138
高等法院 …………………………… 308
公平交易委員会 …………… 45,47
公民個人情報侵害罪 ……………… 52
子銀行 ……………………………… 11
国外送金等調書法
  ……………… 92,95,100,108,113
国際裁判管轄 ……………………… 300
告知書 ……………………… 92,110,115
国内EMS …………………………… 259
国民身分証 ………………………… 87
互恵の原則 ………………………… 324
個人情報保護制度(台湾) ……… 53
個人情報保護制度(中国) …… 16,50
個人番号 …………………… 92,95
戸政事務所 ………………… 104,149,242
戸籍謄本(台湾) ………… 87,149

[さ]

債権質の準拠法 …………………… 23
債権者代位権の準拠法 …………… 27
債権者取消権の準拠法 …………… 27
債権譲渡の準拠法 ………………… 25
最高額保証 ………………………… 181
最高人民法院 ……………………… 304
最高法院 …………………………… 308
財産保全 …………………………… 263
債務引受の準拠法 ………………… 26
債務不履行の準拠法 ……………… 29

索 引 331

サイン証明書 ……………………… 104
参考訳 ……………………………… 58

[し]
時効中断（中国）………………… 258
市場支配的地位 ………………… 40, 42
市場支配的地位の濫用の禁止 ……… 42
実印 ………………………………… 102
執行証書 …………………………… 64
執行董事 …………………………… 75
執行名義 …………………… 272, 321, 323
失踪宣告の準拠法 ………………… 34
支払又は支払の受領に関する報
　告書 ……………………… 109, 114
死亡公証書 ………………………… 132
死亡宣告 …………………………… 35
資本取引に係る契約締結等行為
　………………………… 92, 100, 120
仕向外国送金 …………… 92, 100, 108
従属法 …………………………… 75, 294
準拠法 ……………………………… 2
少額訴訟手続 ……………………… 309
使用者責任（台湾）………………… 30
使用者責任（中国）………………… 30
譲渡担保（台湾）………………… 250
譲渡担保（中国）………………… 249
消費者契約の準拠法 ……………… 13
消費者契約法（台湾）……………… 18
消費者契約法（中国）……………… 15
条例 ………………………………… 9
親族関係公証書 …………………… 134
新台湾ドル建送金 ………………… 112
人民元建送金 ……………………… 111

[せ]
設立準拠法 ………………………… 71
全国企業信用情報公示システム …… 76

[そ]
総経理 ……………………………… 75
相互の承認 ………………………… 327
相殺の準拠法 ……………………… 256
相続財産管理人 …………………… 171
相続統一主義 ……………………… 31
相続人の存否の確定手続の準拠
　法 ………………………………… 170
相続人の範囲（台湾）…………… 145
相続人の範囲（中国）…………… 128
相続の準拠法 ……………………… 31
相続の準拠法（台湾人）………… 144
相続の準拠法（中国人）………… 127
相続分割主義 ……………………… 31
相続放棄（台湾）………………… 177
相続放棄（中国）………………… 176
送達条約 …………………………… 314
租税条約 …………………………… 121
租税条約に関する届出書 ………… 123

[た]
代襲相続（台湾）………………… 146
代襲相続（中国）………………… 129
代表者事務所 ……………………… 12
代物弁済（台湾）………………… 273
代物弁済（中国）………………… 269
台北駐日経済文化代表処 …… 104, 149
代理の準拠法 ……………………… 20
台湾会社法
　……………… 76, 163, 183, 245, 287, 295
台湾外為管理条例 …………… 112, 167
台湾強制執行法
　……………………… 65, 272, 321, 323, 327
台湾銀行法 ……………………… 11, 38
台湾金融消費者保護法 ………… 18, 49
台湾公平交易法 ………………… 40, 45, 49
台湾個人資料保護法 ……………… 53
台湾集中保管決算所股份有限公

司（TDCC） ················ 245
台湾渉外法適用法 ······ 4,144,152,169
台湾証券取引法 ············· 184,245
台湾租税徴収法 ·········· 253,274,323
台湾破産法 ······················ 287
台湾民事訴訟法
　············ 266,309,313,318,327
台湾労働基準法 ··················· 232
短期滞在者 ························ 94

[ち]

地価税 ······················ 253,274
地方法院 ························· 308
中央当局送達 ····················· 315
中外合弁銀行 ······················· 9
中級人民法院 ····················· 304
中国外債管理暫行弁法 ············· 165
中国外債登記管理弁法 ············· 165
中国会社法 ················ 76,163,295
中国価格独占禁止規定 ··············· 43
中国企業破産法 ··················· 281
中国広告法 ······················· 48
中国個人外貨管理弁法 ············· 158
中国市場支配的地位濫用禁止規
　定 ···························· 42
中国渉外法適用法
　················· 4,127,138,168,318
中国商業銀行法 ··················· 8,37
中国証券登記決算有限責任公司
　（CSDC） ······················ 244
中国消費者権益保護法 ··········· 15,50
中国租税徴収管理法 ··············· 252
中国独禁法 ···················· 40,42
中国反不正当競争法 ············· 40,44
中国不動産登記暫行条例 ··········· 190
中国民事訴訟法
　········ 63,263,269,304,312,320,324
仲裁合意 ························· 302

中長期在留者 ················ 94,102
調査令 ··························· 322
重整（台湾） ····················· 287
重整（中国） ····················· 282
賃貸状況の告知 ··················· 228

[つ]

通則法
　····· 2,7,13,22,26,29,31,34,36,78

[て]

抵当権設定契約（台湾） ··········· 193
抵当権設定契約（中国） ··········· 191
抵当権の効力（台湾） ············· 218
抵当権の効力（中国） ············· 216
抵当権の実行（台湾） ············· 272
抵当権の実行（中国） ············· 268

[と]

登記原因証明情報 ················· 240
登記識別情報 ····················· 240
動産質権（台湾） ················· 247
動産質権（中国） ················· 246
動産抵当権（台湾） ··············· 248
動産抵当権（中国） ··············· 246
倒産手続（台湾） ················· 287
倒産手続（中国） ················· 281
董事 ····························· 183
董事会 ··························· 163
董事長 ························ 75,76
投注差 ··························· 166
独占 ·························· 40,45
独占行為 ························· 40
独占的地位の濫用の禁止 ··········· 45
特徴的給付の理論 ··················· 3
特定為替取引 ················ 92,100
特定取引 ···················· 90,96
特別永住者 ················· 94,102

索　引　333

土地使用権 …………………………… 187
土地増値税 …………………………… 253, 274
土地と建物の同時処分原則
　…………………………… 189, 217, 222
独禁法 …………………………………… 39
取引時確認 ……………………………… 90, 93

[な]
内国法人 ……………………………… 124
内資企業 ……………………………… 163, 165
内容証明郵便制度（台湾）………… 262

[に]
日台租税協定 ………………………… 124
日中租税協定 ………………………… 123
日本における代表者 ………… 74, 105
入管法 …………………………………… 94
ニューヨーク条約 …………………… 302
任意売却（台湾）…………………… 273
任意売却（中国）…………………… 269
認許 ……………………………………… 71

[ね]
根抵当権（台湾）…………………… 198
根抵当権（中国）…………………… 195
根保証（台湾）……………………… 183
根保証（中国）……………………… 181

[は]
「売買は賃貸借を破らない」……… 227
ハイリスク取引 …………… 91, 93, 97
破産 …………………………………… 289
破産清算 ……………………………… 282
番号法 ………………………………… 92, 95
犯収法 ……………… 90, 93, 96, 108, 113
繁体字 ………………………………… 58
反致 ………… 33, 127, 138, 168, 172, 175

[ひ]
非居住者 ……………………… 119, 123
被仕向外国送金 ………… 92, 100, 113

[ふ]
夫婦財産契約 ………………………… 145
附合物 ………………………………… 216
普通法院 ……………………………… 308
不統一法国法の指定 ………………… 7
浮動抵当権 …………………………… 247
不法行為の準拠法 …………………… 29
分別財産制 …………………………… 145

[ほ]
房屋税 ………………………… 217, 274
法人格否認の法理 …………………… 296
法定財産制 …………………………… 145
法定相続分（台湾）………………… 146
法定相続分（中国）………………… 127
法定代表者 …………………… 75, 163
法定代理人（台湾）………………… 85
法定代理人（中国）………………… 81
法定担保物権の準拠法 ……………… 22
法定地上権（台湾）………………… 224
法定地上権の不成立（中国）……… 223
保証（台湾）………………………… 182
保証（中国）………………………… 180
保証の準拠法 ………………………… 24
香港 ……………………………………… 6
本人確認 …………… 91, 95, 100, 120
本人確認書類 ………………………… 93, 97

[ま]
マカオ …………………………………… 6

[み]
未登記建物 …………………………… 212
民間公証人事務所 …………………… 64

民事執行手続（台湾）……………321
民事執行手続（中国）……………320
民事訴訟手続（台湾）……………308
民事訴訟手続（中国）……………304
民訴条約……………………………314

[む]
無欠税証明…………………………252
無実体発行株券……………………245
無償土地使用権……………………187

[も]
持分共有……………………………214

[や]
約定財産制…………………………145
約定担保物権の準拠法……………23

[ゆ]
融資契約の準拠法…………………159

有償土地使用権……………………187

[よ]
預金契約の準拠法…………………118
預金の利子…………………………121
予備的抵当権………………………210

[り]
流質（台湾）………………………247
流抵当（台湾）……………………273
流抵当（中国）……………………269
領事送達……………………………315

[わ]
和解（台湾）………………………287
和解（中国）………………………282

索　引　335

中国人・台湾人との金融取引

平成29年3月10日 第1刷発行

編著者 瀧 本 文 浩
　　　 福 谷 賢 典
　　　 許 　 明 義
発行者 小 田 　 徹
印刷所 株式会社加藤文明社

〒160-8520　東京都新宿区南元町19
発 行 所　一般社団法人 金融財政事情研究会
　　編 集 部　TEL 03(3355)2251　FAX 03(3357)7416
販　　売　株式会社きんざい
　　販売受付　TEL 03(3358)2891　FAX 03(3358)0037
　　　　　　URL http://www.kinzai.jp/

・本書の内容の一部あるいは全部を無断で複写・複製・転訳載すること、および磁気または光記録媒体、コンピュータネットワーク上等へ入力することは、法律で認められた場合を除き、著作者および出版社の権利の侵害となります。
・落丁・乱丁本はお取替えいたします。定価はカバーに表示してあります。

ISBN978-4-322-13036-2